Victor Chu/Brigitta de las Heras
Scham und Leidenschaft

Victor Chu

Brigitta de las Heras

Scham und Leidenschaft

Kreuz

Alle in diesem Buch enthaltenen Angaben, Daten, Ergebnisse usw. wurden von den Autoren nach bestem Wissen erstellt und von ihnen mit größtmöglicher Sorgfalt überprüft. Gleichwohl sind inhaltliche Fehler nicht vollständig auszuschließen. Daher erfolgen die Angaben etc. ohne jegliche Verpflichtung oder Garantie des Verlags oder der Autoren. Beide schließen deshalb jegliche Verantwortung und Haftung für etwaige inhaltliche Unrichtigkeiten aus, es sei denn im Falle grober Fahrlässigkeit.

Die Deutsche Bibliothek – CIP-Einheitsaufnahme

Chu, Victor:
Scham und Leidenschaft / Victor Chu ; Brigitta de las Heras. -
Zürich: Kreuz, 1994
    ISBN 3-268-00152-1
NE: Las Heras, Brigitta de:

1 2 3 4 5   98 97 96 95 94

© Kreuz Verlag AG Zürich 1994, P.O.B. 245, CH 8034 Zürich
Umschlaggestaltung: Jürgen Reichert, Stuttgart
Umschlagbild: A. Rodin, Couple feminin (Paris, Musée Rodin)
Satz: Hasenohr Fotosatz, Kornwestheim
Printed in Germany

ISBN 3 268 00152 1

Inhalt

Wir danken

unseren Lehrern und Lehrerinnen
und Kollegen und Kolleginnen
der Gestalttherapie,
deren Theorie der zwischenmenschlichen Beziehung
wesentlich zu unserem Verständnis
von Scham und Leidenschaft beiträgt.

Wir danken

den Menschen, mit denen wir
arbeiten durften und die dieses Buch
mit ihrem persönlichen Wissen
um Scham und Leidenschaft
bereichert haben.

Vier Thesen statt eines Vorworts

1. Die angebliche Schamlosigkeit unserer Zeit ist Zeichen tiefer Scham.

Scham ist unmodern, Schamlosigkeit ist in. Wir meinen aber, Schamlosigkeit ist nur eine Form der Schamabwehr. Wo wir uns schamlos zeigen, hat sich unsere eigentliche Scham längst verzogen an einen versteckteren Ort.

2. Scham stellt eine individualisierte Form tabuisierter gesellschaftlicher Konflikte dar.

In dem, wofür wir uns schämen, können wir die ungelösten gesellschaftlichen Konflikte unserer Zeit erkennen.

3. Scham ist ein Thema für Frauen wie für Männer:

Für Frauen ist es ein Ziel, ihre in Jahrtausenden anerzogene Scham abzulegen. Männer müssen ihre natürliche Scham, die sie verleugnen, erst wiederentdecken.

4. In unserer Scham und unserer Leidenschaft liegt das Wertvollste in uns verborgen. Wir müssen sie jedoch von ihren destruktiven Anteilen befreien.

Einführung

»Scham bezeichnet im Menschen die innere Grenze der Sünde.
Wo er errötet, beginnt eben sein edleres Selbst.«
(Christian Friedrich Hebbel)

Warum ist es wichtig, uns des Themas »Scham« anzunehmen?

Übermäßige Scham und destruktive Leidenschaft können die Triebfeder für eine Vielzahl von psychischen Störungen sein, besonders von *Selbst- und Fremd-Mißbrauch und Abhängigkeiten,* bis hin zu solch schweren Störungen wie *Psychosen.* Sie treiben die Betroffenen entweder in unkontrollierbare Ausbrüche, oder bannen sie in schamvolle Kontrollversuche. Solche pathologischen Formen von Scham und Leidenschaft stammen meist aus tiefen seelischen Verletzungen in früher Kindheit. Manchmal reichen die Wurzeln dieser Wunden sogar einige Generationen zurück. Diesen Wunden auf die Spur zu kommen, um sie zu heilen, ist eines der Ziele dieses Buches: Heilung übermäßiger Scham, die uns innerlich zerstört – Wiederbelebung unserer Leidenschaft und Lebenslust.

1. Scham

Scham ist doppelgesichtig: Zwar kann sie zum stärksten Hindernis für unsere Entwicklung werden, wenn sie uns überwältigt und unseren Kontakt zu uns selbst und zu anderen Menschen unterbricht.

Scham schützt jedoch auch unseren innersten Wesenskern. Sie ist »Hüterin der Unschuld« – gerade für Menschen, die in ihrer Kindheit tief verwundet worden sind. Ihre Scham schützt sie vor der Erinnerung an früher erfahrene Verletzungen. Und sie schützt den innersten *Kern* der Person, darin bewahrt sie den letzten Rest ihrer Würde und Integrität auf wie in einer unsichtbaren Hülle. Wer dieser letzten Schamhülle beraubt wird, wäre wirklich »scham-los«, er hätte sein Selbst ganz verloren.

Scham ist ein universelles Gefühl. Jeder Mensch weiß, wie es sich anfühlt, wenn er sich schämt. Jedes Kind in jeder Kultur kennt es. Aber: Man spricht nicht darüber. Denn Scham ist eines der unangenehmsten Gefühle überhaupt, für manche unerträglicher als Schmerz, Wut oder Trauer. Und vieles, was wir täglich tun, dient dazu, uns vor unserer eigenen Scham zu schützen. sie unsichtbar zu machen: Wir sollen sie nicht merken. Und wenn wir doch einmal von unserer Scham überrascht werden, wissen die meisten von uns, sie gut zu maskieren, damit mindestens die Menschen um uns herum nicht merken, daß wir uns schämen.

Was geschieht aber, wenn es doch jemand merkt? Eine weitere Eigentümlichkeit wird hier deutlich: Dieser schaut in der Regel weg! Es scheint uns fast genauso peinlich zu sein, Zeuge der Scham einer anderen Person zu werden. Scham ist ein *für beide* Interaktionspartner peinlicher Vorgang.

Dies mag ein Grund dafür sein, weshalb es selbst in vielen Psychotherapien eine Seltenheit ist, daß sich der Klient in seiner innersten Scham dem Therapeuten oder der Therapeutin offenbart. Umgekehrt scheint es selbst für erfahrene, gut ausgebildete TherapeutInnen peinlich zu sein, Zeuge tiefster Beschämung von seiten ihrer Gegenüber, den KlientInnen, zu werden. Denn dieser Vorgang würde sie an ihre eigenen Schamerlebnisse erinnern. Die Scheu der TherapeutIn vor der eigenen Scham spiegelt sich in der Angst der KlientIn vor deren Scham. *So steht Scham ihrer eigenen Heilung im Wege.*

Deshalb ist es ein weiteres Ziel dieses Buches, uns mit unseren eigenen Erfahrungen von Scham wieder vertraut zu machen, um dadurch auch Zugang zur Scham unserer Mitmenschen zu finden. *In der Scham liegt nämlich das Wertvollste eines Menschen verborgen, sein innerster Kern.* Wenn wir uns in unseren nahen Beziehungen zu unserem Partner, unseren Eltern und Kindern, unseren Geschwistern und FreundInnen übermäßig schämen, laufen wir Gefahr, das Wesentlichste im Kontakt mit diesen Menschen zu verpassen, da wir uns nicht zeigen, wie wir im Innern sind.

Wenn es uns jedoch gelingt, Menschen, die uns nahestehen, zu vertrauen und unsere inneren Scham-Barrieren zu überwinden, können wir erleben, wie beglückend und erleichternd es ist, uns einander gegenseitig in unseren schambesetzten Seiten anzuvertrauen.

Die Gemeinschaft der Schamvollen

Das Eindrucksvollste an solchen Begegnungen ist, daß alle Beteiligten merken: Jede/r hat ähnliche Erfahrungen gemacht. Jede/r kann sich in das, was ein anderer erzählt, hineinversetzen. Der Gang zurück zur Schamwunde, das Mitteilen des so lange gehüteten Geheimnisses ist wie eine Erlösung, eine Befreiung aus dem inneren Gefängnis.

Das Erstaunliche dabei ist die Tatsache, daß bei allen solchen Berichten eine Gemeinsamkeit heraussticht: nämlich die maßlose *Einsamkeit,* die jede/r von uns damals erlebt hat, als die Scham uns zum erstenmal befiel. Da gibt es keinen Unterschied zwischen Frauen und Männern, zwischen Alten und Jungen.

Wer in tiefe Scham versinkt, ist in diesem Moment der einsamste Mensch auf der Welt. Wenn ich mich schäme, falle ich aus der Geborgenheit der Gemeinschaft. Selbst wenn ich von Menschen umgeben bin, die sich liebevoll um mich bemühen – die Scham umgibt mich wie eine Glaswand, und die persönliche Kommunikation nach draußen ist jäh unterbrochen.

Dies ist das Tragische an der Erfahrung von Scham: Gerade da, wo die zwischenmenschliche Brücke so existentiell wichtig wäre, ist sie abgebrochen. *Scham macht ihre eigene Heilung zunichte.* Unsere Scham bricht die Brücken hinter uns ab, gerade dann, wenn der menschliche Halt uns vor der inneren Katastrophe retten könnte.

Daher werden wir uns in diesem Buch immer wieder fragen: *Was brauchen wir, wenn wir uns schämen? Welchen Beistand brauchen wir von außen, und welche inneren Kräfte benötigen wir, um gut durch das Schamerlebnis zu kommen?* Unser Ziel ist es, durch die Schamhülle zurück zu unserem innersten Wesenskern zu gelangen.

2. Leidenschaft – Leben aus unserem Kern heraus

Das Leben aus dem Kern ist leidenschaftlich. Wenn wir aus unserer Mitte heraus leben, ist unsere Kraft gebündelt, zielgerichtet, klar. Wir sind im Vollbesitz unserer Kraft, wir sind unser selbst voll bewußt.

Leben wir voll aus unserer Mitte, wird unsere Leidenschaft zur Quelle für Hingabe, Lust und Begeisterung. Sie wird zur lebenswichtigen Triebkraft für Wachstum und Entwicklung. In unserer Leidenschaft finden wir die Antriebsenergie für unser Begehren, für Sexualität und Liebe, Spontaneität und Kreativität, für Grenzerweiterung und Ekstase. Sie gibt uns den Mut, gegen Ängste, Widrigkeiten und

Einschränkungen in unserem Leben zu kämpfen. Sie läßt uns das Risiko des ungeschützten Lebens auf uns nehmen.

Sind wir leidenschaftlich bei einer Sache, können wir unsere ganze Energie hineinstecken. Wir sind mit unserem ganzen Wesen dabei, mit Leib und Seele. Wir sind in der Lage, uns mit unserem ganzen Wesen einer Sache oder einer Person hinzugeben und darin aufzugehen. Dadurch wächst unser Selbst. Denn Leidenschaft führt uns über die enge Begrenzung des Ichs hinaus zum Selbst, zu unserer inneren Quelle der Spiritualität. Und sie führt uns zum anderen, zum Du. Sie öffnet unsere Grenzen für Hingabe, Liebe und Mitgefühl.

Kinder leben leidenschaftlich. Sie können vollkommen in einem Spiel aufgehen. Für sie ist die Welt noch so frisch! Wenn sie eine neue Entdeckung machen, tauchen sie voll hinein. Wie Fische schwimmen sie im Strom ihres Erlebens, und sie fühlen sich in ihrer Faszination in ihrem Element. Wichtig dabei ist die Tatsache, daß sie sich in ihrer Leidenschaft völlig sicher fühlen.

Diese Art des faszinierten Lebens können viele von uns bis ins Erwachsenenalter bewahren. Dann steht uns unsere Leidenschaft als positive, lebensspendende Kraft zur Verfügung.

Die destruktive Verformung unserer Leidenschaft:
Ist unser Kern von übermäßiger Scham umhüllt, dann bricht die Leidenschaft als destruktive Kraft heraus.

Das beschriebene leidenschaftliche Leben ist jedoch nur möglich, solange wir freien Zugang zu unserem Wesenskern haben, das heißt, solange seine Grenzen durchlässig sind. Dann kann Leidenschaft frei aus diesem Kern herausfließen.

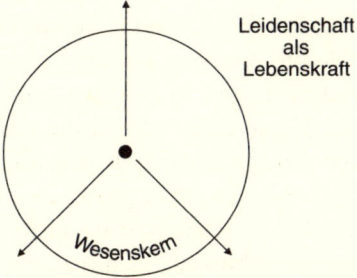

Leidenschaft
als
Lebenskraft

Abb. 1
Die Leidenschaft kommt aus unserem Wesenskern heraus. Ist der Kern gut abgegrenzt und durchlässig, kann die Leidenschaft als Lebenskraft frei herausfließen.

11

Wir sind in diesem innersten Kern jedoch sehr verletzlich. Wenn wir in unserem Leben, vor allem in unserer Kindheit, unerträgliche innere und äußere Verletzungen erlitten haben, dann werden wir uns mit allen Mitteln zu schützen suchen. Wir umhüllen dann unseren Kern mit einer dichten Schutz- und Abwehrzone, so undurchdringlich wie mit einem Wall aus Stacheldraht, Mauern und Geschützen. Unsere *Scham* ist ein solcher Schutzwall. Und zwar ein doppelter Schutzwall:

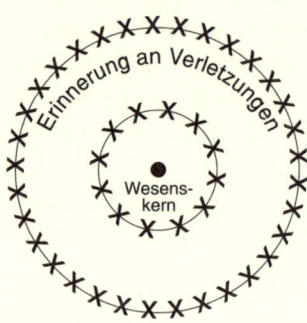

Abb. 2
Scham als zweischichtiger »Stacheldrahtzaun«: (a) um unsere Erinnerung an alte Verletzungen herum, (b) um unseren innersten Wesenskern, in dem die leidenschaftliche Lebenskraft beheimatet ist. (Vergleiche auch Abb. 7 S. 112)

Eine erste Schicht versteckt die Erinnerungen an bisherige Verletzungen (so daß wir die durch sie verursachten Schmerzen nicht mehr spüren), und eine zweite, noch undurchdringlichere Schicht legt sich um unseren Wesenskern: Hier soll keiner mehr drankommen, damit wir nicht noch einmal in unserem Innersten verwundet werden können.

Jetzt sind wir beschützt. Jetzt kann uns keiner mehr verletzen. Aber es kann uns auch keiner mehr berühren. Es kommt nicht mehr viel Persönliches von außen durch. Und es kommt auch nichts mehr von innen heraus. Der alte Schmerz, der alte Terror gelangen zwar nicht mehr zum Bewußtsein, aber wir spüren auch keine Leidenschaft, keine Lust, keine Freude mehr. Durch die unsichtbare Barriere der Scham eingesperrt, kann sich das leidenschaftliche Leben nicht mehr entfalten. Es droht, unter dieser Glasglocke zu ersticken.

Aber das Lebendige ist stark, es stirbt nicht leicht. Es schafft sich seine Bahn. Wenn der Schutzwall nicht nachgeben will, dann wird es seinen Weg zu durchbrechen versuchen: Es wird gewaltsam, destruktiv.

Die lebendige Leidenschaft verwandelt sich dadurch in eine destruktive Macht. Wie Dynamit, das zu lange und zu dicht im Kern komprimiert worden ist, explodiert sie wie eine Bombe: ungerichtet, ziellos, erschreckend, lebensvernichtend.

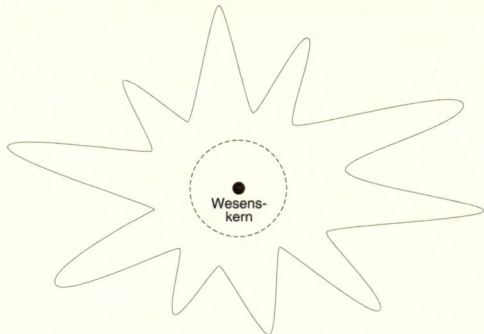

Abb. 3
Unterdrückte Leidenschaft und Lebenskraft wird destruktiv und explosiv. Sie zerstört dabei sich selbst, die Grenzen des Selbst, sowie dessen nahe Beziehungen.

Diese Kraft zerstört jedoch nicht nur die Mauern, sie zerstört auch den Kern. Sie sprengt nicht nur die Schammauern, sie zerstört auch die natürlichen Grenzen des Selbst. Die vormals lebensspendende Leidenschaft richtet ihre Kraft gegen die eigene Person und gegen alle Menschen, die ihr nahestehen.

Dabei gibt sie ihre Einheit auf, die Einheit von *Geist, Seele, Körper und Beziehung.* Der Geist trennt sich vom Körper, die Emotionen von ihrer Quelle, das Ich von seinen Beziehungen und seiner Umwelt. Das natürliche Moralempfinden geht zugrunde. Die ursprüngliche Ganzheit im Menschen wird fragmentiert. Es kommt zu Spaltungen, Polarisierungen, Projektionen.

Das, was vorher zusammengehörte, fällt auseinander (Fragmentierung). Und das, was nicht zusammengehörte und natürlicherweise abgegrenzt war, wird gewaltsam miteinander verschmolzen (Konfluenz).

Die Folge: Die durch übermäßige Scham erstickte Leidenschaft befreit sich gewaltsam von ihren Fesseln und verwandelt sich dabei in zerstörerische, radikale Gewalt.

Das typische Lebensalter für eine solche Entfesselung der Leidenschaft ist die **Pubertät.** *Die Heranwachsenden, in denen die Lebenskraft und die Sexualität voll zur Blüte kommen, spüren ihre Fesseln und wollen sie sprengen. Dabei ist die Kraft, die sie bisher gebunden hat, überall stark, nämlich die Treue und der Glaube an die Eltern und andere Autoritäts-*

figuren. Dies bringt sie in tiefe Gewissenskonflikte. Oft können sie sich nur gewaltsam von diesen geliebten Autoritäten befreien, daher die Radikalität ihres Protestes. Daher auch ihre Angewiesenheit auf gleichaltrige peers, die ähnlich fühlen und denken wie sie. Sie brauchen die (oft uniform erscheinende) Gemeinschaft Gleichaltriger, damit sie ihre Bindung an die Eltern lösen können.

Es ist deshalb wichtig für erwachsene Bezugspersonen, diese oft verzweifelten Versuche der Selbstentfaltung der Heranwachsenden zu verstehen. Graf Dürckheim hat einmal gesagt, daß nirgendwo Echtheit, Leidenschaft, Sehnsucht nach Wahrheit und Schönheit so groß sei wie in der Pubertät.

Wenn Jugendliche jedoch kein Verständnis finden, wenn sie keine sinnvollen Entfaltungsmöglichkeiten finden, dann kann ihre Leidenschaft blind durchbrechen, in ungerichtete Zerstörungswut, in haßerfüllten Protest gegen die elterliche und staatliche Gewalt, oder aber resigniert in Drogenkarrieren verflachen.

Unterscheidung zwischen positiver und destruktiver Leidenschaft

Wie können wir in uns die positive Leidenschaft von ihrem destruktiven Bruder unterscheiden?

Bei der positiven Leidenschaft sind wir im vollen Kontakt mit unserem Selbst. Wir sind Herr unserer Sinne. Wir schwimmen zwar im Strom unserer Begeisterung, aber wir können unseren Kurs selbst bestimmen. Wir können anhalten, wenn wir es für erforderlich halten. Wir können mit unseren Kräften haushalten.

Demgegenüber sind wir außerhalb unser selbst – wir sind tatsächlich »außer uns« –, wenn wir vom Strudel destruktiver Kräfte erfaßt werden. Wir sind ihnen willenlos ausgeliefert. Wir können unseren Kurs nicht bestimmen. Wir können nicht anhalten, selbst wenn wir es wollen. Wie Nichtschwimmer drohen wir, in den Tiefen unserer Gefühle unterzugehen und zu ertrinken. Wir werden zum Objekt unserer eigenen Begierden und Leidenschaften. Exzessiv mißbrauchen und verbrauchen wir uns. Der Exzeß ist ein Kennzeichen destruktiver Leidenschaft.

Weil wir uns außerhalb unseres wahren Selbst fühlen, empfinden wir diese destruktiven Kräfte als etwas Wesensfremdes, als etwas, was nicht wirklich zu uns gehört. Sie kommen uns vor wie eine fremde Macht, die uns überfällt und in ihren Bann schlägt. Wir kommen uns wie Besessene vor.

Eine weitere Unterscheidung: Diese destruktiven Verhaltensweisen wiederholen sich immer wieder. Wir drehen uns wie auf einem Karussell. Während sich eine positive Leidenschaft frisch anfühlt und unser Interesse an neue, unbekannte Ufer führt, wiederholen sich bei der destruktiven Leidenschaft oft die Ausbrüche von Gewalt. Wir landen *im suchtartigen Teufelskreis von Kontrolle und Kontrollverlust.*

Um diesen teuflischen Keislauf von Kontrolle und Kontrollverlust zu verstehen und zu durchbrechen, müssen wir die innere Natur von Scham und Leidenschaft verstehen.

Die destruktiven Kräfte entspringen dem verletzten Kind in uns

Wenn wir beginnen, die innere Natur dieser Art von Selbst- und Fremdmißbrauch zu erforschen, werden wir erkennen, daß ihr Ursprung meist nicht im bösen Willen der betreffenden Person liegt, sondern in tiefen, schmerzlichen Verletzungen, die oft von Generation zu Generation weitergereicht worden sind.

Diese seelischen Wunden stecken tief in uns. Wie Stacheln bereiten sie uns ständig Schmerzen, ohne daß wir herausfinden können, woher sie kommen: Denn unsere Scham verwehrt uns die Einsicht in die tieferen Zusammenhänge. Das macht uns hilflos und wütend. Deshalb drücken wir unsere Hilflosigkeit in Form von Gewalt und Mißbrauch aus.

Heilung des inneren Kindes

Wenn wir diesen *Zusammenhang zwischen Gewalt und eigenem Verletztsein* erkannt haben, können wir uns aufmachen, um das verletzte, schamvoll versteckte Kind in uns zu finden. Erst die Heilung dieses inneren Kindes beendet den Teufelskreis von Mißbrauch und Sichmißbrauchen-Lassen. Moralische Empörung, selbstgerechte Bestrafung reichen nicht aus, um uns vor destruktiven Wiederholungen zu schützen.

Scham und Leidenschaft als Führer durch das Labyrinth unserer Seele

Unsere Scham und unsere Leidenschaft werden uns als wertvolle Wegweiser beim Wiederauffinden der erlittenen Verletzungen dienen können. Diese Emotionen und die mit ihnen verknüpften Phantasien und inneren Bilder werden uns auf verschlungenen Pfaden bis an die Quellen unserer alten vergessenen Verletzungen führen. Dort werden wir auch unseren innersten Wesenskern wiederfinden. Hierin liegt der unschätzbare Wert von *Scham und Leidenschaft: als Führer durch das Labyrinth unserer Seele.*

Unser Ziel

Wenn wir mit der Zeit unsere Verletzungen geheilt oder gelindert haben, dann verlieren unsere Scham und unsere Leidenschaft an Destruktivität. Sie hören auf, *»Leid zu schaffen«.*

Natürliche Scham

Wir gewinnen unsere natürliche Scham wieder, die die innere Grenze zwischen uns als Individuum und dem anderen bildet und uns vor schädlichen Einflüssen schützt. (Somit ist Scham die Voraussetzung für jede Individuation.) Unser natürliches Schamgefühl kann unsere Sensibilität und Achtsamkeit stärken. Sie kann zum Ausgangspunkt für Güte, Verständnis und Mitgefühl werden, wenn wir erkennen, daß weder wir noch andere vollkommen sind.

Leidenschaft als Lebenskraft

Wenn unsere Leidenschaft von ihren destruktiven Anteilen geheilt worden ist, dann kann sie zur Quelle für unsere Hingabe, Lust, Begeisterung und Entschiedenheit werden. Gelingt es uns, unsere Leidenschaften zu zähmen, werden wir uns mit unserem ganzen Wesen einer Sache hingeben und darin aufgehen können, ohne dabei unser Selbst aufzugeben. Wir werden nicht mehr in unserer Leidenschaft verbrennen. Wir werden fähig, uns in tiefe menschliche Begegnungen und Beziehungen hineinzubegeben: So kann eine leidenschaftliche Intimität entstehen, die uns im Kern bewegt und verändert.

Was können Menschen gewinnen, wenn sie sich mit ihrer Scham und Leidenschaft auseinandersetzen?

Die Menschen, mit denen wir in unseren Seminaren und Therapien dieses Verständnis über Scham und Leidenschaft geteilt haben, wur-

16

den im Laufe dieses Prozesses weicher, zugleich aufrechter. Mit zunehmendem Verständnis für ihre Scham und ihre Sehnsüchte werden sie versöhnter und milder mit sich selbst und mit ihren Bezugspersonen. Zugleich wissen sie genauer, was sie für die Erfüllung ihres Lebens brauchen. Sie können ihre Lebensziele klarer erkennen. Sie begnügen sich nicht mehr mit Umwegen oder Irrwegen. Und sie werden klarer in ihren Auseinandersetzungen mit ihrer Umwelt, sie schämen sich nicht mehr, anstehende Probleme anzusprechen.

Scham: Tabellarischer Überblick

Was ist Scham? Schamreaktionen	Entstehung der Scham	Folgen der Scham	Heilung der Scham
Das quälende, peinigende Gefühl, das entsteht, wenn eine wichtige innere oder äußere Grenze verletzt wurde.	Durch Verletzung von **Grenzen:** – körperliche, emotionale, psychische, geistige Grenzen werden verletzt.	**Anhaltende Scham und Wiederholung** führen zu dem Gefühl, als ganze Person, bis ins Innerste, schlecht, verabscheuungswürdig, böse, minderwertig, wertlos, unzulänglich zu sein.	Verletzungen müssen anerkannt werden, Schweigen muß aufgehoben werden, Gefühle müssen ausgedrückt und angenommen werden, Heilung des »inneren Kindes«
Körperliche Reaktion: – Erröten, Kontaktabbruch, Blick abwenden, Hitze und Kälte, Muskelanspannung, Schwindel.	**– als Täter/Täterin Grenzen verletzen, die durch andere gesetzt sind.** – Verletzung von gesellschaftlichen Normen, Verhaltensvorschriften, Regeln	**Selbstachtung, Würde und Selbstwertgefühl gehen verloren.** **Verstärkt** wird dies durch Schweigen, Rückzug, Isolation, Unterdrückung der Gefühle, Verstecken des Wesenskerns, Tabuisierung der Traumata.	
Emotionale Raktion: – sich verlegen, bloßgestellt, blamiert, entehrt, verletzt fühlen. Gefühle von Schmerz, Angst, Wut, Aggression, Trauer	**Erfahrung von beschämenden Sanktionen:** 1. Kontaktabbruch: – ignorieren, isolieren, ausschließen, zurückweisen, abweisen		
Gedankliche Reaktionen: – sich selbst kritisieren und sich als dumm, böse, häßlich, schlecht, unfähig, wertlos aburteilen. Daraus entstehen dann Überzeugungen – ich bin ein Nichts, Versager, verdiene Verach-	2. Verletzungen – auslachen, tadeln, schimpfen, schlagen, demütigen, strafen, entwerten, mißhandeln **Beschämende Instanzen:** Eltern, Freunde, Lehrer, Partner, Vorgesetzte, Kolle-	**Dies führt zu** **1. Abkapselung des inneren Wesenskerns.** **2. Masken der Scham, Abwehrstrategien** – Depression, Isolation, – psychosomatische Erkrankungen,	

Was ist Scham? Schamreaktionen	Entstehung der Scham	Folgen der Scham
tung und Zurückweisung.	gen, Nachbarn, Kirche, Medien	– Sucht, Mißbrauch.

<table>
<tr><td>

Scham löst Bedürfnis nach
– Schutz, Rückzug, Verstecken, Entkommen, aber auch nach
– Abwenden, Überspielen, Flüchten, Ungeschehenmachen aus.

</td><td>

Eigene innere Grenzen verletzen:
Gewissen, eigene Wertvorstellungen, Glauben
– als Opfer Erleiden von:
– Diskriminierung, Zurückweisung wegen Aussehen, Alter, Geschlecht, Herkunft
– Mißhandlung, Mißbrauch, Gewalt, Unterdrükkung
– als Zeuge direktes und/ oder indirektes Miterleben
von Grenzverletzung, Ausbeutung, Traumatisierung, Gewalt, Vernichtung.

</td><td>

– Trotz, Wut, Flucht nach vorn, Angreifen, Zynismus, Sarkasmus,
– Perfektionismus
– Image
– zwanghaftes Helfen
– Macht
– Gewalt
– Schamlosigkeit

</td></tr>
</table>

1. Wesenskern und intime Beziehung

Scham ist ein Thema, das uns in der Tiefe unseres Wesens berührt. Deshalb werden wir uns am Anfang des Buches genauer anschauen, wie der Kern unseres Wesens beschaffen ist. Die Annahme eines *Wesenskerns* bildet die zentrale Hypothese in unserer Arbeit mit Scham und Leidenschaft. Von dieser zentralen Vorstellung leiten wir alle unsere weiteren Überlegungen ab.

Unser Wesenskern

In jedem von uns existiert ein Wesenskern. Das ist das Zentrum unseres Daseins. Er bestimmt unser ganzes Tun und Wollen. Wenn wir mit unserem Wesenskern in Kontakt sind, dann wissen wir instinktiv, was wir wollen, was wir tun müssen. Wir wissen, wozu wir auf der Welt sind und wohin wir uns entwickeln wollen. Wir beziehen den Sinn unseres Lebens aus diesem Kern.

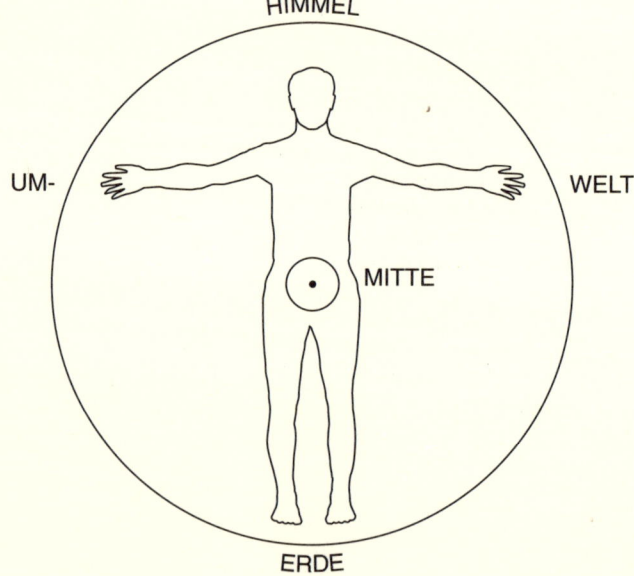

Abb. 4
Die Mitte: Quelle unseres Wesens
Nach fernöstlicher Vorstellung befindet sich die Mitte des Menschen im Zentrum seines Beckenraums. Auf Chinesisch heißt sie »Tan Tien«, auf Japanisch »Hara«.

Die Mitte: Quelle unseres Wesens

Unser Wesenskern steht nicht für sich allein da. Er ist mit einer Quelle verbunden, von der er gespeist wird. Diese Quelle befindet sich im Zentrum unseres Wesenkerns. Wir symbolisieren diese Quelle durch den Mittelpunkt eines Kreises. Der Kreis stellt unseren Wesenskern dar. Sein Mittelpunkt ist die Urquelle oder die Urmitte.

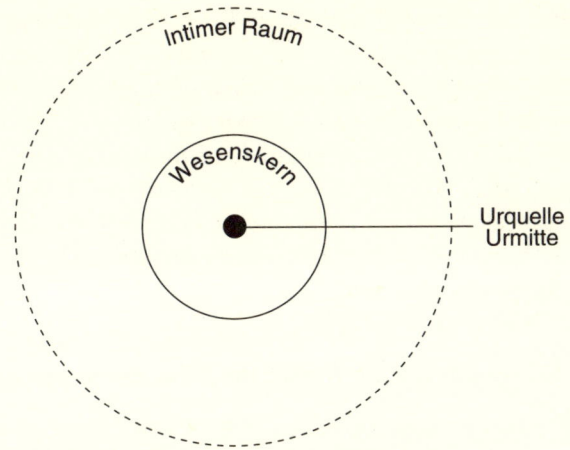

Abb. 5
Ein Kreis mit einem Punkt in dessen Mitte und einer Aura ringsherum.

Viele Religionen nennen diese Quelle »Gott« oder »Göttin«, die Chinesen nennen sie das Tao (den Weg), Existenzphilosophen nennen sie das »Sein«.

Diese Quelle verkörpert eine universale Kraft, durch die alles in der Welt mit Leben erfüllt wird. Graf Dürckheim beschrieb diese Kraft mit den Worten »Immanenz« und »Transparenz«: »Immanenz« bedeutet, daß diese Kraft uns innewohnt. Die göttliche Kraft ist in uns, wir können sie spüren. »Transparenz« bedeutet, daß diese Kraft durch uns hindurch wirkt. In unserem Dasein wird sie offenbar.

Die Lebensenergie aus der Mitte: Chi

Wir gehen davon aus, daß diese universale Kraft in der Mitte unseres Wesenskerns wohnt. Sie ist die Quelle unserer Lebensenergie. Wenn wir in unseren Körper hineinspüren, können wir körperlich fühlen, wie sie uns durchströmt. Sie zirkuliert in unserem Blutkreislauf. Sie

21

fließt mit unserem Atem. In der chinesischen Sprache benutzen wir das gleich Wort für Atem und Lebensenergie: »*Chi*«. Dies ist die Lebensenergie, die wir durch verschiedene körperliche und geistige Übungen zum Fließen bringen können.

Wenn wir im Kontakt mit unserer Mitte sind, dann spüren wir eine innere Harmonie und Ausgeglichenheit. Wir ruhen in uns selbst. Wir sind mit uns selbst im Frieden. Wir strahlen eine heitere Ausgeglichenheit aus. Wir sind ebenfalls im Besitz unseres inneren Wissens. In jedem von uns fließt eine Quelle ursprünglichen Wissens, jenseits aller Erziehung, jenseits aller kulturellen Überlieferung. Dieses Ur-Wissen ist Bestandteil unseres *Ge-Wissens*, wie wir es später im Kapitel 4 sehen werden. Wir sind aufgrund dieses inneren Wissens imstande, zu unterscheiden, was für uns gut oder schlecht ist. Wir sind imstande, zu entscheiden, was wir zu tun und zu lassen haben. Der Kontakt mit unserer Mitte, mit unserer Urquelle ist deshalb von großer Bedeutung für jede/n von uns.

Das Energiefeld um uns herum: die Aura, der intime Raum

Diese Lebensenergie strahlt von unserer Mitte nach allen Seiten aus und bildet ein *Energiefeld* um uns, das uns von allen Seiten umhüllt und geborgen hält. Wir sind in dieser unsichtbaren Energiehülle aufgehoben und gehalten. Sie schützt uns. Gleichzeitig stellt sie die energetische Verbindung zu allen anderen Wesen in unserer Umwelt her. Wir sind in unserer Umwelt eingebettet. Diese Energiehülle nennen wir manchmal unsere Aura. Im Zusammenhang mit Scham nennen wir sie unseren *intimen Raum*. Jede/r von uns ist also von einem intimen Raum umhüllt. Dieser ist durch eine unsichtbare *intime Grenze* von draußen abgegrenzt. Der intime Raum und die intime Grenze sind wichtig für unser Verständnis von Scham. Wenn wir Scham erleben, ziehen wir uns in unseren intimen Raum zurück. Die Grenze um den intimen Raum wird zur *Schamgrenze*.

Zersprengung der Urquelle: Individualisierung

Nun gehen wir in unserer bildlichen Betrachtung weiter: In den meisten Schöpfungsmythen bestand am Anfang der Welt die Urquelle für sich. Wir können uns vorstellen, daß diese Urquelle oder Urmitte einmal zersprungen ist, und aus ihr sind unzählige kleine und kleinste

Teile entstanden, nämlich alles, was wir in der Welt wiederfinden an lebendigen und nicht lebendigen Wesen. Man sagt dann, die Urquelle habe Gestalt angenommen in unserer sichtbaren Welt, sie habe sich manifestiert. Und jedes Teilchen trägt, wie ein Hologramm, das Abbild und die Energie der Urquelle in sich. Wir selbst wären solche Teilchen, die aus der Explosion der Urquelle entstanden sind.

Sehnsucht nach der Verbindung mit der Urquelle

Aus diesen Überlegungen heraus ergeben sich zwei existentielle Richtungen unseres Strebens: Die eine zielt nach innen, auf die Urmitte zu, auf die Urquelle unseres Daseins. Jeder Mensch trägt in sich die *Sehnsucht nach dieser Urquelle* (oder religiös ausgedrückt, nach dem Göttlichen).

Selbst wenn wir nichts mehr darüber wissen, kennt jede/r von uns die Wirkung der Urquelle: In den wesentlichsten Augenblicken unseres Lebens fühlen wir ihre Kraft in uns, wir fühlen uns in unserem innersten Wesenskern von ihr berührt. Wir leben leidenschaftlich. Leidenschaftliches Leben entspringt dem Wesenskern und wird gespeist von der Urquelle unseres Daseins.

Außerdem tragen wir in uns die Sehnsucht nach Erlösung aus dem Leiden und dem individuellen Schicksal. Wir sehnen uns nach der Aufhebung unseres individuellen Selbst in etwas Höherem. Wir suchen nach Sinn in unserem Leben. Daher meditieren wir, beten wir. Deshalb begehen wir – singend, tanzend, feiernd – immer wieder die symbolische Wiedervereinigung mit dem Göttlichen.

Sehnsucht nach dem intimen Kontakt mit dem anderen

Die zweite Richtung zielt nach *außen*, auf das *andere*, auf die Begegnung mit dem, was uns fremd ist. Dieses andere kann ein anderer Mensch, ein Tier, eine Pflanze, eine Landschaft sein. Es ist jedenfalls etwas, was außerhalb unseres individuellen Daseins steht. Wir brauchen die Begegnung, die Beziehung mit dem anderen, genauso, wie wir Nahrung von außen brauchen.

Dabei sehnen wir uns hauptsächlich nach dem *intimen* Kontakt mit dem anderen. Es ist hier nicht der alltägliche, gebrauchsmäßige Kontakt gemeint (den wir vielleicht den »instrumentellen« Kontakt nennen können). Wir möchten dem anderen in seinem Wesenskern begegnen. Wir wollen den Abstand zwischen unser beider Wesenskernen überbrücken, damit wir unmittelbar von unserem Wesenskern zu seinem Wesenskern kommunizieren können.

Um in unserem Bild zu bleiben: Die Universalenergie ist in Milliarden Funken auseinandergestoben. Jedes Teilchen trägt die Universalenergie in sich, sucht aber gleichzeitig die Vereinigung mit anderen Teilchen, um das Ursprüngliche, Göttliche wiederherzustellen. Wenn wir einander lieben, bringen wir etwas, das größer ist als wir, zum Ausdruck, zum Leben.

Wozu aber dieser Austausch? Jeder von uns ist zwar ein Spiegelbild der Ur-Einheit. Aber jedes Spiegelbild ist anders. Es hat eine ureigene Ausprägung, ist einzigartig in seiner Gestalt, unverwechselbar in seiner Individualität. Daraus entsteht die unwiderstehliche Attraktion des anderen für uns. Wir möchte den anderen intim kennenlernen, weil wir hoffen, darin ein andersgeartetes Spiegelbild des Göttlichen zu finden. Dann würden wir der Urquelle ein Stück näherkommen.

Dieses Streben nach der Vereinigung mit dem anderen und mit der Urquelle bildet die Grundlage unserer *Leidenschaft*.

Liebe

Hierin ist ein tiefer Grund der *Liebe* zu finden: Indem ich einen anderen liebe, erfahre ich das Göttliche in mir und im anderen. Und in der geschlechtlichen Vereinigung wird nicht nur die Einheit zwischen zwei Körpern, nicht nur die Einheit von zwei Seelen, sondern wird ein Stück der Ur-Einheit wiederhergestellt. In der sexuellen Vereinigung verwirklichen wir ebenfalls ein Stück der Sehnsucht des Lebens nach sich selbst. Wir bringen *Kinder* hervor, Früchte unserer Liebe. So daß, auch wenn wir als Individuen sterblich sind, das Leben sich durch uns fortführt. »*Eure Kinder sind nicht eure Kinder. Es sind Söhne und Töchter von des Lebens Verlangen nach sich selber*« (Kahlil Gibran).

Die zwischenmenschliche Brücke

Wenn wir jemanden anderen lieben, dann baut sich, bildlich gesehen, eine zwischenmenschliche Brücke zwischen uns auf. Die Brücke verbindet dann unsere Wesenskerne miteinander. Unsere Mitte ist offen und steht im Austausch mit der Mitte des anderen.

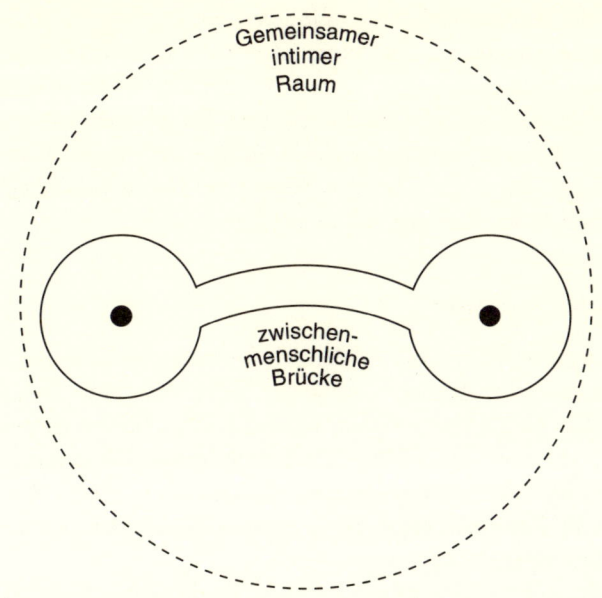

Abb. 6

Zwei Wesenskerne, die miteinander über eine Brücke verbunden sind. Um sie herum ein Kreis: der gemeinsame intime Raum

Die erste zwischenmenschliche Brücke in unserem Leben war die *Nabelschnur,* die uns mit unserer Mutter verband. Sie ist die sichtbarste Verbindung zwischen zwei Menschen. Aber auch nach unserer Geburt stellen wir immer wieder intime Verbindungen zu uns nahen Menschen her. Diese Art von intimem Austausch nennen wir *Intimität.* Und die zwei im Austausch Stehenden befinden sich in einem *gemeinsamen intimen Raum.*

Der gemeinsame intime Raum

Wir haben oben gesehen, daß jeder von uns von einem Energiefeld umhüllt ist, das wir seinen »intimen Raum« nennen. Wenn wir nun einem anderen Wesen näherkommen, verschmelzen unsere beiden intimen Räume miteinander: Ich nehme den anderen in meine intime Hülle auf, zugleich nimmt er mich in seine Hülle auf. Wir befinden uns in einem gemeinsamen intimen Raum.

Dieser intime Raum um zwei Menschen ist ein sehr starkes Energiefeld. Er ist zwar nicht durch äußere Mauern abgegrenzt, aber wir können ihn trotzdem wahrnehmen. Z.B. wenn auf einem öffentlichen Platz zwei Menschen in ein intensives Gespräch vertieft sind, können Außenstehende aus Stimme, Gestik und Mimik deutlich wahrnehmen, daß sie sich in einem intimen Austausch befinden, der Dritte ausschließt. Der intime Raum verbindet die Beteiligten miteinander. Gleichzeitig schirmt er gegen Außenstehende ab.

Der intime Austausch

In der intimen Begegnung werden sehr intensive Gefühle und Gedanken ausgetauscht. Positive Gefühle wie Liebe oder Zuneigung, negative Gefühle wie Antipathie oder Haß werden von beiden Partnern ausgesandt und empfangen. Dieser Austausch findet in Form von körperlichem oder psychischem Energiefluß statt. Der sexuelle Orgasmus stellt wohl den intensivsten Energieaustausch dar, der zwischen zwei Menschen möglich ist.

Ist die zwischenmenschliche Brücke intakt, dann fließt ungehindert Energie von einem Wesenskern zum anderen und zurück. Ist die zwischenmenschliche Brücke stabil und verläßlich, dann fühlen wir uns sicher und können in unserem Wesenskern *offen* sein. Wir öffnen uns im Wesenskern zum anderen hin, berühren den anderen und werden selbst im Innersten berührt.

Das Erleben im intimen Raum ist *zeitlos, ganzheitlich, leidenschaftlich, lustvoll, bewußtseinserweiternd, entgrenzend.* Der Energieaustausch über die zwischenmenschliche Brücke führt zur Ekstase, Leidenschaft, Liebe, Hingabe.

Im gemeinsamen Feld erfahren beide Liebenden eine unglaubliche Stärke. Sie sind gegen fast jede Anfechtung immun. Insofern sind Liebende schamlos. *Sie sind tatsächlich ohne Scham, solange sie sich im intimen Raum aufhalten.* Die intime Sphäre umhüllt sie, beschützt sie und erfüllt sie. Auch Kinder, die einen Spielkameraden oder -kameradin gefunden haben, die »auf ihrer Wellenlänge liegen«, können auf einmal schamlos werden und alles mögliche anstellen, was sie sonst, wenn sie allein sind, nicht wagen würden. Diese Tatsache, daß Menschen, die in einer intakten intimen Begegnung eingebettet sind, ohne Scham sein können, ist äußerst wichtig für unsere weitere Betrachtung der Scham und ihrer Entstehung.

Die Verwandlung durch den intimen Austausch

Warum begeben wir uns also in den intimen Austausch?

1. Bedürfnisbefriedigung:

Um unser innerstes Bedürfnis nach Nähe, Liebe und Geborgenheit, aber auch um unser Bedürfnis nach Auseinandersetzung mit einem anderen Menschen zu befriedigen.

2. Heilung und Verwandlung:

Zugleich vollzieht sich eine tiefe Verwandlung in jedem der beiden Partner. Der gemeinsame Energiestrom durchflutet den ganzen Organismus, löst Enge, Ängste und Verpanzerungen auf. Dieser Energiefluß hat eine tiefe *heilende* Wirkung auf den gesamten Organismus, auf der körperlichen, geistigen und seelischen Ebene. Dadurch können früher erlittene Entbehrungen und Verletzungen gelindert oder geheilt werden: Durch die Liebe spüren wir, daß wir im Zentrum gut, liebenswert und wertvoll sind. Neue, ungeahnte Seiten werden in uns durch die Liebe und den Geliebten zum Leben erweckt, oder, wie Verena Kast es einmal ausdrückte: »herausgeliebt«.

3. Bestätigung unseres wahren Selbst / Wesenskerns:

Um uns als ganze Person zu erfahren, benötigen wir den Kontakt zu einem »Du«. Die Offenbarung meiner innersten Gefühle und Gedanken vor einem anderen Menschen und das Erleben, daß dieser mich versteht und mit mir fühlt, bestätigt mich in meinem Selbst. Ich spüre, daß ich wirklich bin.

4. Schöpfung neuen Lebens:

Überdies ist die Liebesenergie in der Tat schöpferisch, denn sie erschafft, in der Vereinigung von Frau und Mann, neues Leben. Es ist, als würde durch den Aufbau eines gemeinsamen Energiefeldes zwischen den beiden Intimpartnern eine Transformation der Materie stattfinden. Das Kind reift im Schutz dieser Hülle heran. Aus dem Zweierfeld entsteht ein Dreierfeld.

Voraussetzungen für den intimen Austausch

Es gibt jedoch wichtige Voraussetzungen für den intimen Austausch. Worauf sollen wir achten, wenn wir unseren intimen Raum einer anderen Person öffnen? Und umgekehrt: Worauf sollen wir achten, wenn wir den intimen Raum einer anderen Person betreten?

Voraussetzungen für den intimen Austausch:

1. Freier Wille, Urteilsfähigkeit, Unabhängigkeit:
Beide Seiten verfügen über ihren eigenen Willen und können diesen angstfrei äußern. Sie können die Situation unabhängig voneinander einschätzen und fällen ihre Entscheidung für oder gegen den intimen Kontakt unabhängig voneinander.

2. Freiwilligkeit: Beide Partner gehen den intimen Austausch freiwillig ein. Zwang, Druck, Verführung oder Ausnutzung eines Ahhängigkeitsverhältnisses verstoßen gegen diesen Grundsatz.

3. Gegenseitigkeit: Beide Seiten wünschen den intimen Austausch. Es genügt nicht, wenn nur einer der Partner den Kontakt will, der andere aber nicht oder nur widerwillig.

4. Initimität bedeutet respektvollen Abstand:
Echte Intimität bedeutet, paradoxerweise, daß wir einen klaren, respektvollen Abstand vom Wesenskern des anderen beibehalten. Wie nahe wir uns auch fühlen mögen, wir sollen eine unsichtbare, aber eindeutige *Grenze* zwischen dem intimen Partner und uns ziehen. Eine Grenze, die wir, bei aller Liebe oder bei allem Haß, nicht überschreiten. Es ist eine Grenze der gegenseitigen Achtung vor der Würde des Partners und der eigenen Person. Die Würde eines Menschen ist unantastbar auch, ja gerade in intimen Beziehungen.

5. Beendigung ist jederzeit möglich: Wenn es sich herausstellt, daß der eingegangene intime Kontakt einem der Partner nicht gefällt, oder wenn er genug davon hat, dann kann er ihn jederzeit beenden. Der andere Partner muß diesen Wunsch respektieren.

All dies impliziert, daß niemand gegen seinen ausdrücklichen Willen gezwungen werden darf, einen intimen Austausch einzugehen oder gegen seinen Willen fortzusetzen.

Das Ende der intimen Begegnung

Jede intime Begegnung hat ein natürliches Ende. Nach dem intimen Austausch folgt die natürliche Trennung beider Partner. Sie gehen gesättigt aus dem Austausch. Sie empfinden tiefe *Dankbarkeit* für die Begegnung. Dieser Trennungs- und Trauerprozeß ist von großer Bedeutung für die Weiterentwicklung beider Partner. Gelingt es, dann gehen beide verwandelt und gestärkt aus der Begegnung hervor. Sie sind wieder frei für andere Kontakte.

Gelingt die Trennung nicht, dann bleiben beide Partner aneinander kleben. Denn es ist manchmal nicht einfach, das Ende einer intimen Beziehung überhaupt zu registrieren. Wir gewöhnen uns leicht an das Schöne und möchten es gerne verlängern ins Unendliche. Auch dies kann zu schambesetzten und letztlich destruktiven Beziehungen führen, wie wir es sehen werden.

Zusammenfassend können wir sagen, daß unsere existentielle Sehnsucht in zwei Richtungen geht: nach innen, zum Urgrund hin, zur Zwiesprache mit Gott, und nach außen, zur intimen Begegnung mit dem anderen Menschen. Wenn wir das Glück haben, daß wir *beides* erfahren können, dann sind wir immun gegen viele Anfechtungen. Beide Erfahrungen schlagen tiefe Wurzeln in uns und geben uns die Kraft, die Stürme des Lebens zu bestehen.

2. Kinder kennen nur Intimität und sind deshalb für Scham empfänglich

Was unterscheidet ein Kind von einem Erwachsenen? Wir sagen:»Kinder sind unschuldig.« Das stimmt. Aber was meinen wir damit? Damit bringen wir ein außergewöhnliches Phänomen zum Ausdruck: nämlich die Tatsache, daß Kinder *in ihrem Wesenskern offen sind.* Sie haben *noch keine Schutzhülle* darum aufgebaut.

Wir haben oben gesehen, daß unser Wesenskern in direkter Verbindung zum Göttlichen (zur Urquelle) und zu den Menschen steht. Da Kinder in ihrem Wesenskern weit geöffnet sind, haben sie tatsächlich einen direkten Zugang sowohl zum Göttlichen als auch zu den Menschen ihrer Umgebung.

Die Verbindung des Kindes zum Göttlichen

Das Göttliche im Kind kommt beim Neugeborenen am stärksten zum Ausdruck. Wenn wir Neugeborene anschauen, strahlen sie eine Atmosphäre von fast überirdischer Gelöstheit und Gleichmut aus. Jeder, der einen schlafenden Säugling im Arm hält, spürt die wohlige Wärme und Geborgenheit, die von diesem kleinen Wesen ausgeht. Wir sind ganz nahe am Ursprung, wenn wir ein Kind im Arm halten.

Kinder kennen nur intime zwischenmenschliche Beziehungen

Auch zu anderen Menschen haben kleine Kinder eine unmittelbare Verbindung. Sie haben noch keine Schutzhüllen um ihren Wesenskern aufgebaut. Sie können sich daher nicht schützen. Alle Kontakte, die sie aufnehmen, sind intimer Natur. Jeder Blick, jede Berührung berührt ihr Wesen. Sie sind durchlässig für das »Unsichtbare« – für die Gedanken, die Stimmungen ihrer Umgebung, sei es in ihrer Familie, sei es in der Natur draußen.

Für ein kleines Kind gibt es nur Nähe. Jede Beziehung, die es aufnimmt, ist in seinen Augen bedeutsam. Aber es wird in den Schoß einer bestimmten Familie und einer bestimmten Umwelt hineingeboren. Es hat keine Wahl über seine Beziehunspartner in seinen ersten Tagen, Monaten, Jahren und Jahrzehnten, bis es erwachsen wird. Ein Kind »saugt« die vorherrschenden Gefühle und Stimmungen in seiner Familie auf, ohne daß es sich davor schützen kann. Wir werden später bei der Schamentstehung genauer darauf eingehen.

Auf der anderen Seite verstehen Kinder aber oft nicht die Bedeutung dessen, was sie aufnehmen. *Sie besitzen nicht das notwendige Hintergrundwissen, über das wir Erwachsenen verfügen, um sich ein reales Bild über die Lage um sie herum zu machen.* Sie wissen z.B. nicht, worüber sich die Mutter Sorgen macht, wenn diese deprimiert ist. Sie wissen nicht, warum der Vater auf die Mutter ärgerlich ist (vielleicht hat er finanzielle Sorgen oder Ärger am Arbeitsplatz). Sie wissen nicht, wieso alle in der Familie morgens so nervös sind (weil Termindruck herrscht; die älteren Geschwister müssen zur Schule, die Eltern zur Arbeit).

Da sie nur auf einen sehr beschränkten Wissensfundus zurückgreifen können, mißdeuten sie Botschaften oft, oder sie beziehen das Verhalten der anderen auf sich, selbst wenn sie nicht gemeint sind. Welch komplizierte, verwirrende Kinderwelt! Hierin liegt eine der Quellen für die Entstehung von Scham und Selbstzweifeln bei Kindern.

Ein weiteres, gewaltiges Handicap besteht in der beschränkten Ausdrucksmöglichkeit kleiner Kinder. Sie verfügen nur über ihre Körpersprache und ihre Lautsprache. Sie können uns nicht sagen, was sie denken und fühlen. Sie können uns nicht fragen, was sie nicht verstehen. Sie verfügen über eine reiche, aber eher stumme, uns unverständliche Innenwelt. Wir sind im Zusammenleben mit ihnen auf unsere *zwischenmenschliche Brücke zu ihnen* angewiesen, d.h. die emotionale Schwingung zwischen ihnen und uns, um zu verstehen, was sie wollen und was sie uns sagen wollen. Auch hier können sehr häufig Mißverständnisse entstehen, die bei Kindern Scham hervorrufen können.

Ein Beispiel: *Ein Vater zieht morgens gerade seine kleine Tochter an. Währenddessen denkt er an den nächtlichen Streit mit seiner Frau und spürt noch einmal seinen Ärger in sich. Die Tochter spürt seinen Ärger (aus der ungewohnt ruppigen Art, wie er sie gerade umzieht) und reagiert verunsichert. Auf einen besonders unwirschen Ton in seiner Stimme hin fängt sie an zu weinen und streckt ihre Arme nach ihm aus. (Kleine Kinder brauchen, wenn sie verunsichert sind, oft die körperliche Zusicherung von ihren Eltern, daß diese sie noch liebhaben.) Der Vater merkt* *bestürzt, wie unmittelbar die Tochter seine Stimmung registriert. Er merkt, daß sie den Ärger, den er auf seine Frau hat, direkt auf sich selbst bezogen hat. Daraufhin nimmt er sie in den Arm, tröstet sie und sagt: »Ich bin nicht auf dich sauer. Ich bin sauer auf die Mama.« Augenblicklich beruhigt sie sich, lächelt und schaut sich auf seinem Arm um, sieht den Obstkorb und verlangt nach einer Birne. Es ist alles wieder gut. Einige Minuten später sitzen beide friedlich am Frühstückstisch und frühstükken. Der Vater denkt noch einmal an seinen Ärger auf seine Frau, und in diesem Augenblick fragt ihn die Tochter: »Papa, warum bist du sauer auf die Mama?« Er ist ein zweites Mal verdutzt darüber, wie unmittelbar das Kind seine Stimmung registriert. Aber nun kann es die Stimmung des Vaters richtig deuten, nach seiner Erklärung von vorhin. Nun fragt es ganz genau nach dem, was ihn eben im Moment beschäftigt.*

Dies ist ein ganz alltägliches Beispiel für die außergewöhnliche Sensibilität der Kinder für die Stimmung und die Gedanken ihres Gegenübers. Wenn sie jedoch nicht wissen, warum ihr erwachsenes Gegenüber sich soundso fühlt, werden sie seine Gefühle erst einmal auf sich selbst beziehen. Kinder können völlig situationsgerecht reagieren, wenn sie über die Stimmung und die Hintergedanken der Erwachsenen aufgeklärt werden. Nur meist trauen Erwachsene Kindern gar nicht zu, daß sie die wahren Hintergründe eines Ereignisses verstehen und verarbeiten können.

Wir können uns nun vorstellen, wie sehr wir Kinder verunsichern und desorientieren können,
(a) wenn wir versuchen, ihnen unsere Gefühle nicht zu zeigen (vielleicht um sie nicht zu beunruhigen),
(b) oder wenn wir unsere Gefühle und Gedanken zwar zeigen, aber anders benennen, als sie wirklich sind (weil wir meinen, Kinder könnten die Wahrheit nicht vertragen),
(c) oder wenn wir unsere Gefühle und Gedanken völlig verleugnen (weil wir uns im Verborgenen halten wollen und meinen, die Kinder merken sowieso nichts).

Eine Frau wollte in einem Seminar erzählen, wie sie sexuell mißbraucht worden war. Doch da kam ihr die eigene Mißbrauchsgeschichte auf einmal wie eine Lüge vor. Da sie nicht als Lügnerin dastehen wollte, ver-

schwieg sie schließlich diese Geschichte und erzählte statt dessen etwas anderes, worüber sie sich hundertprozentig sicher war. Sie sagte: Jedesmal, wenn sie sich an ihre Kindheit erinnere, fühle sie sich verwirrt. Sie wisse nicht mehr, was Wahrheit und was Lüge sei.

Es wurde ihr schließlich klar, daß man ihr in der Kindheit nichts geglaubt hatte. Als sie ihrer Mutter über den erlebten Mißbrauch durch einen Verwandten erzählen wollte, wurde sie als Lügnerin hingestellt und beschämt, bis sie selbst nicht mehr zwischen Wirklichkeit und Phantasie unterscheiden konnte. (Vergleiche hierzu Sigmund Freuds Umdeutung von Mißbrauchserfahrungen seiner an Hysterie erkrankten Patientinnen in sexuelle Phantasien, hier im Kapitel über die »Scham des Opfers«.)

Das Ausgeliefertsein der Kinder an die Erwachsenen

Da Kinder von Natur aus empfindsam sind, meinen sie, daß die Erwachsenen umgekehrt genauso sensibel seien. Sie glauben, daß die Erwachsenen auch ihre, nämlich der Kinder innerste Gedanken, Gefühle, Empfindungen, Träume erspüren und wissen. Denn in den Augen von Kindern sind Erwachsene mächtige Geschöpfe – so etwas wie Riesen, Feen oder Magier –, ausgestattet mit ungeahnten körperlichen und seelischen Kräften. Sie glauben, daß Erwachsene allwissend sind. Daher fühlen sie sich leicht durchschaut. Sie stehen den Erwachsenen gewissermaßen »nackter« gegenüber als umgekehrt. In ihrem maßlosen Vertrauen und ihrer Phantasie glauben Kinder, daß wir Erwachsenen sie jederzeit durchschauen können, ähnlich wie »der liebe Gott«, auch wenn das gar nicht der Fall ist. Ein Kind, das sich so beobachtet fühlt, wird sich bei vielen Gelegenheiten schämen. Dies ist ein wichtiger Grund für die Entstehung kindlicher Scham.

Eltern können viel Schaden anrichten, wenn sie, ohne viel darüber nachzudenken, Kindern drohen: »Der liebe Gott sieht alles!« Sie liefern ihre Kinder der Angst aus, ständig überwacht zu sein, wo auch immer sie sind.

Eine Klientin, die wegen heftiger Angstgefühle zur Therapie kommt, berichtet darüber, daß sie streng religiös erzogen worden sei. In der katholischen Schule hatte sie ab der 3. Klasse eine Nonne als Lehrerin. Diese sei süßlich, hysterisch und brutal gewesen. Unartigen Kindern schlug sie die Hand auf die Tischkante, daß es nur so krachte. Dabei brüllte sie, bis ihr

Kopf feuerrot war. Vor allem jagte sie den Kindern Todesangst ein vor dem »lieben Gott«, der alles sieht und nichts unbestraft läßt.

Später, als die Kinder Kommunionskinder waren, mußten sie das ganze Jahr über zur Vorbereitung viele Opfer bringen. »Wir durften auch kein Eis essen. Als uns die Nonne doch eines Tages dabei erwischte, wurden wir wahnsinnig zusammengebrüllt und schämten uns sehr. Man mußte viel leiden und opfern, um ›würdig‹ zu werden. Meine Schulkameradin und ich gingen fast täglich nach der Schule in die Kirche.«

»Ich wußte nicht recht, was ich studieren wollte. Aber was ich der Familie auch vorschlug, alle waren entsetzt und meinten, ich würde das nie schaffen, vor allem würde ich mit der Einsamkeit in einer fremden Unistadt nicht fertig werden. So übernahm ich diese Vorstellung und blieb zu Hause. Die Eltern waren froh, mich zu haben. Ich kam mir verloren vor und wußte nicht recht, was tun. So ließ ich die Dinge treiben und tat, was mir vorgezeichnet war: bei den Eltern wohnen, Lehrerin werden, da eine Frau in diesem Beruf Arbeit und Familie gut vereinbaren könne, mit dem Mann, den meine Eltern für mich als Ehemann ausgewählt hatten, zusammensein und ihn später heiraten.«

Wir sehen an diesem Beispiel, wie eine drastische religiöse Erziehung aus dem Mädchen ein gefügiges, »gottesfürchtiges« Wesen machte, das mehr zu den Verpflichtungen, die ihr auferlegt wurden, stand als zu ihren eigenen Wünschen. Ihr Selbstwertgefühl wurde systematisch untergraben. Sie schämte sich ihres wahren Selbst – daher pflegte sie sich auch später so überreichlich zu schminken, daß man ihr »wahres Gesicht« nie zu sehen bekam.

Kinder brauchen ihre Privatheit

Entgegen unserer landläufigen Meinung brauchen Kinder viel Privatheit. Sie brauchen einen eigenen Raum, in dem sie sich in ihre eigene Intimität zurückziehen können, in dem sie für sich sein können, in dem sie sicher vor jeder Beobachtung sein können. Sie brauchen, sobald sie alt genug sind, eine Tür, die sie hinter sich schließen können.

Wenn Kinder keine Rückzugsmöglichkeit haben – denken wir an Familien, die nur einen Wohnraum haben –, wissen sie nirgendwohin mit ihren intimen Gedanken. Das Gefühl, vor anderen Menschen, vor den mächtigen Erwachsenen oder gar vor dem lieben Gott nackt dazustehen mit den eigenen intimsten Gedanken, fördert die Schambildung! *Scham ist die Reaktion auf das Gefühl der Entblößung.*

3. Die Entstehung der natürlichen Scham bei Kindern

Natürliche Scham und Leidenschaft

Nun, da wir mehr vom intimen Raum verstehen, können wir Scham und Leidenschaft als Funktion der Ausdehnung und Schrumpfung des intimen Raumes definieren:

Leidenschaft ist die Funktion der Erweiterung und Expansion der intimen Grenze, und zwar in Richtung auf den intimen Austausch mit einem anderen.

Scham ist die Funktion des Schutzes, des Wächters, des Zusammenziehens der intimen Grenze, und zwar vor einer Bedrohung des Wesenskerns.

Wenn die zwischenmenschliche Brücke stabil und von beiden Seiten durchgängig ist, übernimmt *Leidenschaft* die Führung als »Emotion« (»sich hinausbewegen«): Sie bewegt uns aus unseren herkömmlichen Grenzen hinaus in den lustvollen oder kämpferischen Austausch mit unserem Gegenüber. Leidenschaft ist das Streben nach der Erweiterung der Grenzen des Selbst, nach der Vereinigung mit dem anderen, nach Wachstum und Weiterentwicklung.

Wenn die zwischenmenschliche Brücke aber empfindlich ist, wenn sie sich als nicht tragfähig oder als trügerisch erweist oder gar abbricht, dann übernimmt *Scham* die Führung: Sie zieht die Person aus der leidenschaftlichen Expansion zurück zu sich selbst. Scham legt dann ihren Schutzring um die Person und schützt sie, indem sie sie von der Umwelt isoliert. Scham wird dann zum Schutz vor der (als gefährlich erlebten) intimen Beziehung. Die intime Grenze verwandelt sich in eine *Schamgrenze*.

Die Entwicklung natürlicher Scham

Die natürliche Scham leistet also einen sehr wertvollen Dienst für die Erhaltung des Wesenskerns. Wir haben gesehen, daß es für jeden Menschen ein vitales Bedürfnis ist, in einen leidenschaftlichen intimen Kontakt mit anderen Menschen zu treten. Ein solcher Kontakt kann jedoch auch gefährlich sein. *Die existentielle Notwendigkeit des intimen Kontakts hält die Waage mit seiner existentiellen Gefährlichkeit. Dies gilt insbesondere für die Zeit der Kindheit.*

Zu keiner Zeit sind wir so offen und verletzlich wie in unserer Kindheit. Wir sind dort einer Vielzahl von Einflüssen ausgeliefert, sowohl was unsere physischen Bedürfnisse (nach Nahrung, Wärme, Atemluft, körperlicher Berührung und Stimulation) betrifft, als auch was unsere psychischen Bedürfnisse nach Liebe, Geborgenheit, Anregung, Anerkennung und Freiheit betrifft.

Deshalb besteht eine der größten Aufgaben, die wir als Kinder zu lernen haben, darin, *die Öffnung unseres intimen Raumes zu dosieren.*

Die Nabelschnur als erste zwischenmenschliche Brücke

Wir können uns vorstellen, daß die erste zwischenmenschliche Brücke, die wir im Leben hatten, die Nabelschnur war, die uns mit dem Mutterleib verband. Durch sie wird der Fötus ernährt. Er bekommt aber auch alle inneren Stimmungen und Gefühle der Mutter mit, wie die pränatale Forschung entdeckt hat. Vieles, was uns charakterlich prägt, hat seinen Ursprung in der vorgeburtlichen Phase unseres Lebens.

Der »soziale Uterus« des Säuglings und Kleinkindes

Nach der Geburt schrumpft die Nabelschnur binnen Minuten ein. Das Kind ist damit von der Mutter getrennt und bekommt ab diesem Zeitpunkt seine Nahrung und Zuwendung aus seiner Umwelt. Aber auch nach der Geburt bleibt es in einem besonderen intimen Raum – seine Umwelt umgibt es wie ein sozialer Uterus, in dem es langsam gedeihen kann und der ihm als Rückhalt und Basis dient, von der aus es seine Fühler in die Welt ausstrecken, diese erkunden und erobern kann.

Langsam vergrößert sich der Wahrnehmungs- und Aktionsraum des heranwachsenden Kindes. Es wird lernen, mit weicheren und härteren Gegenständen zu hantieren. Mit den einen kann es unbeschwerter umgehen, während es vorsichtiger mit den anderen sein muß, damit es sich nicht verletzt. So wird es auch seine sozialen Beziehungen allmählich zu differenzieren lernen. Es wird lernen, auf welche Menschen es unbekümmert zugehen kann, während es sich anderen, ihm fremder oder bedrohlicher erscheinenden Menschen vorsichtiger, behutsamer annähern muß.

Die Bildung natürlicher Schamgrenzen beim Kind

Es lernt auf diese Weise, die Öffnung seines intimen Raumes zu dosieren. Sein Schamgefühl hilft ihm dabei. Die Schamgrenze entspricht der Grenze seines intimen Raums. Sie umschließt wie eine elastische Schutzhülle seinen Wesenskern. Sie öffnet und schließt sich, bildlich gesehen, wie die automatische Linse einer Kamera oder wie die Iris unserer Augen in stufenloser Anpassung an das herrschende Lichtverhältnis. Wenn das Licht blendet, dann geht die Linse zu. Wenn es dunkler wird, geht die Linse auf.

So paßt sich der Mensch in seinen Kontakten an. Je nach der Person, die ihm begegnet, und je nach seinem inneren Bedürfnis.

Von einem »Angenehm, Sie kennenzulernen!« bis zum »Ich liebe dich!« sind alle Abstufungen der Öffnung der Schamgrenze möglich. Unser *Schamgefühl*, eine der wichtigsten Grenzfunktionen, reguliert unsere Nähe und Distanz zum Gegenüber, so daß wir uns immer geschützt fühlen, so daß wir uns immer wohl fühlen in unserer Haut.

Äußere Voraussetzungen für die Bildung intakter Schamgrenzen

An sich bringt jedes Kind gute Voraussetzungen mit, um gesunde Selbst- und Schamgrenzen zu entwickeln. Welche sind nun die äußeren Voraussetzungen, die es für die Bildung intakter Schamgrenzen braucht?

1. Kinder brauchen eine »sich allmählich öffnende Welt«. Da wir Menschen, im Gegensatz zu Nestflüchtern, nach der Geburt so überaus bedürftig und verletzbar sind, brauchen wir eine Umwelt, die uns in den ersten Tagen, Wochen, Monaten und Jahren schützend und nährend umhüllt wie ein »sozialer Uterus«.

2. Als Kinder brauchen wir eine ausgewogene Mischung von *Schutz und Herausforderung*. Einerseits müssen wir vor unbekannten Gefahren (wie scharfen Gegenständen oder Autos) geschützt werden. Wir brauchen aber gleichermaßen Anregungen, Herausforderungen und Aufgaben, an denen wir unsere körperlichen und geistigen Fähigkeiten erproben und erweitern können.

3. Als Kinder brauchen wir Bezugspersonen, die sensibel auf unsere wechselnden Bedürfnisse nach *Nähe und Distanz, Intimität und Rückzug* reagieren. Es ist wichtig, daß sich die erwachsenen Bezugspersonen mehr nach den kindlichen Bedürfnissen – vor allem auch was Nähe und Distanz betrifft – richten als nach ihren eigenen, so daß sie den Kindern nicht ihre Bedürfnisse überstülpen. Wenn sie achtsam und respektvoll mit den Kindern umgehen, dann werden sich die Kinder in ihren persönlichen Bedürfnissen respektiert fühlen. Sie lernen dadurch, auch später im Leben ihre Bedürfnisse ernst zu nehmen.

4. Zugleich brauchen Kinder Bezugspersonen, die *das Wechselspiel zwischen Ich und Du* beherrschen. Die Erwachsenen sollen auf die Bedürfnisse der Kinder eingehen, aber sich nicht für die Kinder aufopfern. Sie müssen auch auf sich selbst achten. Wenn sie den Kindern als Gegenüber begegnen und dabei zu sich selbst stehen können, lernen die Kinder Selbstrespekt und Fremdrespekt. Sie lernen, auf ihre eigenen wie auch auf die Bedürfnisse ihres Gegenübers zu achten.

5. Kinder sollen in Frieden und Wohlergehen aufwachsen können. Denn jeder Krieg, jede Bedrohung, jede politische oder wirtschaftliche Spannung dringt zu Kindern durch, gleichgültig, ob die Erwachsenen ihnen davon erzählen oder ihnen die Bedrohung verschweigen. Kinder spüren unmittelbar, ob die Menschen, die ihnen nahestehen, glücklich und zufrieden leben, oder ob sie voller Sorgen und Ängste sind. Kinder sind sehr bewußte Zeitzeugen!

6. Kinder sollen die Möglichkeit haben, langsam und allmählich an die Härten des Lebens herangeführt zu werden, in dem Maße, wie sie es von ihrer wachsenden inneren Stärke her ertragen können. Ihre Entwicklung sollte sich kontinuierlich vollziehen können, mit erfrischenden Zwischenspurts und erholsamen Verschnaufpausen.

Ungünstige Bedingungen für die Bildung der Schamgrenzen

Wir wissen jedoch, daß solche Idealbedingungen für die Bildung intakter Schamgrenzen leider nur selten gegeben sind. Unsere Schamgrenzen sind zwar dazu da, »filternd« zu wirken. Aber ihre Aufnahme- und Abwehrkapazität ist nur begrenzt. Wenn wir in einer allzu feindlichen Welt aufwachsen und leben müssen, dann brechen die Schamgrenzen irgendwann ein und lassen den Einstrom negativer Einflüsse ungehindert zu. Dann kann unser Wesenskern verletzt werden.

Folgende ungünstige Umweltbedingungen können die Entwicklung von Scham bei einem Kind beeinflussen:

1. Bei manchen Kindern sind die Bezugspersonen so sehr mit sich und ihren eigenen Problemen beschäftigt, daß sie nicht genug Zeit, Geduld oder Kraft haben, um für die Bedürfnisse ihrer Kinder offen zu sein. Die Kinder finden eine kalte, ihnen verschlossene Umwelt vor. Um hier nicht zu erfrieren, werden sie ihre Schamgrenzen dicht machen und ihr Bedürfnis nach Nähe und Liebe tief in sich vergraben oder gar aufgeben. Sie werden oft nach Ersatzbefriedigungen suchen – sie werden suchtanfällig.

2. Oft sind die Eltern ihrerseits so bedürftig, daß sie sich in ihrer Not und Einsamkeit dem eigenen Kind nähern, um ihre eigenen ungestillten Bedürfnisse zu befriedigen. Sie gebrauchen bzw. mißbrauchen die eigenen Kinder, um ihr eigenes Bedürfnis nach Nähe, Liebe, Sexualität, Freundschaft oder schlichte Aushilfe im Alltag zu befriedigen. Es kommt dann zu Störungen in der Entwicklung der Selbstgrenzen und der Schamfunktionen des mißbrauchten Kindes: Wenn sein Hunger nach Kontakt groß ist, wird es seine Grenzen weit öffnen und sich lebenslang mißbrauchen lassen. Oder das verschreckte Kind macht seine Grenzen dicht. Es wird eine unmäßige Scham empfinden und sich künftig allen zwischenmenschlichen Begegnungen schamvoll verschließen, selbst wenn ihm keine Gefahr droht. Es hat gelernt, jedem zu mißtrauen, vielleicht sogar denen am meisten, die ihm nahestehen.

3. Viele Kinder wachsen unter katastrophalen sozialen, politischen und wirtschaftlichen Bedingungen auf – dies gilt übrigens auch für die Kriegs- und Nachkriegskinder, die heute erwachsen sind. Viele

von ihnen werden/wurden unerwartet aus ihrer natürlichen kindlichen Entwicklung herausgezerrt in die Brutalität der Erwachsenenwelt: Krieg, Hunger, Vergewaltigung, Todesangst, Verwaisung. Solche Kinder müssen ihren Wesenskern unter harten Schutzschalen verpanzern, um seelisch zu überleben.

Die meisten von uns haben als Kinder keine friedvolle Welt erlebt: Unsere Familien steckten voller Sorgen und Konflikte, unsere Umgebung war oft ungeschützt, unsere persönliche Entwicklung machte abrupte Brüche durch. Auch unsere Kinder blieben und bleiben nicht von solchen Erschütterungen verschont. Sie haben die Bedrohung von Tschernobyl erlebt, und sie fürchten sich vor einer Zukunft voller Umwelt- und Hungerkatastrophen. Wie wir miteinander und mit unseren Kindern diese Krisen, in die das Leben uns stellt, umgehen, entscheidet darüber, ob wir in Scham oder in Stolz leben.

4. Unser Gewissen –
die zweite Quelle der Scham

*»Wenn du dich für eine Handlung wirklich geschämt hast,
wirst du sie nie mehr begehen.«*
(Jim Simkin)

Es gibt, neben der Scham, die durch eine Verletzung unseres intimen Raumes hervorgerufen wird, eine andere, *eine innere Quelle der Scham:* Das ist unser Gewissen.

Unser Gewissen als innere Führerin – die positive Funktion des Gewissens

Im Wort »Gewissen« ist das Wort »Wissen« enthalten. Unser Gewissen ist eine höhere, zugleich eine tiefere Form des Wissens.

Unser Gewissen entsteht aus den Lebenserfahrungen, die wir im Laufe unseres Lebens gemacht haben. Aus den guten und schmerzlichen Folgen unseres Handelns ziehen wir Folgerungen und Konsequenzen. Wir beginnen einen inneren Leitfaden für unser Leben zu weben, der immer wieder revidiert und vervollständigt wird.

Unser Gewissen ist Wissen in einer ganzheitlichen Form, denn es läßt alle Erfahrungen, die wir in unserem Leben gemacht haben, zu einer Einheit verschmelzen. Unser Gewissen bindet diese Lebenserfahrungen zusammen und überschaut sie von einer höheren Perspektive aus.

Aus diesem höheren Wissen formen wir unsere ethisch-moralischen Grundsätze und Normen, nach denen wir unser individuelles und gemeinschaftliches Leben gestalten. Das Gewissen begleitet und leitet unsere Gedanken und unsere Handlungen und gibt damit unserem Leben Richtung und Sinn.

Somit dient uns das Gewissen als eine Art *innere Führerin.* Diese innere Führerin ist deshalb so wertvoll für uns, da wir Menschen, im

Gegensatz zu Tieren, nur mit wenigen genetisch festgelegten Instinkten ausgestattet sind, die uns vorschreiben, was wir zu tun haben. Das Gewissen stellt eine *autonomere* und *beweglichere* Form der Führung dar. Dadurch sind wir fähig, unser Leben eigenständig, von innen heraus, zu steuern.

Unser Gewissen hat einerseits eine wichtige gemeinschaftsbildende Funktion, es hat jedoch bei jedem Menschen eine individuelle Ausprägung. Jeder Mensch lebt nach eigenen inneren Leitlinien, die seine Gedanken und Handlungen steuern und ihnen Sinn und Richtung geben.

Um diese schwierige Aufgabe zu erfüllen, schöpft das Gewissen aus unseren tiefsten Quellen. Um in unserem Modell zu bleiben: *Die Quelle des Gewissens ist unser Wesenskern.* Unser Gewissen bildet sich gewissermaßen aus der *inneren Zwiesprache mit unserem Wesenskern.* Den Mittelpunkt unseres Wesenskerns bildet, wie wir im Kapitel 1 gesehen haben, die Urquelle, unsere spirituelle Mitte. Da sich unser Gewissen im Wesenskern entwickelt, bezieht es seine Kraft und seine Richtung vor allem aus spirituellen Erfahrungen. Dies ist eine wichtige Feststellung: Unser Gewissen gründet sich vor allem auf *spirituellen und emotionalen Erfahrungen,* viel weniger auf intellektuellen Einsichten! Deshalb steht eine Moral, die sich ausschließlich auf vernünftige Argumente bezieht und dabei spirituelle und emotionale Erfahrungen außer acht läßt, auf schwachen Füßen.

Genaugenommen hat unser Gewissen seine Wurzeln in *allen* Erfahrungsbereichen. Es bezieht sich auf unsere spirituellen, emotionalen, kognitiv-intellektuellen, sozialen und politisch-historischen Erfahrungen. Sie sind im Gewissen zu einer Einheit verschmolzen.

Wir wollen hier besonders auf die spirituellen und emotionalen Erfahrungen als Grundlage des Gewissens eingehen, weil sie häufig zu wenig berücksichtigt sind.

Unsere spirituellen Erfahrungen als Grundlage des Gewissens

Wenn wir unser Gewissen befragen, erheben sich stets die sogenannten Gewissensfragen. Es klingen immer die existentiellen Grundthemen des Lebens an. »Weshalb lebe ich?« »Warum muß ich sterben?« »Was hat mein Leben für einen Sinn?« »Weshalb begegnet mir dieses Schicksal?« »Welchen Sinn haben die Beziehungen in meinem Leben?«

Jeder Mensch muß seine eigene Antwort auf diese Grundfragen finden, wenn sie sich ihm, oft unerwartet, stellen. Dann ist jeder von uns ganz allein mit seiner Antwort, in seiner Verantwortung. Es sind in der Tat Augenblicke tiefer Einsamkeit, wenn wir uns unserem Gewissen stellen. Es können Augenblicke voller Zweifel, ja Verzweiflung sein. Wir versuchen, aus der Einsamkeit dieser Allein-Verantwortlichkeit herauszukommen, indem wir den Kontakt mit der Urquelle (dem Göttlichen) suchen: »Aus tiefster Not rufe ich zu Dir, mein Gott!«

Außer der Kontaktaufnahme zum Göttlichen (z.B. im Gebet oder in der Meditation) kann auch ein anderer Mensch uns in unserem Gewissenskonflikt helfen, wenn es ihm gelingt, uns im Wesenskern zu berühren. Gelingt diese Verbindung zu Gott und zum anderen Menschen, dann entsteht in uns eine *innere Führerin,* die uns in unserer Not hält. Die Beziehung zu den Menschen und zu Gott gibt uns die *Kraft,* um die Krisen durchzustehen.

Finden wir jedoch keinen Kontakt, weder zu höheren Kräften noch zu den Menschen, dann geraten wir in eine immer tiefere Verzweiflung, die zur seelischen Vernichtung führen kann, zumindest zu einer äußersten Verhärtung, manchmal bis hin zum Verrücktwerden. Soziale und spirituelle Einsamkeit führt meist zur Verzweiflung. Wir werden dies im Kapitel über die »*Verzweiflung*« sehen.

Die zweite wichtigste Grundlage unseres Gewissens bilden unsere emotionalen Erfahrungen:

Unsere emotionalen Erfahrungen als Grundlage des Gewissens

Unsere Gefühle sind ein wesentlicher Baustein unseres Gewissens. Denn unsere Gefühle sind, wenn nicht das Echteste, dann zumindest das Persönlichste von uns. Sie sind die Kräfte, die uns bewegen (E-motion: »hinausbewegen«). Deshalb werden wir innerlich nie ganz »ja« zu einer Moral sagen können, die unsere Grundgefühle verleugnet. Eine Moral, die nur intellektuell ist, läßt uns gefühlsmäßig kalt. Eine Ethik, die hohe moralische Ansprüche erhebt, dabei aber unser Gefühlsleben verachtet, wirkt abschreckend, selbst wenn wir sie im Prinzip gutheißen.

Gefühle bilden das Fundament unserer zwischenmenschlichen Brücke zu anderen Menschen. Denn in meiner Zuneigung, genauso wie in meiner Abneigung bin ich mit meinem Gegenüber verbunden. Meine Gefühle zu ihm steuern zu einem großen Teil mein Verhalten ihm gegenüber. Deshalb bilden unsere Gefühle eine wesentliche Grundlage unseres Gewissens.

Wir Menschen sind so widersprüchlich, daß wir solch gegensätzliche Gefühle wie innigste Liebe und mörderische Wut empfinden und ausdrücken können. Deshalb brauchen wir in unseren Gefühlen und Leidenschaften einen Halt, der uns Standfestigkeit verleiht. Daher sollte eine menschliche Moral unsere gegensätzlichen Gefühle einbeziehen können: Liebe wie Haß, Angst und Wut, Verzweiflung und Mut. Sie muß Platz haben für Freud und Leid.

Ein moralisches System darf deshalb nicht polar aufgebaut sein. Es darf die Welt und die Menschen nicht in Gut und Böse aufteilen. Denn sonst müßten wir uns immer einen Teil unserer Emotionen abspalten – als böse – oder als nicht zu uns gehörig (»un-gehörig«) verleugnen. In einer menschlichen Moral müßten Gott und Teufel verschiedene Ausdrucksformen *einer* Einheit sein, müßten Gott und Teufel in einer ständigen Zwiesprache miteinander stehen, in ständiger Auseinandersetzung und Zusammensetzung.

Unsere kognitiv-intellektuellen Erfahrungen als Grundlage des Gewissens

Unser Nachdenken und Nachsinnen bilden eine wichtige Quelle unseres Gewissens, weil wir dabei Einsicht in die *Zusammenhänge des Lebens* und die *Konsequenzen* unseres Tuns und Lassens gewinnen. Das Erkennen des Unterschiedes zwischen »Ich« und »Du«, ein wichtiger Entwicklungsschritt beim Kind, stellt die Grundlage für *Freiheit und Verantwortung* dar.

Die Wahrheit läßt sich im übrigen nie durchs Denken allein finden. »Nach-sinnen« ist untrennbar mit den Sinnen verbunden, das heißt mit unserer körperlichen Wahrnehmung und mit unseren Sinnesorganen. Wir können nur dort ein Gewissen bilden, wo wir die Konsequenzen unseres Tuns sinnlich erfahren. Daher tragen abstrakte Belehrungen so wenig zur Gewissensbildung bei, z.B. um das Elend der Welt zu ändern. Elend und Not müssen hautnah erlebt werden, wenn sie unser Leben wirklich verändern sollen.

In Ergänzung zu dem gängigen Satz: »Wissen ist Macht« gehört das Wissen um unsere *Ohnmacht* zur Gewissensbildung. Ohnmächtig zu sein ist eine schmerzliche Grunderfahrung, die wir nicht nur als Kinder machen, sondern immer und immer wieder als Erwachsene. In dieser Erkenntnis unserer letzten Grenzen berühren sich unsere intellektuelle Erfahrung und unsere spirituelle Erfahrung. Dies ist der Grund, weshalb Naturwissenschaftler, die zunächst auf rationalem Wege (mathematisch oder empirisch) in die Grundfragen der Materie eindringen, unversehens auf die Grundfragen unserer Existenz stoßen (vergleiche H. P. Duerr et al.).

Unsere sozialen Erfahrungen als Grundlage des Gewissens

Dies ist die Seite des Gewissens, die wir am besten kennen: »Handle so, daß die Maxime deines Willens jederzeit zugleich als Prinzip einer allgemeinen Gesetzgebung gelten könnte« (Kant).

Daraus entspringen die ethischen Grundsätze von Gleichheit, Gerechtigkeit, Solidarität. Jedoch machen wir immer wieder die Erfahrung, wie brüchig unser soziales Gewissen sein kann. Hier liegt die Grenze der Aufklärung: Wenn wir nicht in unseren *spirituellen und emotionalen Grunderfahrungen* angesprochen und berührt werden, gibt es leider (physiologisch gesehen) meist nur eine Veränderung auf unserer Großhirnrinde, aber nicht in den tieferen, älteren Schichten unseres Gehirns und unserer Seele.

Unsere historisch-politischen Erfahrungen als Grundlage des Gewissens

Noch langsamer, mühevoller lernen wir aus unseren historischen und politischen Erfahrungen. Wir stehen alle in der Tradition einer langen Reihe von menschlichen Leistungen und Fehlern, wie ein Glied in einer langen historischen Kette. Das, was wir fühlen, denken, glauben und tun, hängt vom Verhalten vieler Generationen vor uns ab. Auch wir können mit unseren Gedanken, Gefühlen und Verhaltensweisen positive oder negative Entwicklungen in der Zukunft bahnen oder hemmen.

Wir werden am Beispiel der Weitergabe von Scham in Familien in den Kapiteln 15 und 16 sehen, wie unverarbeitete traumatische Erfahrungen von einer Generation zur nächsten weitergereicht werden. Im politischen Zusammenleben der Völker gibt es so viele gegenseitige Verletzungen, daß sie häufig in einer, zwei oder drei Generationen noch immer nicht verarbeitet und gesühnt sind. Denken wir nur an die persönlichen und politischen Folgen des Dritten Reiches! Wir müßten im politischen Zusammenleben viel mehr auf die Schamgefühle der beteiligten Völker und Volksgruppen achten, damit wir nicht ständig neue Wunden schlagen, die die nächsten Generationen als Erbe übernehmen müssen. Der fatale Mechanismus von Beschämung und Gegenbeschämung muß gerade auf der politischen Ebene erkannt und eingestellt werden. Wir haben die Rolle von Scham in der Politik zu wenig berücksichtigt.

Entwicklung und Pflege des Gewissens

Das Gewissen ist eine Fähigkeit, die in jedem Kind angelegt ist. Es ist wie ein Baum, der im Wesenskern wurzelt und im Laufe des Lebens heranwächst. Es braucht Zeit, um im Menschen heranzureifen. Es muß von ihm gepflegt und kultiviert werden. Ohne Pflege verkümmert es wie ein Pflänzchen, das leicht von Unkraut überwuchert und erstickt wird.

Wir pflegen unser Gewissen, wenn wir achtsam mit unseren oben beschriebenen Erlebnissen und Erfahrungen umgehen. Wenn wir uns die Zeit nehmen, die Erfahrungen, die wir im Laufe unseres Lebens machen, in uns anklingen und Wurzeln schlagen zu lassen. Wir sollten uns Zeit zum Besinnen geben. Denn Pflege braucht Zeit. Pflege braucht Geduld und die Bereitschaft, auf die Antworten zu warten.

Uns den existentiellen Fragen stellen

Leider nehmen wir uns in unserer Gesellschaft kaum Zeit und Aufmerksamkeit für die Pflege des Gewissens, sowohl bei uns selbst wie auch bei unseren Kindern. Dies ist schade, da gerade kleinere Kinder so offen sind in ihrem Wesenskern und so klar in ihrer Wahrnehmung. Sie sind existentiellen Fragen aufgeschlossen und stellen sie uns schamlos und unverblümt, z.B. in Form ihrer unermüdlichen »Warum«-Fragen. Aber sie brauchen Aufmerksamkeit und aufrichtige Antworten.

Wir aber scheuen diese existentiellen Fragen. Wir murmeln irgendwelche ausweichende Antworten, oder wir geben rationale Antworten auf die spirituellen und emotionalen Fragen, die uns Kinder stellen. »Warum ist Opa gestorben? Wo ist er hin?« »Ach, er ist eben achtzig geworden, und alte Menschen sterben halt!« Das Sterben wird damit reduziert auf das zählbare Alter, aber das, was das Kind tief bewegt und beunruhigt, wird beiseite gewischt. Es fällt der *Scham* anheim, denn das Kind merkt wohl, daß wir uns vor der eigentlichen Frage scheuen. Wenn wir keine bessere Antwort wissen, ist es besser zu sagen: »Ich weiß es nicht, ich bin selbst traurig und verzweifelt darüber. Was meinst *du* dazu?« Das Kind bekommt dadurch die Chance, nach einer eigenen Antwort zu suchen. Vielleicht finden wir zusammen mit ihm eine Antwort.

Auch unsere Schulen erziehen unsere Kinder weg von ihrer natürlichen Spiritualität und Emotionalität, indem sie einseitig und mit aller Macht das intellektuelle Wachstum forcieren. Dadurch verbauen wir ihnen allmählich den natürlichen Zugang zu ihrem Wesenskern und verstopfen diesen mit einem Wust an rationalem Wissen. So verkümmert das höhere Wissen, das Ge-Wissen. An seine Stelle tritt zählbares Faktenwissen, nach dem Motto: »Wissen ist Macht.«

»Adieu«, sagte der Fuchs. »Hier mein Geheimnis. Es ist ganz einfach: Man sieht nur mit dem Herzen gut. Das Wesentliche ist für die Augen unsichtbar... Die Zeit, die du für deine Rose verloren hast, sie macht deine Rose so wichtig... Die Menschen haben diese Wahrheit vergessen... Aber du darfst sie nicht vergessen. Du bist zeitlebens für das verantwortlich, was du dir vertraut gemacht hast. Du bist für deine Rose verantwortlich...«   (Antoine de Saint-Exupéry, »Der kleine Prinz«)

Warum haben wir (erwachsenen) Menschen dieses Geheimnis, das so einfach ist, vergessen? Wohl, weil wir selbst den Zugang zu unserem Wesenskern verloren haben. Wir sind entwurzelt. Ich glaube, wir in unserer westlichen Industriegesellschaft können uns den Kontakt mit unserem Wesenskern nicht leisten. Er steht uns im täglichen Kampf um die zählbaren Dinge des Lebens im Wege. Wir haben uns darauf konditioniert, unsere Energie auf die Vermehrung dieser zählbaren Dinge zu konzentrieren.

Wie arbeitet unser Gewissen als »innere Führerin«?

Wir haben oben gesehen, daß uns unser Gewissen (solange wir es pflegen) als innere Führerin dient. Wie ein Kompaß zeigt es uns an, wann wir auf unserer Lebensreise auf richtigem Kurs sind, und wann wir auf Abwege geraten. Solange wir auf richtigem Kurs sind, haben wir ein »ruhiges Gewissen«, wir haben ein inneres Gefühl von Stimmigkeit. Unser Weg stimmt mit unserer Zielvorstellung überein. Wir haben das Gefühl, auf dem richtigen Weg zu sein.

Wenn wir aber auf Ab- oder Irrwege geraten, meldet sich unser Gewissen als inneres Korrektiv. Ein Gefühl von Unruhe befällt uns. Zweifel steigt auf und läßt uns unseren Weg noch einmal bedenken. Wenn wir diese Unruhe und diesen Zweifel ernst nehmen und uns besinnen, dann können wir herausbekommen, was schiefgelaufen ist. Wir können die notwendige Kurskorrektur vornehmen.

Scham als Stimme des Gewissens

Wenn wir unser Bedenken jedoch unbeachtet beiseite schieben und weitergehen, dann verstoßen wir möglicherweise gegen Grundsätze und Werte, die bisher für uns gültig waren. Die Reaktion darauf ist Scham. Es ist eine innere Scham, eine Scham vor uns selbst. Wir haben uns vor uns nicht bewährt. Wir haben vor uns selbst versagt. Deshalb schämen wir uns vor uns selbst.

Das Selbst spaltet sich in diesen Momenten in zwei Teile, die einander gegenüberstehen. Die eine Seite, verkörpert durch unser Gewissen, verurteilt unser Handeln. Sie ist gewissermaßen die Anklägerin. Wir bekommen Gewissens-»Bisse«. Die andere Seite verkörpert den Angeklagten. Sie verteidigt sich und rechtfertigt sich. So kommt es zu einem inneren Widerstreit. Entweder kann sich die angeklagte Seite rechtfertigen und das Gewissen besänftigen und überzeugen, daß es gute Gründe für ihr Verhalten gab.

Reue und Wiedergutmachung

Oder sie erkennt ihre *Schuld* an. Schuld ist die Tatsache, daß wir etwas falsch gemacht haben. Wenn wir »ge-stehen«, stehen wir zu unserer Schuld. Wir empfinden *Reue* für unsere Verfehlung und bedauern unseren Fehler. Wir übernehmen die *Verantwortung* für unser Tun und nehmen eine gerechte Strafe an *(Sühne)*. Wir bitten den Beschädigten um Vergebung, bieten Wiedergutmachung an und erfahren möglicherweise Vergebung.

Das Bereuen und Wiedergutmachen ist wie ein Akt der Selbstreinigung. Indem wir die Verantwortung für das, was wir getan haben, übernehmen, heben wir die innere Spaltung von Kläger und Angeklagten wieder auf. Beide Seiten versöhnen sich.

Weiterentwicklung unseres moralischen Systems

Es ist dies ein Prozeß, der unser Zusammenleben stärkt. Da alles, was wir tun oder lassen, seine Konsequenzen hat, können wir nie vermeiden schuldig zu werden. Fehler und Verletzungen sind unvermeidlich – besonders in nahen, intimen Beziehungen. Indem wir nicht weglaufen, sondern uns stellen, bleiben wir mit unseren Beziehungspartnern in Kontakt. Im Laufe der darauf folgenden Auseinandersetzung können wir mehr Verständnis füreinander entwickeln. Es entsteht am Ende des Konflikts oft eine neu empfundene Nähe in einer bisher nicht gekannten Qualität.

Wir erleben auf diesem Wege eine Weiterentwicklung des inneren ethisch-moralischen Systems, das wir Gewissen nennen. Unsere Werte und Normen wachsen mit unserer persönlichen Entwicklung und mit der Entwicklung unserer Beziehungen mit. Wenn wir Fehler begehen, weisen sie uns häufig darauf hin, daß wir bestimmte Bedingungen unseres Verhaltens und unseres Umfeldes übersehen haben. So lernen wir, an unserem individuellen und sozialen Gewissen weiterzuarbeiten.

In einem solchen System, das wir, in Anlehnung an die Autoren Fossum und Mason, »respektvoll« nennen, haben die Gefühle von *Scham und Schuld* einen festen Platz (vergleiche dazu Kapitel 23).

5. Verzweiflung

Das schlimmste Gefühl, das wir kennen, ist die Verzweiflung. Sie ist die emotionale Reaktion auf äußerste Not. Wir befinden uns in einer existentiellen Grenzsituation, aus der wir nicht mehr entrinnen können. Wir sehen keinen Ausweg mehr. In diesem Augenblick empfinden wir Verzweiflung.

Jede/r von uns hat Situationen erlebt, in denen er oder sie verzweifelt war. Es ist wichtig, daß wir verstehen, was in diesen Momenten in uns vorgeht. *Denn Verzweiflung ist meist der Ausgangspunkt für krankmachende Scham und Schamabwehr.*

Die Stadien der Verzweiflung

Begleiten wir einen Menschen, der in eine ausweglose Notsituation gerät, auf den Stationen seiner Verzweiflung. Was geht in einem Menschen vor, der unerwartet in eine extreme Notlage gerät, der etwa plötzlich ernsthaft krank wird oder unerwartet einen geliebten Menschen, seine Arbeit, seine Heimat verliert? Vielleicht wird er unversehens Opfer von Gewalt, Folter, Vergewaltigung. Was geschieht in ihm?

1. Stadium: Panik

Zuerst packt ihn Entsetzen und Panik. Er schreckt zusammen, fährt hoch, schreit um Hilfe. Oder aber er wehrt sich spontan gegen das drohende Unheil, mit allen Kräften. All dies sind instinktive Notreaktionen, wie wir sie auch bei Tieren kennen: *Flucht, Angriff/Abwehr, Hilfeschrei, Sich-Totstellen.* Manchmal gelingt es ihm, sich auf diese Weise zu befreien. Er schlägt den Angreifer in die Flucht, oder er kann fliehen. Dann tritt Erleichterung ein. Er hat sich erfolgreich gewehrt.

2. Stadium: Kampf ums nackte Überleben

Was geschieht aber, wenn es ihm nicht gelingt, sich zu retten? Wenn er merkt, daß er nicht entrinnen kann, wird er seine letzten Reserven mobilisieren. Sein Überlebenswille gibt ihm ungeahnte Kräfte, so daß er sich vielleicht auch auf dieser Stufe aus eigener Kraft aus seiner Notlage befreien kann.

3. Stadium: Stoßgebet, Bitte um Gnade

Was geschieht nun weiter, wenn der Betreffende trotz Aufgebot aller Kräfte nicht entfliehen kann? Bevor ihn die letzten Kräfte verlassen, stößt er ein Stoßgebet aus: Gott oder eine andere überirdische Macht möge ihm zur Hilfe kommen, sie möge die Not abwenden. Dafür ist er bereit, etwas Kostbares zu opfern. Die Bitte richtet er auch an den Angreifer. Er bittet und bettelt um Gnade. Er verspricht alles, wenn er nur verschont werde.

Vielleicht wird sein Gebet erhört und das Unheil wird abgewendet, oder der Angreifer erbarmt sich seiner. Dies ist der letzte Punkt, an dem der psychische Absturz noch verhindert werden kann. Danach beginnt der Zusammenbruch, der letztlich zur Zerstörung des Selbst führt.

4. Stadium: Verzweiflung und Zusammenbruch

Wenn nun alle Kräfte erschöpft sind und der Mensch erkennt: »Ich bin total verlassen und bin der Übermacht ganz und gar ausgeliefert«, dann *verzweifelt* er. Hier tritt die existentielle Grenzsituation ein. Jetzt, im Angesicht des Zusammenbruchs, verliert er alle Hoffnung. Er verliert jeden Glauben an sich selbst und an ihm wohlgesonnene gute Mächte. Dieses Eingeständnis der totalen Hilflosigkeit, Ohnmacht und des Im-Stich-gelassen-Seins bricht seinen letzten Widerstand.

Verzweiflung setzt sich aus mehreren Komponenten zusammen:
1. Der Mensch gesteht seine totale Niederlage ein.
2. Er liefert sich aus – dem Mißbraucht-Werden, dem Verletzt-Werden, dem Getötet-Werden. Er willigt innerlich ein, Opfer des Terrors und der Qual zu sein.
3. Er gibt damit sein Leben in der bisherigen Unversehrtheit und Ganzheit auf. Sein »seelisches Immunsystem«, das ihm bisher das Gefühl von Vollständigkeit und Unverletzlichkeit gegeben hat, bricht zusammen. Seine Immunität, d.h. seine innere Abwehr, geht verloren.
4. Der Mensch gibt auch das Wesentlichste, das er besitzt, auf: seine Verbindung zu den Kräften, die ihn bisher getragen und aufrechter-

halten haben: seine Verbindung zum Himmel, seine Verbindung zur Erde, seine Verbindung zu seiner Umwelt. Die Erde hat ihn bisher getragen (»geerdet«), der Himmel hat ihn aufgerichtet und geleitet (»Geist«), seine Umwelt hat ihn geborgen gehalten.

Nun, da er seinen Glauben an diese Kräfte aufgibt, fällt er in sich zusammen wie eine Marionette, deren Fäden, die sie bisher aufrechtgehalten haben, abgeschnitten worden sind; oder wie ein Schiff, dessen Verankerung abgerissen ist und das nun Wind und Wasser ausgeliefert ist. Die lebendige Verbindung zu seinen eigenen Lebenskräften und den zwischenmenschlichen und göttlichen Kräften ist ihm abhanden gekommen. Sein Wesenskern verwaist.

Jetzt, da er aufgibt, ist es so, als breche der letzte Schutzwall einer Festung zusammen. Der Feind findet keine Gegenwehr mehr und fällt ein. Der Zusammenhalt der befestigten Stadt (des menschlichen Organismus) geht aus den Fugen, sie birst. Die Einheit, die Integrität der Stadt wird nun zerstört. Sie fällt auseinander, sie desintegriert.

5. und letztes Stadium: Desintegration – das Aufgeben der körperlich-seelisch-geistigen Ganzheit

Glücklicherweise dauert der Terror meist nur eine bestimmte Zeit. Denn kein Mensch kann ein Übermaß an Qual, Schmerz und Angst ertragen. Unser Organismus reagiert selbst in diesem Augenblick äußerster Not adäquat. Er zieht die allerletzte Notbremse. Und diese heißt: *Aufgabe der Integrität.* Der Mensch, nein, sein Organismus reagiert, denn dies ist keine freie Willensentscheidung mehr, in der der Mensch noch eine Wahlmöglichkeit hätte.

Was bedeutet Desintegration? Der gesunde Mensch ist ganz. Er besteht aus der Einheit von Körper-Seele-Geist. Diese drei Lebensfunktionen sind zeitlebens unzertrennbar miteinander verbunden und arbeiten zusammen. Solange er diese Ganzheit beibehält, steht er mit beiden Füßen in der Realität, selbst in einer Notsituation. Im Augenblick der Desintegration jedoch fallen diese drei Lebensfunktionen auseinander. Es ist, als würde das Signal ausgegeben: »Rette sich, wer kann!« In Panik fliehen alle auseinander und geben die gemeinsame Festung auf. Aber dieses Bild stimmt so nicht ganz. Eigentlich ist es eher so, daß in einer biologischen Notreaktion die Funktionen, welche am entbehrlichsten sind, zuerst aufgegeben werden, *damit die lebenswichtigsten Funktionen erhalten bleiben.* Sie werden geopfert. Man wirft unnötigen Ballast über Bord, damit das leckgeschlagene Schiff noch nicht versinkt, damit man sich noch eine Zeitlang über Wasser halten kann.

Wir kennen diese biologischen Vorgänge aus der Notfallmedizin, z.B. die *Zentralisierung des Blutkreislaufes:* Im Fall eines starken Blutverlustes verengen sich die Blutgefäße der peripheren Organe (z.B. der Haut und der Muskulatur), die nicht so lebensnotwendig sind, zugunsten der Blutversorgung der zentralen, lebensnotwendigen Organe wie Gehirn und Herz, die von dem verbliebenen Blut versorgt werden. Damit geben die peripheren Organe ihre Blutversorgung auf zugunsten der lebenserhaltenden Organe, *auch wenn sie selber langfristig Schaden nehmen.*

Ähnliches geschieht im Menschen, der sich in äußerster seelischer Not befindet: Er fällt körperlich, geistig oder seelisch auseinander, um zu überleben. Wir werden das Ergebnis dieser Desintegration im nächsten Kapitel im einzelnen ansehen.

6. Desintegration – Aufgabe der körperlichen und geistigen Gesundheit

Aufgabe der körperlichen Gesundheit

Dies ist eine der häufigsten Reaktionen auf Not und Verzweiflung. Unser körperliches Immunssystem bricht zusammen, und wir werden Opfer verschiedener Krankheiten. Dabei haben Krankheiten oft eine spezifische Organsprache, in der die seelische Not immer noch leise durchkommt und durch das erkrankte Organ spricht.

Der Körper übernimmt in solchen Fällen das Leiden von der Seele. Kafka hat in einem Brief an seine Freundin Milena geschrieben, daß die Lunge (Kafka litt an Tuberkulose) ächzend der Seele sage, wenn es sein müsse, dann übernehme sie die Last des Lebens, solange sie es aushalte.

…Solange sie es aushält. Und wenn die erlittenen Qualen zu schwer sind, dann geht der Körper zugrunde. Bei vielen Menschen, die an Krebs erkranken, findet man beim genaueren Hinfragen heraus, daß die Krankheit ziemlich genau an einem Zeitpunkt angefangen hat, an dem der Betreffende eine tiefe seelische Krise durchmachte. Der Körper opfert sich für die Seele auf.

Aufgabe der geistigen Gesundheit

Wir kennen das Phänomen, daß Menschen in einem Augenblick äußerster Not in *Ohnmacht* (»ohne-Macht«!) fallen. Der Geist verläßt den Körper, um den vernichtenden Schmerz nicht spüren zu müssen.

Die *Amnesie,* der Ausfall des Gedächtnisses nach einer Katastrophe, erfüllt die gleiche Funktion. Der Mensch »vergißt« das traumatische Ereignis. Die Erinnerung an die Katastrophe ist somit erfolgreich aus seinem Bewußtsein verdrängt.

Ein ähnliches Phänomen, die *Dissoziation,* kennen wir bei vielen Opfern sexuellen Mißbrauchs. Im Augenblick des Mißbrauchs, in diesem Moment unerträglicher Scham, entfernt sich das Opfer im Geist vom realen Geschehen. Es schaut sich die Tapete an der Wand an und empfindet nichts, oder es tritt tatsächlich aus seinem Körper heraus, schwebt über dem Raum und beobachtet die grausige Szene da unten wie ein unbeteiligter Zuschauer. Der mißbrauchte Körper entläßt den Geist, damit wenigstens dieser unversehrt bleibe.

Auch viele Formen der *Psychose* entstehen auf dem Hintergrund solcher Not und Qual. Die geistige Gesundheit, das geistige »Beisammensein« wird geopfert, um die seelische Balance in der Person zu erhalten. Wenn wir uns die Mühe machen würden, genau nachzuforschen, werden wir herausfinden, daß viele Menschen, die geisteskrank geworden sind (»verrückt«, d.h. aus ihrer geistigen Mitte, ihrem Wesenskern abgerückt sind), Schlimmes und Schlimmstes erlebt haben. Wenn eine Person zu vielen, zu starken oder zu lange anhaltenden seelischen Belastungen ausgesetzt war, dann »brennt irgendwann die Sicherung durch« – ein gewiß zutreffendes Bild. Wenn eine elektrische Leitung einer zu hohen Spannung ausgesetzt war, geht die Sicherung kaputt. Sie wird geopfert, um das Gerät zu erhalten. Der verrückt werdende Mensch opfert seinen Verstand, um seine Seele zu retten.

Die Patientin in einem psychiatrischen Landeskrankenhaus sagte zu ihrem Arzt, nachdem sie sich lange kannten: »Meine Scham, die ich sonst vor anderen Menschen, auch vor den Ärzten und Schwestern verberge, enthält den letzten Rest meines Heilseins.«

Eine in der Vergangenheit schwer verwundete Seele versteckt sich somit hinter der Fassade einer Verrückten. Da sie von niemand mehr ernst genommen wird, fragt auch keiner mehr nach ihren leidvollen Erfahrungen. So hofft sie, von weiteren Verletzungen verschont zu bleiben, wenn auch auf Kosten der Erniedrigung, die ihr als psychisch Kranker zuteil wird. Hinter den Mauern psychiatrischer Anstalten, gedopt von sedierenden Medikamenten, fühlen sich manche Menschen sicherer vor der lebensbedrohlichen Welt draußen, aber auch sicherer vor dem Terror, der tief drinnen in der eigenen Seele schlummert. Lieber Friedhofsruhe, als rasend verrückt zu sein vor Schmerz und Verzweiflung.

Unsere Psychopharmaka, mit denen psychische Krankheiten behandelt werden, spalten entweder die unangenehmen Gefühle ab und »beruhigen« die Patienten (Tranquilizer). Oder sie spalten die »wahnhaften«, d.h. unkontrollierbar und unverständlich gewordenen Bewußtseinsinhalte – Gedanken, innere Bilder und Stimmen – ab (Neuroleptika). Dies mag für den Notfall, z.B. im akuten Wahn, notwendig sein. Aber wenn sie als Langzeitmedikation eingesetzt werden, fördern sie möglicherweise die weitere Desintegration der Person. Denn sie führen leider weg von der Lösung der eigentlichen Problematik, nämlich der Wiederherstellung der verlorengegangenen Ganzheit. Um dies zu erreichen, müßte man in der Behandlung schwerer psychischer Störungen die ursprüngliche traumatische Situation(en) in einem sicheren Rahmen behutsam aufspüren und bearbeiten, die seinerzeit zur Desintegration geführt hat.

7. Die Masken der Scham

Jedes Ding hat seinen Mantel und Kern, Schein und Wesen, Maske und Wahrheit.
Daß wir nur den Mantel umtasten, ohne zum Kern zu gelangen, daß wir im Schein leben,
statt das Wesen der Dinge zu sehen, daß uns die Maske der Dinge so blendet, daß wir die
Wahrheit nicht finden können – was besagt das gegen die innere Bestimmtheit der Dinge?

(Franz Marc)

Masken der Scham

Wir haben im vorigen Kapitel gesehen, wie eine Person körperlich
oder geistig auseinanderfällt, wenn sie die Verzweiflung nicht mehr
aushalten kann. In allen diesen Fällen erscheint uns die betreffende
Person eher als *Opfer,* als jemand, der viel Leid durchgestanden hat.

Nun gibt es eine »höhere« Stufe der Schamabwehr, bei der die betreffende Person eine *Maske anzieht und eine Rolle spielt,* um ihre
Scham zu verbergen. Hinter dem Schutzschild der Maske fühlt sich
der beschämte Mensch weniger verwundbar. Er benutzt die Maske,
um von seiner schamvollen Seite abzulenken. Er macht den Eindruck,
stark und gesund zu sein. Denn Masken sind meistens dazu da, etwas
anderes vorzutäuschen, als was man in Wirklichkeit ist. Wir können
auch sagen, daß die Person ein *falsches Selbst* ausbildet, um früher erlittene Verletzungen an ihrem wahren Selbst, ihrem Wesenskern, zu
kaschieren.

In diesen Masken erscheint die betreffende Person eher als *Täter,*
denn als Opfer. Obwohl sie in der Kindheit vielfach verletzt und beschämt worden ist, nimmt sie das eigene Schicksal in die Hand und
macht das Beste daraus. Das ist das Gute an diesen Masken der
Scham. Die negative Seite dieser Schamabwehr besteht darin:
1. daß sie *starr* ist: Die betreffende Person kann es sich nicht leisten,
demaskiert zu werden. Daher hält sie vehement, manchmal verzweifelt an der Maske fest. Ihr wahres Gesicht darf nie zum Vorschein
kommen;
2. daß sie die Tendenz hat, immer mehr zu *eskalieren.* Es entwickelt
sich oft eine *Suchtstruktur;*

3. daß sie *andere Menschen beschämt und ihnen schadet*. Die eigene, abgewehrte Scham wird auf andere Menschen projiziert und bekämpft. Weil der Maskierte sein eigenes wahres Gesicht fürchtet, kann er das wahre Gesicht der Menschen in seiner Umgebung ebensowenig ertragen. Er muß deren Gesichter angreifen und entstellen. Oscar Wildes »Das Bildnis des Dorian Gray« gibt ein eindrucksvolles Beispiel für einen solchen inneren Kampf, dem der Held des Romans und die Menschen seiner Umgebung zum Opfer fallen. Solche Menschen leiden an ihren Masken. Sie brauchen Unterstützung darin, ihre innere Scham annehmen zu können, damit sie allmählich auf ihre Maske verzichten können. Wir werden im Kapitel 20 auf die »Scham der Täter« näher eingehen.

In der folgenden Tabelle geben wir die häufigsten Masken der Scham wieder:

Abwehr-form	Abwehrmittel	Abwehr gegen Scham der…	Heilung durch
Macht	Kontrolle Täter statt Opfer Politik, Wirtschaft, Kirche, Ausbildung	Ohnmacht, Vernichtung, Manipuliertwerden, Bloßstellung, Panik	»keine Macht für niemand« Selbstbestimmung, Gleichgewicht der Macht, Lieben und Geliebtwerden
Gewalt	Durchsetzung der Macht Täter statt Opfer sein, Militarismus, Gewaltmonopol, traditionelle Männerrolle	Ohnmacht, Kompromisse eingehen müssen, Angst vor Überwältigtwerden	Vereinbarung der Unverletzlichkeit von Grenzen, Gewaltverzicht, Vermittler, Entdeckung der eigenen Opferrolle
Helfertum	wie Macht, liebevolles Umsorgen und Bestimmen, traditionelle Frauenrolle, Helferberufe (oft in Kombination mit Macht, versteckter Gewalt, Perfektionismus, Zynismus, Selbstmißbrauch, Sucht, Depression)	Lieblosigkeit, Haß, Neid, Unterlegenheitsgefühl, Eifersucht	Lieben und Geliebtwerden, so wie man ist. Eingeständnis der eigenen Hilfsbedürftigkeit

Abwehr-form	Abwehrmittel	Abwehr gegen Scham der...	Heilung durch
Perfektio-nismus	Kontrolle und Kontrollverlust, Zwänge (sich und anderen gegenüber), Dogmatismus, Kontrollberufe	Überforderung, Überverantwortlichkeit, Fehlerhaftigkeit	Fehler annehmen und lieben, passende Forderung und Verantwortung
Narzißmus	»Falsches Selbst« (sozial akzeptiertes Bild)	Abwertung des wahren Selbst, so, wie man/frau wirklich ist	Annahme des wahren Selbst (des Wesenskerns)
Zynismus	Bitterkeit, Verachtung, Spott, Beschämung anderer, Satiriker	Enttäuschung, enttäuschter Idealismus, Humorlosigkeit, zu ernsthaft	Integration der Enttäuschung als Teil des Lebens, Humor, Leichtigkeit des Lebens

**Mißbrauch anderer
Selbstmißbrauch
Sucht**

**Passive Formen der Schamabwehr:
Rückzug, Depression, passive Aggression**

Im folgenden möchten wir auf *Perfektionismus, Zynismus, Depression und Sucht* eingehen. Macht und Helfertum, Mißbrauch und Gewalt werden wir in separaten Kapiteln behandeln.

1. Schamabwehr durch Perfektionismus

Jede/r von uns macht Fehler. Wenn wir aber in unserem Leben dafür stark beschämt oder bestraft worden sind, werden wir alles daran setzen, um Fehler zu vermeiden. Wir stellen dann an uns den Anspruch, alles perfekt zu machen. Dies führt dazu, daß wir jedesmal, wenn etwas nicht so klappt, wie wir es geplant haben, das schreckliche Gefühl bekommen, wir seien gescheitert. Wir haben das Gefühl zu versagen. *Perfektionismus ist die Kehrseite von Versagertum:* Der Versager ist im Grunde ein gescheiterter Perfektionist, der es aufgegeben hat, überhaupt etwas zu tun, weil er seinen eigenen Ansprüchen nie genügen kann.

Ein talentierter junger Mann jobt seit Jahren herum. Er hat mehrere Studiengänge abgebrochen, obwohl er hervorragende Zeugnisse hatte. Er gab sie auf, als die ersten Schwierigkeiten auftauchten. Er möchte so viele Dinge erreichen, daß sie unmöglich unter einen Hut zu bringen sind. Und da er nicht alles auf einmal schafft, fängt er gar nicht erst an.

Sein Vater war ein Eigenbrödler, ein hoch begabter Handwerker. Als der Sohn sechs wurde, forderte ihn der Vater auf, ein Werkstück auf einen Millimeter Genauigkeit zu drehen. Das mißlang. Der Vater hat seinem Sohn daraufhin nie mehr etwas gezeigt oder erklärt.

Welche Beschämung mögen Vater und Sohn bei dem nicht gelungenen Werkstück empfunden haben? Der Vater war nicht fähig, seinen Sohn Schritt für Schritt in die Kunst des Drechselns einzuführen. Dieser sollte schon von Anfang an perfekt sein. So aber war er für den Vater ein Versager. Aber der Vater selbst schämte sich wahrscheinlich innerlich dafür, daß *sein* Sohn nicht gut genug war. Das vermeintliche Versagen des Sohnes bestätigte den Vater in seinen eigenen Minderwertigkeitsgefühlen. Der Sohn übernahm die Zuschreibung seines Vaters in doppeltem Sinne: Er unterwarf sich einerseits dem Perfektionsanspruch seines Vaters und sah sich zugleich als geborener Versager, dem sowieso nichts gelingt. Sein gescheitertes Leben war ein lebendiger Vorwurf gegen seinen Vater, aber gleichzeitig auch eine Bestätigung dafür, daß sein Vater recht hatte.

2. Zynismus und Bitterkeit als Schamabwehr

Gerade Menschen, die ihren Lebensweg mit großem Idealismus begonnen haben, können irgendwann zum Zyniker werden, wenn sie mit den Härten des Lebens konfrontiert werden. Sie geben ihre ursprünglichen Visionen und Träume auf, stempeln sie verächtlich als

»kindlich« , »naiv« , »blauäugig« ab und schaffen sich ein pessimistisches, zynisches, verachtendes Weltbild, das die schmerzlich erlebten Erfahrungen plausibel macht: »Wenn ich mich und andere verachte, riskiere ich nicht mehr, daß die zarten Seiten meiner Seele je zum Vorschein kommen und wieder verletzt werden.«

Ein stiller, blasser Mann, in leitender Stellung tätig, schweigt am Anfang einer Therapiestunde. Nach zehn Minuten Schweigen sagt er zu mir: Er versuche, sich auf sich zu konzentrieren. Er sage mir das, damit ich darüber orientiert sei, wo er sich gerade in seinen Gedanken befinde. Ich sage: »Danke«. Er schaut mich mißtrauisch an und fragt: »Meinen Sie das ehrlich mit Ihrem ›Danke‹, oder meinen Sie das ironisch?« Auf mein Nachfragen hin beschreibt er, daß dort, wo er arbeitet, eine permanent ironische Stimmung zwischen den Kollegen herrsche. Jeder versuche, den anderen »hochzunehmen«, der andere schlage dann mit einer bissig-ironischen Bemerkung zurück. Er kenne dieses Verhalten aber auch schon seit seiner Jugend: In der Oberstufe habe er begonnen, andere Menschen zu verachten und niederzumachen. Auf der Universität sei er ausgelacht worden. Zu Hause äußere er sich oft verächtlich seiner Frau gegenüber. Ihm sei dies erst bewußt geworden, als sie ihm sagte, sein Verhalten verletze sie. Das habe ihn schockiert, denn er habe sie seinerzeit als Partnerin ausgesucht, weil sie immer achtungsvoll war. Und nun zerstöre er gerade das, was er mochte, systematisch mit seinen verächtlichen Bemerkungen.

Gleichzeitig rechtfertigt er sich: Mit Verachtung könne man ja auch Kinder dazu erziehen, sich anzustrengen und über sich hinauszuwachsen. Als Kind habe seine Mutter immer gewußt, was für ihn gut war. Sie habe ihn dazu gemacht, was er heute sei. Dafür wisse er heute noch nicht, was er selber wolle. Sein Ziel sei zwar, offener und ehrlicher zu sein. Aber wenn er offen und ehrlich sei, fühle er sich wie ein kleines Kind – er fühle sich sehr verletzlich. Deshalb flüchte er lieber hinter die Fassade der Verachtung. Wenn er verächtlich sei, fühle er sich stark und männlich.

Er findet heraus, daß er als kleines Kind in seiner Offenheit und Ehrlichkeit nicht genügend Unterstützung erhalten hat. Um aus seiner Ohnmacht herauszukommen, hatte er die Rolle des Zynikers gewählt.

3. Depression

Wenn nun alle aktiven Abwehrformen der Scham fehlgeschlagen sind, kommt unweigerlich der Punkt der Depression. Wir werden depressiv, wenn wir merken, die Welt ist nicht so, wie wir sie in unseren Idealvorstellungen haben wollen.

Depression ist eine sehr wichtige Durchgangsphase in unserem seelischen Prozeß. Sie ist ein wesentlicher Bestandteil des *Trauerprozesses*. Wenn wir um etwas Liebgewonnenes trauern, das wir verloren haben – sei es einen geliebten Menschen, unsere Gesundheit oder eine intakte Umwelt –, dann gehen wir unweigerlich durch das tiefe Tal der Depression hindurch. Alle Zuversicht, alle Freude scheint uns für immer verloren.

Wir gelangen hier an eine existentielle Grenze. Unsere Existenz ist radikal in Frage gestellt. Weshalb lebe ich? Wozu das alles? Was hat es für einen Sinn weiterzuleben? Diese Existenzfragen muß jede/r für sich allein beantworten. Keiner kann uns die Antwort abnehmen.

Manchmal schaffen wir es nicht, der bitteren Wahrheit lange ins Gesicht zu schauen. Dann wenden wir uns ab. Wir versuchen uns zu zerstreuen, abzulenken. Wir greifen nach einem angenehmen Zeitvertreib, nach Entspannung, Rausch, Spaß. Auch dies ist nur allzu menschlich. Jedoch gelangen wir damit unversehens in die Nähe der Sucht.

4. Sucht als Schamabwehr – Konsum als Sucht

Sucht ist wahrscheinlich das typischste Kennzeichen für unsere heutige Gesellschaft. Es gibt, je nach Veranlagung, *aktive* Formen der Sucht (wie Arbeitssucht) und *passive* Suchtformen (Konsumsucht, Alkoholsucht).

Sucht ist ein Versuch, die Depression zu überspringen. Sie ist ein Weg, uns zu betäuben, um den bedrängenden existentiellen Fragen auszuweichen, zumindest für den jetzigen Augenblick. In der Sucht liegt eine Verwechslung vor: Wir suchen nach dem Sinn unseres Lebens und finden uns letztlich mit einem Ersatzmittel ab.

Sucht ist der Versuch, am *falschen* Objekt den intimen Kontakt mit unserem Wesenskern zu finden. Da es das falsche Objekt, das falsche Gegenüber ist, führt der Kontakt mit dem Suchtobjekt (sei es eine Beziehung, eine Droge, Reichtum oder Macht) nie zur wirklichen Befriedigung. Wir werden nie satt, wir bleiben danach immer unbefriedigt zurück. Wir haben einen schalen Nachgeschmack im Mund, den wir mit neuen Süchten und neuen Ersatzbefriedigungen wegzuspülen versuchen. Aber da wir nicht innehalten können, um nachzuschmekken und nachzufühlen, bekommen wir nie heraus, was uns wirklich fehlt.

Die Verzweiflung unserer Jugend

Warum sind die Jugendlichen heute so anfällig für Sucht und Gewalt? Unsere Kinder und Jugendlichen scheinen so überwältigt von unseren heutigen Problemen (Krieg, Hunger, ökologische Katastrophe), daß sie oft keinen Ausweg mehr sehen, als sich der Sucht hinzugeben. Ihre Sucht ist Ausdruck größter Verzweiflung angesichts unserer und ihrer eigenen Lebenssituation. Wir haben oben erwähnt, daß Kinder und Jugendliche schier unbegrenzte Kräfte haben – physische und psychische. Wie schrecklich ist es zu sehen, wenn diese Kräfte schon so früh aufgezehrt sind, daß nur noch der Schritt in die Sucht übrig bleibt.

Süchtige (Alkoholiker, Drogenabhängige) und Delinquenten sind manchmal näher an der Wahrheit als andere Menschen. Nur, daß sie an ihr zerbrochen sind. Deshalb können wir sie als Mahner verstehen, die auf die wirklichen gesellschaftlichen Probleme weisen. Daß wir sie eher als den Abschaum der Gesellschaft abtun oder gar kriminalisieren, ist ein Zeichen für unser Unvermögen, eine adäquate Antwort auf die existentiellen Fragen unserer Zeit zu finden.

Bereits vor 50 Jahren hat Aldous Huxley in seiner »Schönen Neuen Welt« und George Orwell in »1984« beschrieben, wie die Menschen in einer mechanisierten Welt durch süße Drogen in einem Zustand seelischer Taubheit gehalten werden, damit sie einem totalitären System als gut funktionierende Teilchen erhalten bleiben. Heute leben wir tatsächlich in einer vom Konsum diktierten, totalitären Welt, in der unsere Freiheit sich weitgehend darin erschöpft, daß jeder sein individuelles, speziell auf ihn zugeschnittenes Suchtmittel findet: Sex, Vergnügen, Videos, Autos, High-Tech, vollautomatisierte Küchen, Arbeit, Karriere, Essen, Trinken. Kaufbares Glück, das uns meist nur im Moment des Zugreifens einen kurzen Augenblick von Erregung schenkt.

Ein Grund für unsere Suchtanfälligkeit liegt in der ungeheuren Spannung, in der wir heute leben: Wir werden tagtäglich konfrontiert mit fast unerträglichen Infomationen über die verzweifelte Lage der Welt, einschließlich unserer unmittelbaren Umgebung (siehe z.B. Arbeitslosigkeit, Ausländerfeindlichkeit, Waldsterben). Eigentlich müßten wir abends bei der Tagesschau immer nur schreiend aufspringen.

Gleichzeitig baden wir, ja ersticken wir fast in einem materiellen Überfluß, der, wie uns die Werbung suggeriert, wunschlos glücklich machen müßte.

Hier beginnt unser Sucht-Kreislauf: *Je stärker unsere Verzweiflung, desto höher unser Konsumbedürfnis.* Wir müssen unsere Verzweiflung ersticken, bevor sie uns übermannt.

Auf zwei besondere Masken der Scham – die Macht und das Helfen – werden wir in den nächsten Kapiteln eingehen.

8. Macht als Abwehr von Ohnmacht

Charly Brown fragt Linus, was er werden will.
Linus: »Arzt. Dann bin ich endlich auf der richtigen Seite der Spritze!«

Wir sind bei unserer Beschäftigung mit dem Thema Scham zum Ergebnis gelangt, daß *Macht* einen Versuch darstellt, die eigene beschämende *Ohnmacht* zu verstecken und zu kompensieren. Das Streben nach Macht ist unserer Erfahrung nach ein Kennzeichen für tiefe Ohnmacht und Hilflosigkeit, deren man sich schämt. Um die eigene Scham nicht zu spüren, greift man instinktiv zum Gegenmittel: Man zeigt das Gegenteil von Ohnmacht. Lieber selber Täter sein, als (wieder) Opfer werden. Täter sind oft selbst einmal Opfer gewesen. Daher will das oben zitierte Kind Linus Arzt werden: Er will endlich auf der *richtigen* Seite der Spritze sein – nämlich auf der Seite dessen, der die Spritze als Macht- und Schmerzinstrument in der Hand hat und dem *anderen,* dem hilflos ausgelieferten Patienten, dem Opfer, Schmerzen zufügt. (Der Arzt will mit der Spritze natürlich dem Patienten helfen. Wir werden im nächsten Kapitel über die Helfer die Nähe von Helfen und Macht erforschen.)

Der Wunsch nach Macht ist auch der Wunsch, nie mehr klein und abhängig zu sein, nie mehr in die Position des Unterlegenen, des Hilflosen, des Angewiesenen zu kommen. Die Macht soll uns schützen vor den Erinnerungen an Schmerz und Demütigung, an Verlassenheit und Ausgeliefertsein. Für diese Aufgabe eignet sich Macht hervorragend, denn kaum jemand wird hinter der Maske der Macht jemanden Ohnmächtigen oder Ängstlichen vermuten.

Weshalb eignet sich Macht so gut zur Schamabwehr?

Machtpositionen zeichnen sich dadurch aus, daß die mächtige Person von einem Machtapparat umgeben ist, der diese Person stützt und schützt. Ein wesentlicher Teil dieses Schutzes besteht in dem *Tabu* bzw. dem Verbot, die mächtige Person zu hinterfragen. Sie darf Dinge tun, die anderen verboten sind. Aber keiner wagt es, nachzufragen, warum. Jede, auch die leiseste Kritik wird vom Machtapparat mundtot gemacht. Alle Kritiker und Oppositionellen werden ausgeschaltet. Dadurch wird die mächtige Person vor einer Bloßstellung ihrer schwachen Seiten geschützt.

Aber wenn nun die unwahrscheinliche Situation entsteht, daß jemand die mächtige Person doch mit der Wahrheit konfrontiert, dann kommt etwas ganz Überraschendes heraus: Der Mächtige entpuppt sich als jemand, der ohnmächtig, ja hilflos ist. Seine Großartigkeit fällt in sich zusammen, wenn die Wahrheit ans Tageslicht kommt. Der Glanz seiner Macht löst sich dann wie des Kaisers schöne Kleider auf, als das unschuldige Kind ausruft:»Aber der hat ja gar nichts an!« An dieser Stelle wird deutlich, daß Macht dazu gedient hat, Scham zu verdecken. Wenn die Maske der Macht fällt, kommt die nackte Scham dahinter hervor.

Macht soll vor dem lieblosen Bloßgestelltsein schützen

Nun kennen wir jedoch »das Erkanntwerden« auch aus einem anderen Zusammenhang. Und zwar aus dem Bereich der Liebe. »Und Adam erkannte Eva« – dies beschreibt den Vorgang nicht nur der sexuellen Liebe, sondern das Einander-Erkennen im tiefsten Wesenskern. Was dieses Erkanntwerden vom Entblößtwerden in der Scham unterscheidet, ist der *liebende Blick*. Der *liebevoll Erkannte* fühlt sich aufgehoben in der Liebe. Der *schamvoll Erkannte* fühlt sich dagegen ausgezogen, nackt, entblößt, in die Kälte hinausgestoßen. Und dann kann man nur auf die kalte Macht zurückgreifen, um sich vor der Scham zu schützen.

Männlichkeit und Macht

An dieser Stelle hängen *Männlichkeit, Lieblosigkeit, Beschämung und Machtgebaren* auf fatale Weise zusammen. Männer erfahren in unserer Gesellschaft sehr wenig Unterstützung, Liebe und Fürsorge, vor allem von seiten anderer Männer. Je mehr sich Männer gegenseitig beschämen, desto stärker greifen sie zur Macht und Herrschaft als Mittel der Kompensation. Der männliche Machtkampf entpuppt sich als verzweifelter Versuch, das eigene Beschämt- und Gekränktsein buchstäblich totzuschlagen. Die blutrünstigen Zweikampfszenen in Homers »Ilias« demonstrieren diesen entsetzlichen Zwang von Männern, den Feind im Staub zu zermalmen und zu erniedrigen, um sich in dessen Blut als Heroen zu erhöhen. In Homers Erzählung sind die Rollen vollkommen austauschbar. Derjenige, der eben noch als strahlender Held aus einem Zweikampf hervorgegangen ist, wird vom nächsten, stärkeren Gegner erbarmungslos umgebracht und geschändet. (Wir sollten uns fragen, weshalb ein solch blutrünstiges Werk als erstes großes Werk abendländischer Dichtung angesehen wird.)

An diesem Beispiel wird wieder die fatale Wirkung der Schamabwehr deutlich: Jede Schamabwehr vergrößert die Scham und macht eine noch stärkere Abwehr erforderlich. Je gekränkter die Gegner sind, desto härter schlagen sie zu. Es entsteht eine Spirale von Gewalt und Gegengewalt. Die Welt hat sich seit Homers Zeiten nicht viel verändert: Siehe z.B. den Bürgerkrieg in Jugoslawien. (Vergleiche dazu Kapitel 24 »Männerscham«.)

Macht begünstigt die Schamlosen

Die Funktionalisierung der Macht als Schamabwehr zeigt sich von ihrer gefährlichsten Seite, wo sie das Auftreten einer besonderen Gruppe von Menschen fördert: solche, die von Natur aus schamlos sind. Sie streben Macht nicht als Mittel zum Erreichen höherer Ziele an, sondern Macht um der Macht willen. Diese Menschen, die wir in der Psychotherapie »Psychopathen« nennen, sind gefährlich, weil sie gewissenlos sind. Sie werden wie magisch von der Macht angezogen und setzen ihre ganze Energie bedingungslos für das Erlangen der Macht ein.

Obwohl wir sie gefühlsmäßig ablehnen, üben sie in ihrer Schamlosigkeit eine eigentümliche Faszination auf uns aus. Viele Diktatoren gehören zu dieser Menschengruppe. Weil sie die natürliche Scham entweder nicht kennen oder rigoros verdrängt haben, haben sie kein Gespür für die Einhaltung von Grenzen. Daher vergewaltigen sie die Grenzen ihrer Untertanen und die Grenzen anderer Völker. Wir werden im Kapitel 20 »Die Scham des Täters« auf die tieferliegenden Motive der Mächtigen eingehen.

9. Die schamvolle Macht der Helfer

Es gibt noch eine Form von Schamabwehr, die selten als solche erkannt wird: Es ist das Bedürfnis, wie aus einem inneren Zwang heraus anderen helfen zu müssen. Nicht selten ergreifen solche Menschen helfende, heilende und erzieherische Berufe. Man trifft sie in karitativen, kirchlichen, Wohlfahrts- und Hilfsorganisationen. Man findet sie auch unter den politischen Mahnern, Menschen, die der Welt ins Gewissen reden.

Menschen in Helfer-Positionen unterscheiden sich wesentlich von den Mächtigen in folgenden Punkten:

1. Sie haben nicht das Bewußtsein, daß sie mächtig sind und daß sie Macht ausüben.

2. Im Gegenteil, sie identifizieren sich mit den Schwachen, den Kranken und Hilflosen der Gesellschaft. Sie fühlen sich mit diesen solidarisch und möchten ihnen helfen.

3. Sie besitzen einen ausgeprägten Sinn für Schuld und Schuldgefühle. Sie fühlen sich oft schuldig und möchten durch gute Taten ihre Schuld abtragen.

Hierin unterscheiden sie sich wesentlich von den Menschen, die ihre Macht bewußt und gezielt einsetzen. Diese suchen sich schwächere Partner aus, nicht um ihnen zu helfen, sondern um sie zu beherrschen oder auszunutzen.

Aber oft üben Helfer auch Macht über ihre Schutzbefohlenen aus. Diese Macht zeigt sich in dem Gefälle zwischen dem Helfenden und demjenigen, dem geholfen wird. Der Helfer erscheint als eine große, geöffnete Hand, die von oben kommt und den kleinen, armseligen, hilfsbedürftigen Menschen unten Liebe, Brot und Trost schenkt. Helfer gehören ihrem Selbstverständnis nach zu den starken Menschen. Die eigenen Schwächen zuzulassen wäre zu bedrohlich für das Selbstbewußtsein und die Identität des Helfers. Es würde ihn zu sehr beschämen.

Das verletzte Kind im Helfer

Warum helfen Helfer? Wolfgang Schmidbauer hat vor Jahren in dem Buch »Die hilflosen Helfer« beschrieben, daß sich viele Menschen zu den helfenden Berufen hingezogen fühlen, *weil sie selbst, tief in ihrem Wesenskern, verletzt sind.* Aus der Erfahrung dieser Verletzung möchten sie anderen, ebenso verwundeten Mitmenschen helfen.

Viele Menschen in heilenden und helfenden Berufen hätten als Kinder selbst Hilfe gebraucht; haben sich damals nach jemandem gesehnt, der sich ihrer angenommen hätte und bei dem sie sich geborgen gefühlt hätten. Statt dessen mußten sie schon als Kinder für andere sorgen, sich um ihre jüngeren Geschwister, häufig sogar um die Eltern kümmern, wenn diese z.B. krank, alkoholabhängig oder depressiv waren. Ihre Rolle war also umgedreht: Ihre Eltern haben sich nicht um sie gekümmert, statt dessen mußten sie sich um die Eltern kümmern. Wir nennen diese Rollenumkehr *Parentifizierung* (»Zu Eltern machen«).

Was geschieht mit solchen parentifizierten Kindern? Manche machten aus der Not eine Tugend: Da sie als Kinder unerwünscht waren, warfen sie ihr Kindsein ab wie ein lästiges Kleid. Sie merkten: Wenn sie sich älter und tüchtiger benahmen, als sie es in Wirklichkeit waren, wenn sie anderen Menschen zur Seite standen und halfen, waren sie auf einmal geschätzt oder zumindest gebraucht. Von ihrer Umgebung in ihrer Bedürftigkeit abgelehnt, ja oft tief beschämt, fühlten sie sich endlich wertgeschätzt, wenn sie sich bedürfnislos, anspruchslos und aufopferungsbereit verhielten. Sie lernten mit der Zeit, ihren Selbstwert aus dem Helferdasein zu ziehen, nicht aus ihrem So-Sein als Person. So wie sie sind, empfinden sie sich als wertlos. Deshalb müssen sie sich sehr anstrengen, manchmal bis an den Rand ihrer Leistungsfähigkeit, um Anerkennung von ihrer Umgebung zu bekommen.

Aus der Not eine Tugend machen: Wahl eines Helferberufs, Helfen als Mission

Wen wundert es, daß solche Kinder später, wenn sie erwachsen werden, instinktiv einen Helferberuf ergreifen? Sie haben das Helfen von Kindesbeinen an gelernt. Sie haben einen sechsten Sinn für die Bedürfnisse anderer, aber leider keinen für die eigene Bedürftigkeit. Und sie müssen für ihre vermeintliche Schuld büßen, indem sie gute Werke tun. Daß sie überhaupt auf der Welt sind, empfinden einige bereits als Schuld. Indem sie sich aufopfern, können sie zumindest ein wenig Schuld abtragen und etwas Anerkennung in dieser so unerbittlichen Welt ernten.

Deshalb treffen wir in heilenden, helfenden und erzieherischen Berufen sehr oft Menschen an, die angestrengt und ausgelaugt sind. Natürlich mühen sie sich hauptsächlich deshalb ab, weil sie das ehrliche Bedürfnis haben, anderen zu helfen. Aber wenn sie sich dabei zuviel zumuten und sich selbst dadurch schaden, dann stimmt die Balance nicht mehr. Dann könnte ihre sisyphosartige Selbstquälerei den Sinn haben, die tiefe Wunde von Schuld und Scham in ihnen zu heilen. Dann laufen sie vielleicht vor ihrem Gefühl der inneren Leere weg, dem uralten Gefühl des Ungeliebtseins und des Abgelehntseins, das sie überfallen würde, wenn sie die Hände einmal in den Schoß legen würden.

So arbeiten sie oft suchtartig, bis zum Umfallen, bis zur körperlichen Erschöpfung und können tragischerweise das innere Loch nie stopfen – es sei denn, sie wagen es, anzuhalten, um einen ehrlichen Blick in die Tiefe dieses Abgrundes, in die Verletzung ihrer Seele, zu werfen.

Zusammenbruch, Selbstzerstörung

Statt dessen fixieren sie sich auf die Verletzungen anderer, behandeln deren Wunden, lindern deren Schmerzen. Die gefährlichen Folgen: Die selbstvergessenen Helfer brechen irgendwann zusammen, wenn die eigenen Kräfte erschöpft sind.

Die Erschöpfung tritt ein, weil diese Menschen nur *geben,* aber zu wenig *nehmen.* Das Gleichgewicht zwischen Geben und Nehmen ist empfindlich gestört, ist einseitig auf die Geberseite verschoben.

Aggression auf die Hilfsbedürftigen
Destruktive Helferbeziehungen

Eine weitere Folge solcher Rollenumkehrung: Die Helfenden geben ihren Klienten das, was sie selbst brauchen. Daher entwickelt sich in ihnen, ohne daß sie es wissen oder gar wollen, oft ein tiefer *Groll* gegen ihre Schutzbefohlenen. Sie beginnen, ihre Patienten abzulehnen, wenn diese tatsächlich genesen und keiner Hilfe mehr bedürfen. Sie werden sich der Tragik bewußt, daß ihre Klienten, mit ihrer Hilfe, wirklich gesund werden, während sie, die Helfer, selbst innerlich immer noch verwundet bleiben.

Sie beginnen, *Dank* für ihre Arbeit zu erwarten. Denn tief im Innern spüren sie, daß sie ihren Klienten mehr geben, als sie es sich von ihren Kräften her leisten können. Sie geben ihr Herzblut, ohne daß ihre Klienten es würdigen. Daher werden sie äußerst zornig, wenn ihre Klienten, die Kranken und Behinderten, die von ihnen angebotene Hilfe nicht dankbar annehmen, wenn diese statt dessen eigene Vorstellungen haben und ihren eigenen Weg gehen. Sie beginnen, über die undankbaren Klienten wie über unverständige, widerborstige Kinder zu schimpfen. Dabei können sie schließlich bitter und zynisch werden. Die innere *Verachtung,* die sie sich selbst gegenüber empfinden, kehren sie hiermit um und projizieren sie auf ihre Klienten.

Spätestens an diesem Punkt wird die Helferbeziehung *destruktiv.* Der übertriebene Idealismus kehrt sich dann um in Zynismus.

Da wir selbst zur helfenden Profession gehören, möchten wir auf den Wert einer liebevollen, gleichzeitig ehrlichen gegenseitigen Unterstützung unter Kolleginnen und Kollegen hinweisen. Wir können uns in Supervisions- und Balintgruppen austauschen, wir können Netzwerke zur gegenseitigen Hilfe aufbauen. In helfenden Berufen ist es gut, Inseln des Vertrauens zu finden, in denen wir über schambesetzte persönliche und berufliche Probleme miteinander sprechen können. Dabei ist es notwendig, – es ist bis dahin aber auch ein langer Weg –, daß wir einander konfrontieren, indem wir Kolleginnen und Kollegen auf ihre Schwächen und Fehler ansprechen, statt diese aus falscher Solidarität zu verschweigen. Sensibilität, Ehrlichkeit, Respekt und die Bereitschaft, einander zuzuhören, sind hierbei wichtig.

Eine Weiterführung des Themas findet sich im Kapitel 11: »Intime professionelle Beziehungen«.

10. Lebensbereiche, in denen die Intimsphäre gefährdet ist

Sehnsucht nach dem intimen Austausch und Gefährdung durch den intimen Austausch

Mit unserem Wunsch nach Intimität leben wir in einem grundsätzlichen Dilemma: Wir spüren einerseits die Sehnsucht nach intensivem Austausch mit einer anderen Person – gleichzeitig sind wir im Kern unseres Wesens sehr verletzbar. Diese ungewöhnliche Kombination von *Sehnsucht und Gefährdung,* dieses Dilemma zwischen Hinwendung und Angst, macht den intimen Austausch zu einem äußerst sensiblen und störbaren Bereich.

Wir haben im Kapitel über den »Wesenskern« gesehen, daß ein geglückter intimer Austausch von einigen Voraussetzungen abhängt: dem *freien Willen, der Gegenseitigkeit, dem respektvollen Abstand (S. 28).*

Es gibt einige Lebensbereiche, in denen diese Voraussetzungen aufgehoben oder zumindest stark eingeschränkt sind. Dann sind die Beziehungen besonders anfällig für *Mißbrauch.*

Bereiche, in denen der Schutz der Intimsphäre eingeschränkt oder gefährdet ist

Folgende Beziehungen sind besonders anfällig für Mißbrauch:
1. *Nichtöffentliche Beziehungen*
2. *Nicht legale oder geheime Beziehungen*
3. *Macht-Ohnmacht-Beziehungen*
4. *Liebesbeziehungen*
5. *Abhängigkeitsbeziehungen*
6. *Intime professionelle Beziehungen*

In allen diesen Beziehungen ist der intime Raum des einzelnen offener als sonst und dadurch gefährdeter. Ein anderer kann hier gegen den Willen des Betreffenden in seinen intimen Raum eindringen, ohne daß er sich wirksam wehren könnte. Wir gehen nun auf die Bereiche im einzelnen ein:

1. Nichtöffentliche Bereiche und Beziehungen

Öffentliche Kontrolle hat eine zweigeteilte Wirkung auf Intimität. Einerseits schränkt sie sie ein, andererseits schützt die Öffentlichkeit den einzelnen vor Übergriffen. Z.B. gilt es als unsittlich, sich in aller Öffentlichkeit zu lieben. Es ist jedoch genauso verboten, in der Öffentlichkeit jemanden zu verprügeln.

Familie

Diese Ambivalenz wird besonders deutlich bei der *Familie,* deren Privatsphäre besonderen Schutz genießt. Einerseits brauchen wir alle die Familie als abgeschirmten persönlichen Beziehungsraum, andererseits geschehen hier vermutlich die schlimmsten Übergriffe auf den Intimbereich der schwächeren Familienmitglieder – der Kinder, Frauen, Alten. Wir werden deshalb der Familie als besonderem intimen Raum ein eigenes Kapitel widmen (Kapitel 15 und 16).

Gewalt

Die meisten Raubtiere jagen nachts. Die meisten Verbrechen geschehen bei Nacht und Nebel – Menschen werden überfallen, vergewaltigt, ermordet, Asylantenheime angezündet. In der Dunkelheit gelten andere Gesetze als bei Tag – die öffentliche Kontrolle erlischt. Man kann weniger gesehen und kontrolliert werden. Auch das anvisierte Opfer kann den Angreifer nicht erkennen, bis es zu spät ist. Es ist in seiner Intimität mehr bedroht als bei Tageslicht. – Am Tag können sich die meisten Frauen und Ausländer angstfrei auf den Straßen bewegen – aber kaum ist es dunkel, wagen viele von ihnen es nicht mehr, alleine auf die Straße, auf einsamen Wegen oder gar in den Wald zu gehen. Ihre Freizügigkeit wird durch die Angst vor Gewalt drastisch eingeschränkt.

Subkulturen

In jeder Gesellschaft gibt es Subkulturen. Das sind einmal die zwielichtigen Zonen, die abseits der Öffentlichkeit bestehen – das sogenannte *»Milieu«,* das Drogenmilieu, das Bahnhofsmilieu, das kriminelle Milieu. Dazu gehören sexuelle Minderheiten, Künstlergemeinden, Sekten, radikale politische Gruppierungen, Aussteiger. Die Subkultur bietet Minderheiten eine Art soziale Nische innerhalb der Mehrheitsgesellschaft. Sie bietet ihren Mitgliedern Schutz, das Gefühl von Zusammengehörigkeit und Identität. Sie hat ihre eigenen, meist ungeschriebenen Gesetze, häufig auch eine eigene Sprache oder einen eigenen Jargon, durch den sie sich von der übrigen Kultur unterscheidet. Diese Subkulturen bieten ihren Mitgliedern eine Art soziale Schutzhülle, in der sie den intimen Bedürfnissen ohne Angst und Scham nachgehen können, die von der Gesellschaft »draußen« verboten oder zumindest verpönt sind: Drogen einnehmen, illegale Geschäfte abwickeln, sich lieben, politische Pläne schmieden, religiöse Riten feiern.

Die Menschen in Subkulturen leben jedoch auch gefährlicher, denn sie leben außerhalb der öffentlichen Kontrolle. Innerhalb des Milieus gelten die öffentlichen Gesetze nicht oder in vermindertem Maße. Darum sind die Mitglieder ihren Führungsfiguren bzw. Führungscliquen mehr ausgeliefert. Dies wird zusätzlich verstärkt durch den in den Subkulturen herrschenden Gruppendruck. Die Isolation und Abkapselung von der Mehrheitsgesellschaft draußen erzeugt leicht eine paranoide Stimmung, die eine »Verschwörer-Mentalität« entstehen läßt, in der die Gruppe alles, der einzelne nichts gilt. Da die zwischenmenschlichen Grenzen in solchen Gruppen oft verschwommen sind, kommt es leichter zum Mißbrauch der Intimität von Gruppenmitgliedern. Meist sind es Mitglieder in schwächeren Positionen (Frauen, Kinder, Novizen, Behinderte), die sexuell, seelisch oder arbeitsmäßig ausgebeutet werden.

Die Mißbrauchsgefahr ist um so größer, je schmaler die Brücke von der Subkultur zur Normalgesellschaft ist. Oft ist es den Angehörigen solcher Gruppen bei Strafe verboten, mit »draußen« Kontakt aufzunehmen. Jeder solche Kontakt wird als »*Verrat*« beargwöhnt und verfolgt. Hier wird ausgiebig mit *Scham* operiert, genauso wie in einer paranoiden Familie.

2. Nichtlegale Beziehungen

Gleiches trifft für Beziehungen zu, die außerhalb des Gesetzes stehen oder gar gesetzwidrig sind. Die Angehörigen krimineller oder kriminalisierter Vereinigungen, aber auch Gruppen von Flüchtlingen oder politisch/rassisch Verfolgten müssen versteckt operieren, unter der ständigen Furcht, entdeckt zu werden. Gleichzeitig herrscht dort oft eine aufgeregte, sogar euphorische Stimmung, wenn man an einem bestimmten konspirativen oder Fluchtprojekt zusammenarbeitet. Diese eigenartige Mischung aus Angst und Erregung gibt diesen Gruppen auch etwas Faszinierendes. Zwischen den Menschen in solchen Gruppen besteht eine ganz intensive Intimität. In Augenblicken größter Gefahr wächst man menschlich zusammen. Zugleich herrscht jedoch eine starke Ideologie und ein Gruppenzwang in solchen Gruppen, so daß ein Ausstieg oft gar nicht gütlich möglich ist. Er wird meist als Verrat angesehen und manchmal mit dem Tod bestraft, zumindest mit der Exkommunikation aus der Gemeinschaft.

Geheime Beziehungen

Eine Variante solcher Strukturen stellen *geheime Beziehungen* dar. Ein Beispiel sind *geheime Liebesbeziehungen,* z.B. zwischen Teenagern (deren Eltern solche Beziehungen verbieten – siehe Romeo und Julia), oder *außereheliche Beziehungen.* Sie spielen sich abseits des gesellschaftlich anerkannten Rahmens ab, haben oft etwas Anrüchiges an sich. Die Partner müssen sich im geheimen treffen. Sie müssen ihren Angehörigen etwas vorlügen, wenn sie sich treffen. Auch hier findet sich die eigentümliche Mischung von Angst vor dem Entdecktwerden und Erregung (erotischer Erregung, vermischt mit der Erregung durch das gemeinsame Geheimnis), die solchen Beziehungen eine besondere Faszination verleiht.

Ein weiteres Beispiel für solche nicht legitimen Beziehungen sind *verschlungene verwandtschaftliche Beziehungen,* die durch Ehescheidungen und Wiederheirat entstehen können. Was für verwandtschaftliche Beziehungen entstehen z.B., wenn ein Onkel mit seiner Nichte eine Liebesbeziehung beginnt, eine Frau ihren Schwager liebt? Dadurch, daß hier Beziehungsgrenzen, oft auch Generationsgrenzen überschritten werden und Verbindungen quasi über Kreuz verknüpft werden, entstehen oft verwirrende, rational und emotional nicht mehr lösbare »Verknotungen«, die zu Gewissens- und Loyalitätskonflikten für alle Beteiligten führen können, verbunden mit lebenslanger Scham und Schuld.

Ein Beispiel: Nach dem Tod der Mutter wird die älteste Tochter, gerade in die Pubertät gekommen, vom Vater dazu herangezogen, den Haushalt und die Erziehung der jüngeren Geschwister zu übernehmen (während er sich immer weniger zu Hause blicken läßt). Sie fühlt sich zunächst aufge-

wertet, entwickelt gute haushälterische und organisatorische Fähigkeiten. Aber sie gerät zunehmend in eine Identitätskrise. Sie fühlt sich einerseits dem Vater emotional viel näher als früher, erotische Gefühle entwickeln sich in ihr. Andererseits rebellieren nach einiger Zeit die jüngeren Geschwister dagegen, von ihr wie von einer Mutter behandelt zu werden. In der Schule verschlechtern sich ihre Leistungen, bedingt durch die Überbelastung zu Hause. Der Vater will sie sogar vorzeitig aus der Schule nehmen, obwohl sie vorhat, das Abitur zu machen. Die Krise bricht vollends aus, als der Vater nach zwei Jahren plötzlich wieder heiratet und die Tochter von einem Tag auf den anderen wieder in die Kindrolle versetzt wird, ohne vom Vater oder von den Geschwistern ein Wort des Dankes oder der Anerkennung für ihre aufopfernde Arbeit bekommen zu haben.

Dieses Mädchen schämte sich in der Folgezeit zutiefst über die Verwirrung seiner Gefühle. Niemand hat ihm geholfen zu verstehen, daß es rollenmäßig in einen ungeklärten Schwebezustand gebracht worden war, in dem es nicht mehr wußte, zu welcher Generation es gehörte. War es noch Kind? Oder war es Mutterersatz für die Geschwister und Frauersatz für den Vater? Welche Machtbefugnisse hatte es? Auf welches Recht konnte es sich berufen, wenn es die Geschwister zur Ordnung rief? Die Ablösung durch die Stiefmutter (die nicht einmal böse war, sondern die nur – rollenkonform – die Mutterstelle übernahm) brachte das Mädchen völlig in eine Identitätskrise, in der es wieder allein gelassen wurde. Unklare Macht- und Identitätsgrenzen sowie ein »vertragsloser« Zustand haben dieses Mädchen in tiefe seelische Konflikte gebracht.

Ein drittes Beispiel für solche komplexe Beziehungen sind Beziehungen und Ehen zwischen Menschen aus *verschiedenen Kulturen oder sozialen Schichten*. Sie können einander aufgrund ihres unterschiedlichen kulturellen Hintergrundes sehr anregen und befruchten. Aber sie können auch in tiefe emotionale und Loyalitätskonflikte geraten, wenn die Sitten und Gebräuche ihrer Länder bzw. Schichten zu unterschiedlich sind. Es können z.B. heftige Konflikte entstehen über die hohen Feste des einen oder des anderen Kulkurkreises, in die die gesamte Verwandtschaft beider Seiten mit einbezogen werden. Besonders die Kinder können in Mitleidenschaft gezogen werden, wenn die Differenzen nicht kreativ gelöst werden. Dann schämen sie sich, weil sie keine eindeutige Identität mitbekommen.

3. Macht-Ohnmacht-Beziehungen

Macht- und Ohnmacht-Beziehungen sind besonders anfällig für den Mißbrauch des einen Partners durch den anderen, da hier die Bedingungen der Freiwilligkeit, Unabhängigkeit und Gegenseitigkeit eingeschränkt sind. Die Person, die in Besitz der Macht steht, kann gefahrlos in die Intimsphäre des Machtlosen eingreifen. Selbst wenn die machtlose Person den Angriff auf ihren Intimbereich ablehnt, hat sie oft nicht die Mittel, diesen abzuweisen.

In den meisten Fällen sind Macht-Ohnmacht-Verhältnisse gesellschaftlich begründet und gutgeheißen. Wenn das Macht-Ohnmacht-Verhältnis durch eine hierarchische Ordnung gesellschaftlich festgeschrieben ist, sind die Niedergestellten sozial ausgeliefert. Sie sind der Gnade und Ungnade der Mächtigeren ausgeliefert, ohne daß sie sich an eine höhere soziale Instanz wenden können. Dann ist der gewaltsame Aufstand in solchen Fällen das einzige Mittel, sich zu befreien. Um dies zu vermeiden, versuchen die Mächtigen oft, das Machtverhältnis zu verschleiern. Sie versuchen, durch eine gewisse Mitbestimmung und eine kollegiale Atmosphäre die Untergebenen zu besseren Leistungen zu motivieren und stärker an die gegebene Struktur zu binden. Dies gibt den Untergebenen oft die Illusion von Gleichberechtigung.

Das Entscheidende ist aber immer, wer im *Konfliktfall* die *Entscheidungsmacht* hat. Hier entlarven sich viele Beziehungen, die bisher als demokratisch gegolten haben, als verdeckt autoritär. Daher hat es sich in der Geschichte herausgestellt, daß es notwendig ist, Beziehungsstrukturen durch klare »Verfassungen«, d.h. gesetzlich anerkannte Verhaltensregeln eindeutig vertraglich niederzulegen. In diesen Verfassungen oder Verträgen muß festgelegt werden, wie Entscheidungen im Konfliktfall getroffen werden. Diese Verträge müssen einklagbar sein vor einer objektiven Instanz, die die letztliche Entscheidungsmacht besitzt. Klare Regelungen über bestehende Machtverhältnisse vermindern die Gefahr der Verschleierung.

4. Liebesbeziehungen

Liebesbeziehungen sind besonders anfällig für Verletzungen, weil Liebe das Herz öffnet. Liebe läßt uns die normalen seelischen Schutzschichten, die wir Fremden gegenüber haben, ablegen, läßt uns ganz offen für unser Gegenüber werden.

Jedoch gibt es kaum jemanden, der in der Liebe nicht schmerzliche Erfahrungen gemacht hat. Es kommt vor, daß Menschen, die in einer Liebesbeziehung zu tief in ihrem Wesenskern verletzt worden sind, sich von diesem Zeitpunkt an im Herzen verschließen und niemanden mehr wirklich nahe an sich heranlassen. Sie haben dennoch die Sehnsucht nach Liebe und versuchen deshalb immer wieder, Liebesbeziehungen aufzunehmen.

Jedoch wiederholen sich in den neuen Beziehungen, sobald sich die erste Begeisterung gelegt hat, die alten Tragödien. Die Partner inszenieren Szenen von Verrat, Ablehnung, Vernachlässigung, Eifersucht usw. In solchen tragischen Beziehungen sind die Partner meistens gleichzeitig Täter und Opfer. Was in ihnen geschieht, werden wir im Kapitel über »*Die Scham des Ungeliebten*« und »*Beschämung und Gewalt in intimer Partnerschaft*« näher anschauen (Kapitel 17 und 18).

5. Abhängigkeitsbeziehungen

Noch komplexer als Macht- und Liebesbeziehungen sind Abhängigkeitsbeziehungen. Hier kommt eine Vielzahl verschiedener Faktoren zusammen, die die Partner eng aneinander binden. Am besten läßt sich dies am Beispiel von *Familienbeziehungen* demonstrieren: In einer Familie befindet sich das Ehepaar in folgenden Verbindungen miteinander: Zuallererst ist es ein Liebespaar (Liebesbeziehung). Wenn es heiratet, gehen beide eine *Ehe* ein, die vor allem *rechtliche* und *finanzielle* Konsequenzen hat. Wenn sie Kinder haben, treten sie miteinander in eine sorgerechtliche Beziehung, mit Rechten und Pflichten den Kindern gegenüber. Wenn sie zusammen leben und haushalten, befinden sie sich in *ökonomischer* Abhängigkeit voneinander und bilden eine *Wohn*-Gemeinschaft. Wenn sie in einem gemeinsamen Freundes- und Verwandtenkreis verkehren, sind sie in einem *sozialen* Netz eingebunden. Wenn sie außerdem *beruflich* zusammenarbeiten, dann sind sie füreinander auch Kollegen bzw. Arbeitgeber und Arbeitnehmer. Alle diese Faktoren bilden ein Geflecht von Abhängigkeiten, das die Partner aneinander bindet und das schwer lösbar ist.

Man sollte daher in engen Beziehungen darauf achten, daß jeder einzelne Beziehungsaspekt klar ist, im Sinne einer eindeutigen gegenseitigen Vereinbarung. Bei jedem neu hinzukommenden Beziehungsaspekt sollten die Partner prüfen, ob er nicht mit bestehenden Beziehungsanteilen in Konflikt kommt oder mit diesen vereinbar ist. Manchmal sollte man eher auf weitergehende Verbindlichkeiten verzichten, damit sich die Grenzen zwischen den Partnern nicht vermischen.

Ein Therapeut und ein Klient kommen sich im Lauf ihrer Arbeit menschlich recht nahe. Am Ende der Therapie mögen beide den Wunsch in sich spüren, die Beziehung miteinander als Freunde bzw. Freundinnen fortzusetzen. Abgesehen von therapeutischen Überlegungen, die dagegen sprechen, wäre zu bedenken, ob beide Rollen – die therapeutische und die freundschaftliche – miteinander vereinbar sind, oder ob sie Verwicklungen nach sich ziehen können. Das gleiche gilt z.B. für Freunde, die miteinander in eine enge geschäftliche Verbindung eintreten wollen usw.

Es gibt Beziehungen, die miteinander von vorne herein *nicht* vereinbar sind, weil sie zu viele Konflikte nach sich ziehen. Vor allem, weil sie die Beteiligten in nicht lösbare Identitätskonflikte stürzen können. *Inzestuöse Beziehungen* zwischen Eltern und Kindern sind ein solches Beispiel. Die Rollenverteilung zwischen Eltern und Kindern ist klar umrissen: hier Fürsorge, Schutz, Anleitung und »Da-Sein« von seiten der Eltern, dort das Sich-versorgen-Lassen, Nachahmen, später das Selbständigwerden von seiten der Kinder. Dies sind einander ergänzende, hierarchische Rollen, auch wenn viel Kommunikation auf gleicher Ebene stattfindet. Außerdem befindet sich eine eindeutige Generationsstufe zwischen Eltern und Kindern. Die Liebe zwischen Eltern und Kindern ist keine gleichberechtigte Liebe: Die Eltern haben eindeutig mehr Pflichten und Verantwortung.

Demgegenüber ist die Rolle von Sexualpartnern geprägt von gleichberechtigter Liebe. Beide Partner befinden sich auf der gleichen Stufe. Beide können und sollen ihre emotionalen und sexuellen Bedürfnisse aneinander stellen können. Beide sollen die Selbständigkeit haben, in der Begegnung »ja« und »nein« sagen zu können. Allein diese Gegenüberstellung der Rolle zwischen Eltern und Kindern und der Rolle zwischen Liebespartnern genügt, um die Unvereinbarkeit von Elternliebe und sexueller Liebe deutlich zu machen.

Wo solches doch geschieht, entstehen furchtbare emotionale und Identitätskonflikte, sowohl in den einzelnen als auch in der Beziehung zwischen den Familienmitgliedern und in der sozialen Umgebung. Die Leidtragenden sind die betroffenen Kinder, die mit einer schweren Hypothek in ihr eigenes Leben gehen. Darauf werden wir im Kapitel über »Mißbrauch« eingehen (Kapitel 20 – 23).

Auf die »intimen professionellen Beziehungen« möchten wir im nächsten Kapitel gesondert eingehen.

11. Intime professionelle Beziehungen

Mit »intimen professionellen Beziehungen« meinen wir Beziehungen, in denen der eine Partner die Tätigkeit professionell ausübt, während sein Partner mit ihm in Kontakt tritt, um eine wie auch immer geartete Behandlung in seinem geistig-seelisch-körperlich-sozialen Intimbereich zu erhalten.

Beispiele für solche intimen *professionellen Beziehungen* sind die Beziehungen zwischen:

- Lehrern und Schülern
- Ärzten/Krankenschwestern/Krankenpflegern und Patienten
- Therapeuten und Klienten
- Prostituierten und Freiern
- Rechtsanwälten und Mandanten
- Sozialarbeitern und Betreuten
- Seelsorgern und Gläubigen

Solche Beziehungen stellen eine ganz besondere Konstellation dar. In anderen professionellen Kontakten werden zwar auch Dienstleistungen angeboten und in Anspruch genommen, jedoch nicht solch intime Dienste. Ein Verkäufer, ein Postbeamter, ein Kellner bietet auch eine Dienstleistung an, jedoch nicht in einem intimen Bereich.

Intimität des professionellen Kontaktes

Ein Lehrer ist nicht nur Vermittler von Fachwissen. Er ist auch Vorbild, Mentor und Vertrauter der ihm anvertrauten Kinder bzw. Auszubildenden. Der Arzt, die Krankenschwester, der Krankenpfleger, der Masseur und der Krankengymnast untersuchen und behandeln den Patienten am nackten Leib. Sie nehmen Eingriffe am oder im Körper des Patienten vor, die für seine Gesundheit von großer Bedeutung sein können. Der Psychotherapeut untersucht und behandelt die seelische Befindlichkeit seines Klienten. Der Klient spricht über seine intimsten Geheimnisse, über schambesetzte Themen, die er noch keinem anderen Menschen erzählt hat. Die Prostituierte befriedigt ihren Kunden sexuell, der ihr, ähnlich wie beim Psychotherapeuten, häufig die persönlichsten Dinge erzählt. Der Rechtsanwalt betreut seinen Mandanten in heiklen rechtlichen Angelegenheiten. Er hat es haufig mit gesetzlichen Grenzfällen zu tun, mit kriminellen Handlungen, mit intimen persönlichen Konflikten innerhalb und außerhalb der Familie. Der Sozialarbeiter hilft seinem Klienten in dessen persönlicher und sozialer Not. Der Seelsorger versieht seine Pfarr-»kinder« mit den gnadenspendenden Sakramenten, die die heilige Verbindung zwischen Gott und dem Gläubigen bestätigen. Er hört sich ihre Beichten über ihre Sünden an und gibt ihnen die Absolution. Er ist oft ein Lebensberater und -begleiter durch alle Lebensphasen, von der Geburt bis zum Tod.

Die Intimität eines solchen Kontakts birgt die Gefahr des Mißbrauchs in sich. Diese Gefahr wird verstärkt durch folgende Faktoren:

1. Nicht-Öffentlichkeit

Bedingt durch die Intimität der vollzogenen Handlung findet die Begegnung meist hinter verschlossenen Türen statt. Alle obengenannten Professionellen üben ihre Tätigkeit in Behandlungszimmern, Klassenzimmern, Praxen oder ähnlichen abgeschlossenen Räumen aus. Außerdem stehen sie alle unter Schweigepflicht und dürfen Unbefugten nichts von dem, was sie über ihre Kunden erfahren, weitergeben.

2. Nicht-Legalität oder Halb-Legalität

Diese Bedingung trifft für die Prostitution zu. Sie findet – obwohl als ältestes Gewerbe und dazu eines der meistgesuchten – höchstens in Halb-Legalität statt. Dies macht den Kontakt oft bedrohlich, weniger für den Freier als für die Prostituierte. Es gibt für diese Berufsgruppe keinen rechtlichen Schutz und keine anerkannte Standesvertretung. Ihre Arbeit gehört zu den sozial am niedrigsten eingestuften und am meisten diskriminierten Dienstleistungen, obwohl sie auch von Männern beansprucht wird, die in höchsten Stellungen stehen.

Aber die Nicht-Legalität betrifft auch andere Berufe. Z.B. war die Heilkunde viele Jahrhunderte lang frei, bis sie per Gesetz auf ganz wenige Berufsgruppen eingeschränkt wurde. Heilkundige, die nicht zu diesen Berufsgruppen gehören, werden dadurch an den Rand der Legalität gedrängt. Hier spielen standespolitische, finanzielle und Macht-Interessen oft eine größere Rolle als behandlungsbedingte Überlegungen.

Aber auch von seiten der Hilfesuchenden kommen manche nicht- oder halblegale Probleme zur Sprache, z.B. Straftaten, die dem Rechts- anwalt, dem Seelsorger, dem Sozialarbeiter oder dem Therapeuten ge- beichtet werden. Die Behandelnden werden manchmal mit in solche strafbaren Handlungen einbezogen, z.b. Rechtsanwälte, wenn sie bei schuldigen Mandanten auf Freispruch plädieren, z.b. Ärzte, wenn sie Abtreibungen vornehmen, z.b. Seelsorger, die Kassiber für Gefangene schmuggeln. Durch ihr Mitwissen oder ihre Mittäterschaft können die Professionellen in den nicht- oder halblegalen Bereich miteinbezo- gen werden, was sie zu Gewissenskonflikten oder zum Konflikt mit dem Gesetz führen kann. Sie befinden sich dann in einem vertrauli- chen, manchmal konspirativen Verhältnis mit der betreuten Person.

3. Macht-Ohnmacht-Beziehung

Der Patient kommt mit einer beschwerlichen, im schlimmsten Fall mit einer lebensbedrohlichen Krankheit zum Arzt. In seiner Bedeu- tung für die Gesundheit und das Überleben des Patienten hat der Arzt eine hervorragende Stellung unter all den genannten Berufen. Er besitzt tatsächlich eine große Macht über den Patienten, der ihn für seine Gesundung dringend braucht. Aber auch zu den Vertretern der anderen genannten Berufe kommen die Hilfesuchenden, um sich aus einer Position von Ohnmacht, Unwissen, Bedürftigkeit, Verfolgung oder Not heraus von einem Fachmann oder einer Fachfrau helfen zu lassen. Darin ist die Macht des Professionellen und die Ohnmacht des Hilfesuchenden zunächst begründet.

Hinzu kommt ein gewichtiger psychischer Faktor: nämlich die Tat- sache, daß die Professionellen aufgrund der Besonderheit ihrer Arbeit Zugang zum intimen Bereich ihrer Kunden erhalten. Dadurch wer- den sie fast automatisch zu Vertrauenspersonen. Durch ihre fachliche und persönliche Meinung zu den intimen Belangen der Hilfesuchen- den üben sie auf diese einen starken Einfluß aus, der bisweilen den von Familienmitgliedern, Ehepartnern und Freunden übersteigt.

4. Zuwendung

Aufgrund des Vertrauensverhältnisses entsteht eine besondere Art der Nähe zwischen dem Professionellen und dem Kunden. Diese Nähe hat auch eine persönliche Komponente in sich, die zum »Grundton« der Beziehung gehört. Die Sympathie, das Interesse füreinander trägt die beiden durch die zum Teil schwierige Zeit der Behandlung hindurch. Man geht nicht zu irgendeinem Arzt, Therapeuten, Masseur, Rechtsanwalt, Seelsorger – man geht zu *seinem* Arzt, Therapeuten, Masseur usw.

Hinzu kommt, daß es ja um die Behandlung intimer Bereiche des Kunden geht, und zwar kranker, verletzter, empfindlicher, bedürftiger intimer Bereiche. Hier braucht der Kunde eine verständnisvolle und liebevolle Behandlung und Hilfe. Daß die medizinische Behandlung nicht grob, sondern gefühlvoll vorgenommen wird, daß der Liebesdienst der Prostituierten zärtlich oder erregend sein soll, daß der Pfarrer mitfühlend den Trauernden betreut, wird fast als selbstverständlich erwartet. Diese intimen Dienste haben also von sich aus viel mit Liebe und Zuwendung zu tun.

5. Übertragung und Gegenübertragung

Dadurch kommt ein Faktor ins Spiel, der nicht unterschätzt werden darf: die Übertragung und Gegenübertragung. Der Kontakt zwischen beiden ist ein intimer. Im Laufe dieses intimen Kontakts können sehr persönliche Gefühle, positive wie negative, entstehen. Es ist durchaus nicht ungewöhnlich, wenn daraus Liebe entsteht. Aber die Realität ist komplexer. Denn es handelt sich nicht um eine einfache Begegnung zwischen zwei Menschen, die sich irgendwo kennengelernt haben. Die beiden stehen in einem Dienstleistungsverhältnis zueinander und haben darin verschiedene, klar definierte Rollen: der eine als Professioneller, als Fachmann/frau, als Bezahlter, in Dienst Genommener – der andere als Kunde, Patient, Mandant, der Hilfe braucht. Das Verhältnis zwischen beiden ist *asymmetrisch*.

Wir haben bereits oben, beim Thema Inzest, festgestellt, daß eine normale Liebesbeziehung *symmetrisch* ist. Sie setzt eine Beziehung von gleich zu gleich voraus. Die Ungleichheit einer Liebesbeziehung zwischen Behandler und Behandelten erinnert uns unwillkürlich an die ungleiche Liebesbeziehung zwischen einem Elternteil und seinem

Kind. Die Ähnlichkeit ist nicht zufällig. Denn in der Behandlungssituation, in der sich der hilfsbedürftige, leidende Kunde vom hilfreichen, tröstenden, wissenden Professionellen behandeln läßt, schwingt viel von dem mit, was zwischen einem bedürftigen, verletzten, Trost suchenden Kind und seiner Mutter bzw. seinem Vater abläuft. Diese gefühlsmäßige Ähnlichkeit nennen wir *Übertragung* auf der Seite des Behandelten und *Gegenübertragung* auf der Seite des Behandlers. Der Behandelte empfindet Gefühle, die er früher gegenüber seiner Mutter oder seinem Vater gehabt hat, der Behandler umgekehrt Gefühle, die er z.B. als Mutter oder Vater kennt.

In dieser Entsprechung, in dieser Übertragungssituation geschieht ebenfalls Heilendes. Denn das, was der Behandelte z.B. als Kind nicht von seinen Eltern bekommen hat, kann hier, in der Behandlungssituation, »nachgefüllt« werden. Oder es kann in der Psychotherapie eine verdrängte Erinnerung an eine frühere Verletzung oder eine schambesetzte Situation durch die Übertragung ins Bewußtsein hochgespült werden. Indem beide darüber sprechen und die Gefühle und Gedanken des Klienten verstehen und annehmen, kann Heilung geschehen.

In diesem Sinne kann die professionelle Beziehung zur Heilung des Behandelten beitragen. Jedoch ist es hierfür erforderlich, *daß die professionelle Beziehung, mitsamt ihrer berufsbedingten Grenze und Distanz, beibehalten wird.* Würden beide Partner die durch die Situation gesetzte Grenze überschreiten, dann würde eine symmetrische, gleichberechtigte Beziehung entstehen. Das heilende Potential ginge dann verloren.

Überdies ist der Behandelte zum Professionellen gekommen, um Hilfe für seinen Körper, seine Psyche, seinen Geist zu finden. Er suchte nicht primär nach einem Liebespartner. Daher würde der Professionelle seinen Auftrag nicht erfüllen, wenn er etwas anderes vom Kunden wollte.

6. Abhängigkeit

Dann – nun kommen wir zum letzten Punkt, der Abhängigkeit – würde der Behandelnde einen Menschen, der zu ihm in einem abhängigen Verhältnis steht, für seine eigenen Bedürfnisse ausnutzen. Solche Formen von Ausnutzung gibt es, obwohl dies häufig vorkommt, nicht nur auf sexueller Ebene, sondern auch auf der Machtebene, auf ökonomischer Ebene (finanzielle Ausnutzung), arbeitsmäßiger Ebene (der Professionelle läßt den Klienten für sich bestimmte Arbeiten erledigen) und psychischer Ebene (der Professionelle macht den anderen von sich abhängig und behandelt ihn mit Verachtung und Geringschätzung). Wenn dies geschieht, dann hat sich der ursprüngliche Sinn dieser Beziehung umgekehrt und pervertiert. Statt dem Kunden zu helfen, mißbraucht ihn der Behandler und beutet ihn aus.

Eine Frau hat einen Arzt, einen fünfzigjährigen Internisten, den sie seit Jahren aufsucht und dem sie alles über sich erzählt. Ihr Mann ist ebenfalls Patient bei diesem Arzt. Eines Tages, als der Ehemann der Frau für längere Zeit beruflich verreist ist, gibt der Arzt der Patientin einen Extratermin an seinem freien Mittwochnachmittag. Sie wird zwar mißtrauisch, geht aber trotzdem hin. Dort nimmt er sie ohne Umschweife in den Arm. Sie wehrt seine Zudringlichkeiten zunächst ab, willigt aber in einen Termin am nächsten Mittwoch ein, an dem es ihm gelingt, mit ihr sexuell zu verkehren. Sie empfindet keine Lust dabei, seine Zärtlichkeit tut ihr aber gut. Es beginnt eine lange sexuelle Beziehung. Nach und nach erfährt sie, daß der Arzt mit vielen seiner Patientinnen schläft. »Ein Mann braucht das eben«, sagt er. Er warnt sie vor einem zu tiefen emotionalen Engagement, sie solle sich nur nicht in ihn verlieben. Sie gerät in zunehmende Abhängigkeit von ihm, läuft um sein Privathaus herum, in dem er mit seiner ahnungslosen Frau lebt. Obwohl sie von Freundinnen vor diesem Verhältnis gewarnt wurde, kann sie es nicht beenden. Er ist der einzige, von dem sie ein klein bißchen Zuwendung bekommt. Sie ist unglücklich, geht in Therapie und vertraut sich dem Therapeuten an, aber den Namen des Arztes will sie nicht offenbaren.

Für die behandelte Person ist eine solche Situation äußerst schwer zu ertragen und zu bewältigen. Denn wenn es soweit gekommen ist, steht sie schon längst tief in psychischer Abhängigkeit von dem Behandler. Ihre intime Wunde, mit der sie möglicherweise zur Behandlung gekommen ist, wird durch die Behandlung noch ausgeweitet und vertieft. Und da dieser Mensch intim, im Wesenskern, verletzt wird, erfüllt es ihn mit Scham, so daß er sich scheut, irgend jemandem davon zu erzählen, auch nicht seinen engsten Freunden oder seinem Partner. Nicht selten verzweifelt er an sich selbst. Bestenfalls bricht er die Behandlung ab, als ein Akt der Selbstbefreiung. In seltenen Fällen gelingt es ihm, Gleichgesinnte z.B. in einer Selbsthilfegruppe zu finden, die etwas Ähnliches erlitten haben und die ihn darin unterstützen, sich aus dem Abhängigkeitsverhältnis zu befreien und den Professionellen zu konfrontieren und anzuklagen. Da die Betreuten, bedingt durch das besondere Ausbildungs-, Behandlungs-, Beratungs- oder seelsorgerische Verhältnis, sich notwendigerweise in ihrem intimen Bereich dem betreffenden Lehrer, Arzt, Anwalt, Pfarrer öffnen, benötigen sie einen besonderen Schutz. Dieser wird zwar meist im Standesrecht des betreffenden Berufs formuliert, jedoch werden die betreffenden Professionellen bei Verstößen oft nicht bestraft. Gerade hier verhüllen sich ihre Kollegen und ihre Verbände oft in Scham und falsche, meist männliche Solidarität. Im obigen Fall hat der betreffende Arzt das Vertrauen seiner Patientinnen, ihrer Ehemänner, seiner eigenen Frau und seines Berufsstandes mißbraucht. Aber er bleibt ein gut angesehener Arzt! Anscheinend hat ihn noch keine der geschädigten Patientinnen bisher angezeigt.

In den letzten Jahren, da wir über sexuellen Mißbrauch immer mehr erfahren, entdecken wir diese intimen professionellen Beziehungen als Problemfeld. (Vergleiche hierzu die Bücher von Peter Rutter und Claudia Heyne.) Hier müssen wir Professionellen sehr viel Eigenarbeit leisten, um die besonderen Probleme, die notwendigerweise aus dieser Art von Berufen entstehen, besser zu erkennen. Offenes Sprechen darüber tut not, gerade unter uns Professionellen selbst. Verständlicherweise scheint die Scham vor diesem Thema besonders stark zu sein.

Dies nimmt nicht wunder, denn nicht selten entdecken wir, daß sich gerade solche Menschen zu diesen besonders *intimen Berufen* hingezogen fühlen, die in ihrer eigenen Kindheit selbst in ihrem intimen Bereich verletzt worden sind. Sie sind selbst *Opfer* gewesen. Deshalb haben sie auch eine besondere *Sensibilität* entwickelt, die für ihre Arbeit von Nutzen ist. Nur, sie müssen vor allem in ihrer Ausbildung ihre eigenen intimen Verletzungen bearbeiten und integrieren, damit sie nicht das, was sie früher in ihrer Kindheit erlitten haben, in ihrem heutigen Beruf wiederholen; damit sie nicht als frühere Opfer zu Tätern werden. Wir werden darauf in den Kapiteln über Täter, Opfer und Zeugen eingehen (Kapitel 20–23).

12. Identität als Schamquelle

Individuelle Scham: sich für das zu schämen, was mann/frau selbst ist

Eine der schlimmsten Formen von Scham ist es, sich dessen zu schämen, was man *ist*. Vieles können wir ändern, aber das, was wir *sind*, können wir nicht ändern. Wir können nicht vor uns selbst wegrennen.

Wir können unser Gesicht, unseren Körper nicht abstreifen und ein neues Gesicht, einen neuen Körper annehmen. Wir können unsere Kleidung auswählen, aber nicht den Körper, der in den Kleidern steckt. Wir können unsere Sprechweise oder unseren Sprechstil kultivieren, aber unsere Stimme können wir nicht austauschen. Wir können uns äußerlich gebärden wie das andere Geschlecht, aber wir können uns unseres eigenen Geschlechts nicht entledigen. Wir können in ein anderes Land auswandern, aber wir können die Tradition unserer Ahnen nicht hinter uns lassen.

Natürlich versuchen wir oft, diese unabänderlichen Eigenschaften doch zu ändern oder zumindest abzumildern. Haare kann mann/frau färben. Und wenn alles nicht klappt, kann man ein Toupet, kann frau eine Perücke tragen. Wenn wir jung sind, versuchen wir, uns durch erwachsenes Gebaren älter erscheinen zu lassen, und wenn wir älter werden, lassen wir unsere Alters- und Sorgenfalten durch den Schönheitschirurgen »liften«. Wenn wir unser eigenes Geschlecht verabscheuen, können wir zumindest die sekundären Geschlechtsmerkmale chirurgisch und hormonell umkehren lassen.

Aber wie sehr müssen wir uns doch unser selbst schämen, wenn wir versuchen, das, was uns angeboren ist, so radikal – d.h. von der Wurzel her – auszureißen. Wer von uns kennt nicht das Gefühl, für das, was er oder sie ist, verlacht und verspottet zu werden? Vor allem für Kinder gibt es so vieles, wofür sie nichts können, aber wofür sie verspottet und beschämt werden.

Wenn wir Kinder sind, können wir nichts dafür, ob wir als Junge oder Mädchen auf die Welt gekommen sind *(Geschlecht)*. Wir können nichts dafür, daß wir in diesem oder jenem Elternhaus geboren sind

(Herkunft). Wir können nichts für unsere Haut- oder Haarfarbe *(Rasse)*, unser Aussehen, unsere Körpergröße und Körpergestalt *(Aussehen)*. Wir können nichts für unsere Talente und Fähigkeiten, ebensowenig für unsere Unfähigkeiten *(Begabung)*. Wir können nichts dafür, daß wir zu dieser Zeit an diesem Ort unter diesen Umständen geboren sind und aufwachsen müssen *(Geschichtlichkeit und Volkszugehörigkeit)*. Aber viele Kinder werden gerade für das, was sie sind, beschämt:

Ein Vater sagt seinem Sohn, ein Mann weine nicht. Dagegen schärft ihm seine Mutter ein, er solle sich nicht mit anderen Jungen prügeln, ein Gentleman mache das nicht. Dann lachen ihn seine Kammeraden aus, weil er sich nicht wehrt.

Ein Mädchen hört von seiner Mutter, daß es eigentlich ein Junge sein sollte. Aber wenn es sich gegen einen Jungen wehrt, sagt ihm dieselbe Mutter, es solle nicht beißen, dies sei nicht damenhaft. Wenn das Mädchen mit seinen Jugendfreunden Fußball spielen will, wird es von diesen verlacht und weggeschickt. Wenn es den ersten Busenansatz bekommt, wird es von denselben Jungen umworben und betätschelt.

Ein ausländisches Mädchen wird am ersten Schultag von seinen neuen Klassenkameraden »Türkenschwein« geschimpft. Wenn es zu Hause auf engstem Raum zu fünft in einer Einzimmerwohnung keine Ruhe für seine Hausaufgaben hat und dazu noch auf seine zwei jüngeren Geschwister aufpassen muß, weil die Mutter arbeiten gehen muß, wird es am nächsten Tag von der Lehrerin getadelt, daß es faul sei.

Wie sollen sich diese Kinder nicht ihrer selbst schämen? Wer steht ihnen bei und erklärt ihnen, daß es nicht ihre Schuld ist, wenn sie verlacht und verpönt werden, daß es nicht sie sind, die sich zu schämen haben?

Wer um seiner selbst willen verlacht wird, ist in seinem Wesenskern getroffen und verletzt. *Denn unsere Identität – das, was wir sind – bildet einen wesentlichen Teil unseres Wesenskerns.* Alles Gute und Schlechte, was über uns und unsere Identität gesagt wird, trifft uns im Kern.

Wenn wir etwas Gutes angetan bekommen (z.B. gelobt, belohnt werden), weil wir »so und so« sind, dann bauen wir in der Regel eine *positive Identiät* auf. Wir sind dann stolz auf uns. Wenn wir aufgrund dessen, was wir sind, bestraft, verachtet, verlacht werden, dann bauen wir in der Regel eine *negative Identität* auf.

89

Das, was wir von Bezugspersonen, die für uns wichtig sind, zu hören bekommen, vor allem der Ton, mit dem sie es sagen, bestimmt unser positives oder negatives Gefühl uns selbst gegenüber. Wenn ein abschätziger Unterton in der Stimme der Bezugsperson mitschwingt, dringt ihre Verachtung in uns ein, selbst wenn sie inhaltlich etwas Nettes sagt. Umgekehrt kann eine Zurechtweisung, die in einem Ton echter Fürsorge geäußert wird, uns bei aller Härte signalisieren, daß wir ernst genommen werden.

Hier finden wir eine der wirksamsten Methoden, einen Menschen zu beeinflussen und zu beherrschen: indem man eine für seine Identität wichtige Eigenschaft oder Verhaltensweise mit Scham belegt. Die Scham wird sein Identitätsgefühl so bedrohen, daß er fast alles tun wird, was man von ihm verlangt, um sein Identitätsgefühl zurückzugewinnen. Wenn ein Vater seinem Sohn sagt: »Ein Junge weint nicht!«, wird der Sohn nicht mehr weinen, um als Junge zu gelten. (Näheres siehe die Kapitel 24 und 25 über »Männerscham«, »Frauenscham«.)

Falsches Selbst und wahres Selbst: Identität gründet sich auf Stimmigkeit und Wahrheit

Aber noch mehr als das, was *andere* über uns denken und sagen, gründet sich unsere Identität darauf, was wir *selbst* über uns denken. *Wir sind die letztendliche Instanz für unsere Identität. Und in unserem Wesenskern wissen wir genau, wer wir sind. Unser Wesenskern ist die Quelle unserer Identität.* Wenn wir uns in unserem Wesenskern befinden, hören wir jeden falschen Klang. Wir merken jedes falsche Wort, spüren jede Lüge, jede Halbwahrheit.

Ein Bespiel: Ein Junge, Liebling seiner Eltern, hört von klein auf, wie wunderbar er sei. Er sei klug, begabt, schön. Er sei ein Auserwählter. Er freut sich zwar darüber. Aber in seinem Herzen glaubt er ihnen nicht. Er weiß zwar selbst, was er kann und nicht kann. Er kennt seine Fähigkeiten, aber auch seine Mängel. Daher weiß er genau, daß es nicht stimmt, wenn seine Eltern ihm sagen, er könne alles. Wenn sie ihm sagen, er sei gut, weiß er, daß das nicht stimmt, denn er kennt seine bösen und eifersüchtigen Gedanken.

Vor allem weiß er, daß das, was die Eltern ihm sagen, nicht stimmt, weil sie sich nicht stimmig verhalten. Er sieht, wie sich die Eltern streiten und sich selbst und den Partner entwürdigen. Er hört, wie die Eltern über andere Menschen verächtlich herziehen. Wieso wird er dann von ihrer Verachtung verschont? Er sieht, wie sie mit seinen Geschwistern schlechter umgehen als mit ihn. Wieso? Ist er besser oder wertvoller als seine Geschwister? Er bekommt Angst, daß er nur so lange vor ihrer Verachtung verschont bleibt, solange er dem idealen Bild, das seine Eltern von ihm entworfen haben, entpricht.

Warum glaubt dieser Junge seinen Eltern nicht? Warum verachtet er sich im Grunde seines Herzens? Warum schämt er sich über die Privilegien, die er genießt? Warum kann er mit dem Schicksal, das es so gut mit ihm meint, nicht zufrieden sein? Weil das Positive, das er zu hören bekommt, nicht mit der Menschenverachtung, die ihn umgibt, übereinstimmt. Identität gründet sich auf *Stimmigkeit,* auf *Wahrheit.*

Das, was ihm seine wohlmeinenden Eltern suggerieren wollen, ist ein *»falsches Selbst«.* Es ist eine Art Maske, eine Tarnung, oder bestenfalls ein zu positiv verzeichnetes Bild seiner selbst. Sein *»wahres Selbst«* ist anders, und das kann er spüren, wenn er sich in Kontakt mit seinem Wesenskern befindet. Deshalb sieht sich der Junge nicht als strahlenden Helden, als Auserwählten. Vielmehr fühlt er tief in sich das nagende schlechte Gewissen, Nutznießer aus dem Unglück oder Mißgeschick anderer Menschen zu sein. Darum kann er sich nicht leiden. Er schämt sich.

Das gleiche gilt auch für uns als menschliche Gemeinschaft. Es ist unmöglich, ein eindeutig positives Identitätsgefühl aufzubauen in einer Welt, in der andere Menschen mißachtet oder mißhandelt werden. Unsere Zufriedenheit z.B. darüber, daß wir genügend zu essen haben, wird in Frage gestellt durch unser Wissen, daß nicht weit weg von uns Menschen hungern. Unser Wohlstand ist mit Scham erkauft.

Stolz und Würde lassen sich nicht herstellen in einer Welt voller Verachtung. Sie bekommen nicht den geeigneten Boden, um Wurzeln zu schlagen. (Siehe das Kapitel *»Scham vor der Schöpfung«.*)

Damit kommen wir auf die andere Seite unserer Identität: unsere Identität als Kollektiv.

13. Kollektivscham

Gruppenidentität: das Bedürfnis nach Zugehörigkeit

Stolz und Scham sind nicht ausschließlich auf das Individuum beschränkte Gefühle. Sie sind gruppen- und kulturbezogen. Es ist eines der innigsten Bedürfnisse von uns Menschen, zu einer Gruppe zu gehören. Wir sind zutiefst soziale Wesen. Besonders als Kinder brauchen wir das Gefühl der Zugehörigkeit. Wenn wir älter werden, gewinnen wir eine gewisse Autonomie von unserer Umwelt; wir können unsere Bezugsgruppe selbst aussuchen, die Bindung an unsere Primärgruppen lockert sich. Aber wir werden selbst als Erwachsene nie völlig autonom, d.h. unabhängig von unserer Gruppenzugehörigkeit sein.

Mit diesem Bedürfnis nach Zugehörigkeit entsteht auch die Möglichkeit, uns unserer Gruppe, unserer Familie, unseres Landes, unserer Rasse zu schämen oder darauf stolz zu sein – je nachdem, wie hoch angesehen oder verachtet die jeweilige Gruppe in der jeweiligen Gesellschaft und in der jeweiligen Zeit ist.

Kollektive Traumatisierung

Traumata sind Verletzungen oder Wunden, die durch starke seelische Erschütterungen oder durch Gewalteinwirkung entstehen. Die gesamte Persönlichkeit ist betroffen und erleidet extreme Erfahrungen von Ausgeliefertsein, Hilflosigkeit und Scham.

Nicht nur einzelne können Opfer traumatischer Erfahrungen sein, auch ganze Familien, ganze Völker können davon betroffen werden: Naturkatastrophen, Krieg, Verfolgung, Diskriminierung, Flucht und Vertreibung sind typische Beispiele hierfür.

Kollektiv erlittene Traumata müssen, genauso wie individuell erlebte, verarbeitet werden. Dazu sind jedoch die folgenden Voraussetzungen notwendig:

Was ist notwendig, um ein individuell oder kollektiv erfahrenes Trauma zu verarbeiten?

1. Man braucht Zeit und Ruhe, um sich vom Schrecken zu erholen und um das Erlebte noch einmal in Ruhe zu bearbeiten. *(Menschen haben nach Katastrophen aber meist weder die Zeit noch die Ruhe, um das Erlebte zu bearbeiten. Sie sind zu sehr von den aktuellen Aufgaben des Überlebens beansprucht.)*

2. Man braucht Beistand von anderen Menschen, die einem Anteilnahme entgegenbringen und zuhören, ohne dabei zudringlich oder verurteilend zu sein. *(Dagegen sind viele Traumatisierte alleingelassen und unverstanden, oder sie isolieren sich. Wenn sie Hilfe bekommen, sind die Helfer oft zudringlich, ungeduldig und bevormundend. Die Opfer haben keine Ruhe, um sich auf die schmerzlichen, demütigenden, schamvollen Erlebnisse zu besinnen und frei davon zu erzählen.)*

3. Die Opfer müssen alle mit der traumatischen Erfahrung verbundenen *Gefühle* wie Entsetzen, Angst, Wut, Ohnmacht, Hilflosigkeit und Erniedrigung spüren und ausdrücken können. *(Diese Gefühle sind jedoch oft so schmerzlich, daß die Opfer es vorziehen, sie zu verdrängen. Oder ihre Umgebung kann diese intensiven Gefühle nicht ertragen und will nichts davon wissen: »Nun denken Sie nicht mehr daran! Vorbei ist vorbei!«)*

4. Vor allem müssen die Opfer über den erlittenen Verlust *trauern* können, über materiellen Verlust, den Verlust geliebter Menschen, den Verlust ihrer persönlichen Würde und Integrität. *(Statt dessen werden sie oft vertröstet und abgespeist. Sie sollen froh sein, daß es ihnen jetzt besser geht.)*

5. Information über die Wahrheit ist wichtig. Scham baut sich oft auf Mystifikation, Geheimnissen und Tabus auf. Das Opfer wurde oft über das, was vorgefallen ist, im unklaren gelassen, getäuscht oder falsch informiert. Aufklärung ist im doppelten Sinne notwendig: Klarheit über die Ursachen der Verletzung gewinnen und die Betroffenen darüber informieren.

6. Wichtig ist auch, die Verantwortlichkeit für das Geschehene zu klären. Täter müssen konfrontiert werden, die Verantwortlichen müssen die Verantwortung übernehmen, sie müssen ihre Tat bereuen und bereit sein, entstandene psychische und physische Schäden wiedergutzumachen. *(Dagegen wird oft die Verantwortung verleugnet, verschoben, auf andere projiziert. Die Sache kommt nicht zu einem inneren Abschluß.)*

Wir können aus dieser Aufstellung ersehen, daß die Verarbeitung schwerer Traumata nicht einfach ist, besonders wenn ein ganzes Kollektiv davon betroffen ist. Daher werden viele traumatische Erfahrungen nicht verarbeitet, sondern verdrängt. Die betreffende Gesellschaft zieht es vor, diese schlimmen Erfahrungen so schnell wie möglich zu vergessen und so weiterzuleben, als wäre nichts geschehen.

Tabuisierte kollektive Scham wird individualisiert

Nicht verarbeitete kollektive Katastrophen und Traumata werden aber zur *Quelle kollektiver Scham.* Da jedoch Stillschweigen darüber bewahrt wird, entschwindet das gemeinsame Bewußtsein über das Erlittene. Jede/r meint schließlich, er oder sie sei der einzige, der sich schämt und schlecht fühlt. Durch die Tabuisierung kollektiver Traumata werden diese also *internalisiert und individualisiert.* Kollektive Scham wird dann fälschlicherweise als individuelle Scham empfunden. Jeder fühlt sich alleine schamvoll und schuldig. Dadurch isolieren sich die Mitgleider noch mehr voneinander und machen damit eine gemeinsame Verarbeitung des kollektiven Unglücks unmöglich.

Mystifizierung

Durch diesen Prozeß der Individualisierung kollektiver Scham wird die Scham in einer Familie oder einer Gesellschaft konserviert und von Generation zu Generation tradiert, ohne je aufgelöst zu werden. Sie wird mit der Zeit immer stärker mystifiziert: Alle Mitglieder haben das verunsichernde Gefühl , daß etwas mit ihnen nicht stimmt. Ein dunkles, unheimliches Geheimnis überschattet die Gemeinschaft wie ein Fluch. Von dumpfen Ahnungen befallen, verlieren sie allmählich die Fähigkeit, über die tatsächlichen Ursachen ihres Leides Klarheit zu gewinnen.

Wenn dies geschieht, ist das ganze Kollektiv von Scham erfüllt. Wir sprechen dann von einem *schambesetzten System*. In einem solchen System bildet sich ein Netzwerk von Interaktionen und Beziehungen, die dazu dienen, die Kollektivscham abzuwehren. So werden die nachfolgenden Generationen in diese heimlichen und verheimlichenden Bewältigungsversuche miteinbezogen, ohne daß dieser Zusammenhang den Beteiligten bewußt wird. Hierzu ein Beispiel aus der jüngsten Geschichte:

Die Kollektivscham der Deutschen

Nach der Niederlage im Zweiten Weltkrieg hatten die Deutschen das Trauma des Dritten Reiches nicht ausreichend verarbeitet. Dafür gab es eine Reihe innerer und äußerer Gründe. Der moralische Druck von seiten der Alliierten war zu stark, als daß die Deutschen mit sich selbst in bezug auf die Judenverfolgung hätten ins reine kommen können. (Die Nürnberger Prozesse und die Entnazifizierung waren von außen diktiert und brachten nur eine scheinbare »Reinigung«.) Die innere Scham über die entsetzlichen Greueltaten an Juden und anderen Minderheiten war für viele so groß, daß sie die Augen und Ohren davor verschlossen. Der Schock der Niederlage saß so tief, daß man sich lieber in die dringende Aufgabe des Wiederaufbaus stürzte. Der beginnende Ost-West-Konflikt zerriß Deutschland in zwei Teile, brachte neue Probleme und begünstigte die Schamabwehr durch die Polarisierung in Gut und Böse ... Diese und andere Faktoren trugen dazu bei, daß die deutsche Politik nach dem Zweiten Weltkrieg so schnell zur Tagesordnung überging und es versäumte, entscheidende Lektionen aus dem kollektiven Desaster der Nazizeit zu lernen.

Neben der »Unfähigkeit zu trauen« (Mitscherlich) war da auch die Unfähigkeit zur Scham. Heute erfahren wir am Wiedererwachen der Ausländerfeindlichkeit und des Rechtsradikalismus, daß die Traumata von damals nicht verarbeitet worden sind. Vielmehr sind sie durch eine Kollektivscham zugedeckt worden. Deutsche tragen unseres Erachtens weniger an einer Kollektiv*schuld*, denn Schuld kann nur die Generation betreffen, die damals die Verantwortung getragen hat. Sie tragen vielmehr an einer Kollektiv*scham*, die auch auf die jüngere Generation übergeht, da sich Scham von Generation zu Generation

»vererbt«, solange sie nicht bearbeitet ist. Und je länger sie unbearbeitet bleibt, desto mehr verschwimmen die Konturen des Problems. Es bleibt schließlich ein nebulöses Gefühl von Scham zurück, das Gefühl, etwas ist mit uns nicht ganz in Ordnung.

Wenn Jugendliche *heute* ähnliche Gewalttaten gegen Ausländer verüben wie die Nazis vonn damals, dann erleben wir auf gespenstische Weise, wie unverarbeitete, von Scham verdeckte Unmenschlichkeit wiederauferstehen kann.

14. Scham der Flüchtlinge und Vertriebenen

Ein Beispiel für diese Weitergabe existentieller Verunsicherung und Scham an die nächste Generation ist das Schicksal von Flüchtlingen. Viele Deutsche haben dieses Schicksal nach dem Zweiten Weltkrieg am eigenen Leib erlebt. Wir gehen näher auf dieses Thema ein, weil wir gerade heute mit dem Problem der Migration ganzer Volksgruppen konfrontiert sind, das durch kriegerische, wirtschaftliche und ökologische Katastrophen verursacht wird. Heute sind weltweit schätzungsweise 50 Millionen Menschen ständig auf der Flucht. Diese Zahl wird weiter zunehmen. Der Verlust der Heimat ist eines der schlimmsten Menschheitsprobleme geworden. Es ist daher wichtig, uns auch psychologisch mit diesem Phänomen zu befassen.

Gehen wir zurück auf die am Ende des Zweiten Weltkrieges vertriebenen Deutschen, um mehr Verständnis für die allgemeine Scham von Flüchtlingen zu entwickeln:

Die Flüchtlinge, die damals aus den Ostgebieten flohen, hatten schwerste traumatische Erlebnisse hinter sich. Sie hatten vor der herannahenden Front mit all dem Grauen des Krieges fliehen müssen. Oft mußten sie ihr Haus, Hab und Gut überstürzt verlassen und konnten nur das Allernotwendigste mitnehmen. Familien wurden im Chaos auseinandergerissen, Frauen und Mädchen verschleppt und vergewaltigt, Männer gequält, erschossen oder interniert. Diejenigen, die zurückblieben, waren den Siegern hilflos ausgeliefert. Sie verloren zeitweilig ihre Menschenrechte, mußten sich, wie zuvor die Juden mit dem Judenstern, mit Armbinden als Deutsche zu erkennen geben. Kinder (die wirklich nichts für den Krieg konnten) wurden dort der Schmach der einheimischen Bevölkerung ausgeliefert, die ihre Wut auf sie entlud.

Für die davon betroffenen Menschen – meist Frauen, Kinder und Alte – war dies eine furchtbare und grauenhafte Extremsituation. Ihrer bisherigen, Sicherheit gebenden Lebensstrukturen beraubt, erlebten sie einen Totalangriff auf ihren Körper, ihre Psyche und ihre menschliche Würde.

Aber sie durften sich nicht einmal beklagen. Denn die Schuld der Deutschen am Krieg und an den Massakern an anderen Völkern, vor allem an den Juden und den Russen, war so groß, daß sie das Leid der deutschen Flüchtlinge in den Hintergrund treten ließ. Sie mußten stellvertretend für alle von Deutschen begangenen Frevel büßen. Ihr Leid, ihre Verzweiflung und ihre Scham mußten verdrängt werden.

Im Westen angekommen, erlebten sie erneut Ausgrenzung und Diffamierung, nunmehr von seiten ihres eigenen Volkes. Die einheimische Bevölkerung wollte mit dem »Gesindel« aus dem Osten nichts zu tun haben. Sie teilten oft nur widerwillig Wohnungen, Nahrung und Arbeitsplätze mit den Flüchtlingsfamilien. Diesen schlug Mißtrauen, offene oder versteckte Ablehnung entgegen.

Durch die Flucht waren die Zuwanderer zutiefst verunsichert, weil sie all das aufgeben mußten, was ihnen zuvor Halt und Sicherheit gegeben hatte. Und in der neuen »Heimat« (die sie zu Recht als Fremde erlebten) wurden sie mit der Überheblichkeit und Verachtung der Einheimischen konfrontiert. Sie durften sich jedoch nicht wehren, denn sie hatten ja dankbar zu sein um jedes Almosen. Sie hatten dankbar zu sein, überhaupt dableiben zu können.

Überlebensstrategien von Flüchtlingen und ihren Kindern

Wie sind nun die Menschen mit dieser Situation fertig geworden? Viele Flüchtlinge haben Überlebensstrategien entwickeln müssen, um mit ihrer nicht verarbeiteten Scham weiterleben zu können:

1. *Trotz:* Manche Familien haben sich trotzig in der Rolle der Außenseiter eingerichtet. Sie hielten an ihrem inneren Gefühl von Würde und Stolz fest, indem sie ihr »Anders-als-die-anderen-Sein« kultivierten. Eine Frau beschreibt den Zwiespalt so:

»Außerhalb der Familie wurden wir ignoriert oder verächtlich behandelt. Zu Hause aber war eine andere Welt. Wie eine trotzige Bastion gegen den Rest des Dorfes fühlten wir uns heimlich als etwas ›Besseres‹. Wir waren gebildet und kultiviert, spielten Instrumente und hatten unsere eigenen, besonderen Traditionen und Wertvorstellungen.«

2. *Resignation:* Andere Familien sind zerbrochen an den Erlebnissen des Krieges und der Vertreibung. Sie haben resigniert und sich aufgegeben. Sie sind aus dem Gefühl der hilflosen Opfer, die für ihr Leben

zerstört und gezeichnet waren, nicht mehr herausgekommen. Sie reagierten mit Krankheit, Depression und Sucht – Erwachsene wurden zu Alkoholikern, Kinder und Jugendliche zu Drogenabhängigen und Delinquenten. Da sie sich extrem halt- und wurzellos fühlten, klammerten sie sich verzweifelt an die übriggebliebenen Familienangehörigen.

Eine ältere Frau kann nicht aufhören, immer und immer wieder davon zu sprechen, was sie verloren hat und was ihr angetan wurde. Sie jammert und klagt und erntet damit kein Verständnis, sondern Ablehnung und Zurückweisung, zuletzt sogar von der eigenen Familie.

3. Revanchismus: Andere Familien haben ihre neue Lebenssituation nicht wahrhaben wollen. Sie flüchteten sich in die Phantasie einer Rückkehr, hegten Wünsche nach Wiedergutmachung ihrer Schmach und Rache an den Vertreibern. Daher engagierten sie sich in konservativen Gruppierungen und steigerten sich in einen unversöhnlichen Haß gegen den Ostblock und den Kommunismus.

4. Überanpassung durch Leistung: Die meisten aber haben versucht, sich in die neue Umgebung einzuordnen und sich anzupassen. Um ihre innere Scham zu kompensieren, entwickelten sie den besonderen Ehrgeiz, sich mit Leistung und sozialem Aufstieg zu rehabilitieren und zu profilieren. Arbeit und Status waren ihre Versuche, sich wieder einen Platz in der Gesellschaft zu erobern; es geriet oft zum inneren Zwang. Ein eigenes Haus wurde zum Inbegriff und Symbol dafür, wieder zu wissen, wohin man gehört und wo man zu Hause ist.

Die nachfolgende Generation

Die Kinder von Flüchtlingen bekamen als Vermächtnis ihrer Eltern nicht nur deren unverarbeitetes Leid und unterschwellige Scham aufgebürdet, sondern sie sind selber in ihrer Kindheit, dieser sensibelsten Lebensphase, in ihrer Identität tief verunsichert worden. Zusätzlich mußten sie sich aktiv an den Scham-Vermeidungsstrategien ihrer Eltern beteiligen.

Eine Frau berichtet, wie sie unter den Versuchen ihrer Eltern litt, in der Gemeinde anerkannt zu sein. Die ganze Familie mußte nach außen hin perfekt wirken, sonntags geschlossen die Kirche besuchen, um zu demonstrieren, wie anständig die ganze Familie war. Sie litt vor allem unter den hohen Leistungsanforderungen und der strengen Kontrolle in der Familie; kein Fehler durfte von ihr oder ihren Geschwistern gemacht werden, denn sonst hätte sich die ganze Familie dafür schämen müssen. Nur durch extreme Anpassung fühlte sich die Familie in der Gemeinde einigermaßen sicher.

Ein Mann berichtet von brutalen Strafen durch seinen Vater bei den geringsten Vergehen, vor allem dann, wenn die Nachbarschaft oder die Schule davon betroffen waren. Für den Vater war sein Ansehen als strenger Vater so wichtig, daß er die nicht gemachten Hausaufgaben oder einen harmlosen Jungenstreich seiner Kinder zum Anlaß für extreme Strafaktionen nahm. Sein eigener Anpassungsdruck und seine immense aufgestaute Wut entluden sich regelmäßig, wenn er etwas getrunken hatte, innerhalb der Familie gegenüber seiner Frau und den Kindern. Doch nach außen hin wirkte die Familie bescheiden, nett, freundlich und sauber.

Eine andere Frau litt unter der Arbeits- und Sparsucht der Eltern, die unbedingt ein eigenes Haus bauen wollten. Sie schämte sich dafür, daß die ganze Familie so ärmlich angezogen war, daß sie überall auffiel und verspottet wurde. All ihre einfachen Bedürfnisse, zu spielen, zu lesen, Spaß zu haben, mußten zurückgestellt werden, wurden verboten und dem obersten Ziel »Haus bauen« untergeordnet.

Die Kinder der Flüchtlinge litten auch unter der Ausgrenzung, die sie durch die Einheimischen erfuhren. Sie lebten vor allem in ländlichen Gebieten oftmals am Rand des Dorfes, in besonderen Siedlungen, den heutigen Asylantenheimen vergleichbar. So blieb ihr Status, fremd zu sein, lange Zeit offensichtlich. Häufig wurden sie kollektiv, als Gruppe der Flüchtlingskinder, ausgeschlossen oder verspottet, wenn einer von ihnen sich nicht normgerecht verhielt. Weil sie nicht automatisch zur Dorfgemeinschaft gehörten, wurden ihr Verhalten, ihr Benehmen und ihre Leistungen von allen mißtrauischer beäugt und unnachsichtiger beurteilt. Manchmal wurden sie auch in der Schule von Lehrern gedemütigt, indem Anspielungen auf ihre Herkunft gemacht und ihr Dialekt verhöhnt wurde. Die selbstverständliche Sicherheit, die die einheimischen Kinder hatten, daß sie da, wo sie lebten, schon immer waren und auch immer sein würden, hatten die Flüchtlingskinder nicht. Sie hatten ein tiefes Gefühl von Unsicherheit, denn sie waren nicht sicher, ob sie an diesem Ort würden bleiben können.

Hinzu kam, daß die nicht verarbeitete Scham der Eltern an die Kinder weitergegeben wurde. Alle nachfolgenden negativen Erfahrungen von Blamage und Kritik wirkten so kumulativ in den Kindern, sie fielen auf einen bereits vorbereiteten Boden, weshalb die Flüchtlingskinder besonders schamanfällig waren und sind.

Flüchtlingskinder leben ständig unter dem besonderen Druck, in der Gesellschaft ihren Wert und ihre Leistungsfähigkeit beweisen zu müssen. Sie haben das Gefühl, sich das Recht auf Duldung und Akzeptanz immer wieder verdienen zu müssen. Oft sind auch die familiären Bande verpflichtender, da es sich nur um kleine Familien- oder Verwandtschaftsgruppen handelte, die deshalb um so intensiver füreinander einstehen mußten. Flüchtlingskinder müssen somit einen doppelten Druck aushalten, nach innen, in ihren Herkunftsfamilien, und nach außen, in der Gesellschaft. Das Positive besteht darin, daß sie häufig kämpferische Naturen entwickeln und Außerordentliches leisten können. Sie erkaufen dies jedoch mit innerer Spannung, Unzufriedenheit und Streß.

Erst in der familiären Verarbeitung ihrer kollektiven Scham können sie dieses Trauma zum Abheilen bringen. Dies geschieht in Ansätzen auch in unserer Gesellschaft, sichtbar an den in den letzten Jahren erschienenen autobiographischen Büchern über Kinder von Nazi-Tätern und -Opfern, fast fünfzig Jahre nach Kriegsende – so lange kann der gesellschaftliche Trauerprozeß dauern! Der gleiche Verarbeitungsprozeß wird auch für die deutsche Wiedervereinigung notwendig sein. Wie sehr eine solche Reflexion auch *weltpolitisch* nottut, wird uns angesichts der globalen politischen und ökologischen Umbrüche erst langsam klar.

101

15. Weitergabe von Scham in der Familie

Verletzungen des intimen Raumes der einzelnen Familienmitglieder

Es gibt vor allem zwei Gründe, weshalb in der Familie der intime Bereich des einzelnen so leicht verletzt wird:

1. Einmal ist da die hohe Intimität, die in der Familie herrscht. Die Familie bildet *einen gemeinsamen intimen Raum,* in dem das Privatleben jedes einzelnen Familienmitglieds die meiste Zeit offen und sichtbar vor den anderen daliegt.

2. Durch diese hohe Dichte und Nähe in einer Familie können die *verletzten, unverarbeiteten Anteile in den Eltern* ungefiltert bis zu den Kindern durchkommen. Da der Schutz der gesellschaftlichen Konvention, die sonst unser Verhalten Fremden gegenüber steuert, in der intimen Atmosphäre der Familie wegfällt, kommt das »wahre Gesicht« der Familienmitglieder ans Tageslicht. Ein Mann, der in seiner Kindheit nur Streit und Schlägereien zuhause erlebt hat, wird als Familienvater möglicherweise ebenfalls seine Frau und seine Kinder anbrüllen und schlagen. Eine Frau, die z.B. durch den frühen Tod der Mutter als Kind alleingelassen worden ist, wird möglicherweise depressiv, wenn sie selbst Kinder bekommt, und läßt nun ihrerseits ihre Kinder seelisch im Stich.

Solange wir die Traumata aus unserer Kindheit nicht verarbeitet haben, sind wir in Gefahr, diese in unseren heutigen intimen Beziehungen zu wiederholen – und an die nächste Generation weiterzugeben.

Die »fotografisch« getreue Wiedergabe traumatischer Familienszenen

Wir sind fähig, die Familienszenen, die wir als Säuglinge, Kleinkinder und Jugendliche miterlebt haben, bewußt oder unbewußt in unserem Gedächtnis zu speichern, um sie später in neuen intimen Beziehungen, z.B.

in den Familien, die wir selbst gründen, zu reproduzieren. Dabei werden die Szenen der Kindheit fast originalgetreu wiederaufgeführt.

Wenn wir Säuglinge oder Kleinkinder friedlich vor sich hin spielen sehen, meinen wir Erwachsenen oft, daß sie nichts »mitbekommen«. Wir unterhalten uns, lieben uns, streiten uns vor ihnen.

Das Gegenteil jedoch scheint der Fall zu sein. Wir haben Grund zu vermuten, daß Kinder fast *alles* mitbekommen, was um sie passiert. Und wir vermuten, daß sie alles, was sie mitbekommen, auf eine unheimlich präzise Weise in ihrem Unbewußten abspeichern, wie auf einer Fotoplatte. Wie kommen wir zu dieser Annahme?

Wir wissen aus der Psychotherapie, daß manche Menschen, die zur Behandlung kommen, anfangs auf Fragen nach ihrer Kindheit sagen, sie hätten »eine glückliche Kindheit« gehabt, aber sie erinnerten sich an nichts mehr. Solche Aussagen unterstützen zunächst die Annahme, daß Kinder tatsächlich alles, was sie erleben, schnell vergessen.

Weshalb sie nun zur Psychotherapie kommen? Es plagen sie unbegreifliche Stimmungsschwankungen, oder sie haben immer wieder die gleichen Probleme in Beziehungen, die sie nicht verstehen, oder sie leiden schon länger an körperlichen Beschwerden, die medizinisch nicht behoben werden können.

Wenn wir nun länger mit diesen Menschen arbeiten, wenn wir ihren Einfällen, Gemütsbewegungen, Körperempfindungen und Träumen (alles, was sie bisher nur wenig beachtet haben) Aufmerksamkeit schenken, tauchen allmählich Kindheitserinnerungen aus der Versenkung auf.

Ein Klient, der am Anfang der Therapie sagte, er habe keine Erinnerungen mehr an seine Kindheit, sagt nach einem halben Jahr Therapie, daß er nun beginne, sich an die Stimmungen, die Farben und Gerüche aus seiner Kindheit zu erinnern. Er spüre manchmal, wie es damals gewesen sei, als er als kleines Kind im Bett lag und die Mutter morgens durchs Zimmer schlich. In dieser Phase der Behandlung kommen ihm Alpträume und Erinnerungen an massiv bedrohliche Situationen im Elternhaus, voller unheimlicher Geheimnisse und Gewalt. In den bisherigen Beziehungen dieses Klienten spielt Gewalt ebenfalls eine große Rolle. Er ist sehr erschrocken, als er erkennt, wie sich in seinen erwachsenen Beziehungen das gleiche destruktive Muster wiederholt, das er zuhause zwischen seinen Eltern mitbekommen hat – dies, obwohl sich seine Eltern bemüht hatten, alles, was ihn als Kind hätte beunruhigen können, von ihm fernzuhalten.

Er sollte von der Familienschmach verschont bleiben, weil sie sich dessen schämten.

Das Kind wuchs – scheinbar glücklich – auf, war erfolgreich im Beruf, hatte das Gefühl, eine glückliche Jugend gehabt zu haben. Aber dieser Mann litt an chronischen körperlichen Schmerzen. Er fühlte sich manchmal von anderen Menschen innerlich abgeschnitten und orientierungslos, und in seinen Beziehungen wiederholten sich, fast zwingend, die gleichen Muster an Gewalt.

Seine Eltern hatten offensichtlich darin Erfolg gehabt, daß ihr Kind *meinte,* eine glückliche und unbeschwerte Kindheit gehabt zu haben. Aber sie konnten nicht verhindern, daß der Junge die Stimmungen, die Gefühle und Gedanken der Menschen in der Familie erspürte und in sich aufnahm.

Es sind solche feinen Schwingungen im gemeinsamen intimen Raum einer Familie, die das Kind aufnimmt. Eltern können zwar in Gegenwart des Kindes ihre Sorgen oder ihre Konflikte totschweigen, sie können dem Kind zwar sagen, daß alles in Ordnung sei, daß sich die Eltern lieben, daß die Welt ein schöner Platz sei. Aber das Kind *fühlt* genau, wie es den Eltern geht. Es kann alles erspüren, selbst wenn die Eltern es ableugnen. Und es speichert alles ab, auch die Scham der Eltern. (Vergleiche dazu das Kapitel »Kinder kennen nur Intimität«.)

Der oben beschriebene Mann hat alles um sich herum aufgenommen, die gewalttätige Stimmung, den Haß, die Verzweiflung der Erwachsenen. Aber er konnte sich dies als Kind nicht erklären. Und da die Eltern die Konflikte vor ihm verleugneten, befand er sich in einem inneren Dilemma: Sollte er seinen Eltern glauben oder seinen eigenen Gefühlen? Wie die meisten Kinder, die ihren Eltern vertrauen, glaubte er seinen Eltern und verdrängte die eigenen Gefühle. Er verdrängte diejenigen Erinnerungsbilder, die mit seiner angeblich doch so glücklichen Kindheit unvereinbar waren, aus dem Bewußtsein. Deshalb erinnerte er sich später an nichts mehr, nur daß er »eine glückliche Kindheit« gehabt habe: eine Etikette, nichtssagend und alles beschönigend.

Doch in seinen *heutigen* intimen Beziehungen wiederholte er die gleichen fatalen, unglücklichen Interaktionen, wie sie sich zwischen seinen Eltern abgespielt haben. Unbewußt reproduziert er das, was er in seiner Kindheit erlebt hat. Er wußte jedoch nichts mehr von dem inneren Zusammenhang. Die schlimmen Erinnerungen sind abgespalten und hinter der Mauer der Scham (seiner Eltern und seiner eigenen) eingemauert. Aber diese Abspaltung hat ihren Preis. Im Laufe der Therapie wurde deutlich, daß fast die ganze Familie, der Klient eingeschlossen, unter massiver *Alkoholproblematik* litt. Der Alkohol half, die schlimmen Gefühle und Erinnerungen zu betäuben und in Schach zu halten. Die *Abhängigkeitsthematik* durchzog auch viele Beziehungen in der Familie: Keiner kam vom anderen los. Sie hingen hoffnungslos aneinander. Deshalb spürte der Mann immer wieder in seinem bisherigen Leben, daß irgend etwas mit ihm nicht in Ordnung war; deshalb kam er in die Psychotherapie.

Das ist das, was wir unter dem »fotografischen Gedächtnis« der Kinder verstehen.

Besonders die Familienszenen, die einen starken emotionalen Eindruck auf uns machen, werden gespeichert. Denn wenn uns etwas sehr beunruhigt, wenn wir etwas nicht verstehen, dann können wir es nicht verarbeiten. Diese Erinnerungen landen in unserem »Unbewußten«, werden dort gespeichert, während wir sie aus unserem Bewußtsein verdrängen. Äußerlich erscheinen wir fröhlich und unbeschwert, solange es uns einigermaßen gutgeht. Nur in Streßsituationen, z.B. bei einem Ortswechsel oder einer Trennung, bricht die niedergehaltene Unruhe durch – in Form von Depression, Anklammerungstendenzen oder Wutanfällen. Alpträume plagen uns im Schlaf.

Die Wiederholung des Familiendramas

Wir wachsen auf. Vielleicht sind wir froh, der bedrohlichen Kindheit entkommen zu sein. Nun können wir unser Leben eigenständig gestalten. Wir werden »es besser machen« als die Alten.

Aber wir landen da, wo unsere Eltern waren. Nur sind wir es nun, die diese unbegreiflich beschämenden Szenen veranstalten. Wir wollen es nicht, spüren aber ganz genau, wie es »über uns kommt«. Der eine Partner (meist der Mann) spürt, wie etwas Gewalttätiges aus seinem Inneren aufsteigt, das ihn zum Platzen und Losbrüllen und Losschlagen bringt, während sein Partner (meist die Frau) in sich eine Lähmung aufsteigen fühlt, die ihn ganz passiv macht und ihn der Gewalt des Partners ausliefert, obwohl er/sie genau weiß, daß er/sie sich aufraffen und sich wehren müßte. (Vergleiche dazu das Kapitel 18 *»Beschämung und Gewalt in der intimen Partnerschaft«.*)

Nach der Szene wird der Mann sein Verhalten bereuen und beteuern: »Da ist mir die Hand ausgerutscht. Da ist etwas in mir durchgebrannt.« Und die Frau wirft sich vor: »Ich wollte mich doch wehren, aber nichts ging mehr. Da stand ich wie neben mir und schaute zu, wie er mich verprügelte.«

Wenn die Beziehung noch jung ist, werden sich beide Partner nach solch einer Szene furchtbar schämen und sich Besserung geloben. Und sie meinen es wirklich ernst. Aber irgendwann passiert es wieder. Sie geraten wieder außer Kontrolle. Die Szenen beginnen sich zu wiederholen und zu eskalieren. Das Paar wird immer verzweifelter. Die Kinder werden in Mit-Leidenschaft (sic!) gezogen. Die Familie ist völlig ratlos und droht auseinanderzubrechen.

Was ist geschehen?

Wir haben oben gesehen, daß Kinder alle Familienszenen in sich speichern, besonders diejenigen, die mit heftigen Gefühlen verbunden waren. Diese Erinnerungen lagern zwar im unbewußt gewordenen Teil des Gedächtnisses, aber sie drängen nach einer Lösung, nach Befreiung. Deshalb suchen wir uns in späteren intimen Beziehungen unbewußt immer wieder *solche Partner, die zu früheren Familienszenen passen.* Wir fühlen uns von ihnen fast magisch angezogen, denn sie haben für uns etwas ganz Vertrautes: »Es ist, als ob ich ihn/sie schon immer gekannt hätte«, sagen viele Verliebte. Tatsächlich haben die Partner häufig irgendwelche Merkmale, die uns an unsere Eltern oder an jemanden, der uns einmal ganz vertraut war, erinnern.

Wir suchen uns diesen Menschen aus, damit wir, aus einer tiefen Sehnsucht heraus, mit ihm die alten Familienszenen noch einmal spielen können. Und zwar nicht aus lauter Lust an der Wiederholung, sondern weil wir nach einer *Lösung* der alten, traumatischen Szene suchen. Wir verlieben uns in diesen Menschen und wünschen uns, daß durch die *neue* Begegnung die *alte* Szene, die so katastrophal geendet hat, einen neuen, positiven Ausgang nehmen möge.

Dies ist auch der Grund, weshalb wir in solchen Augenblicken unser eigenes Verhalten nicht mehr erklären können. Denn es läuft tatsächlich eine uralte Szene ab, die mit der heutigen Beziehung nichts zu tun hat. Die heutige Beziehung dient in solchen Momenten nur als »Bühne« für die Inszenierung des alten Theaterstücks. Wir schlüpfen in die alten Rollen von damals (die Rolle unserer Eltern oder von uns selbst als Kindern) und spielen das ganze Stück spontan durch. Wir brauchen die Rollen nicht neu einzustudieren. Wir kennen sie wie im Schlaf. Und tatsächlich spielen wir wie im Schlaf. Wir befinden uns in einer Art *Trance,* in einem traumwandlerischen Zustand sprudelt es aus uns heraus. Der Gesichtsausdruck, die Gesten und Bewegungen, die Stimme, die Gefühle, die Rollenverteilung, der Verlauf des Dramas, dessen Beginn, Höhepunkte und Ende, alles kennen wir in- und auswendig. Eine unheimliche Inszenierung!

Es mag sein, daß die Worte, die die Spieler heute benutzen, nicht mehr die gleichen sind wie früher. Denn als Kinder haben wir vielleicht die Worte, die damals gefallen sind, nicht verstanden. Deshalb legen wir dem heutigen Drama einen anderen Text unter, einen Text, der besser zur heutigen Situation paßt. Wir nehmen einen aktuellen Konflikt zum Anlaß, um die alte Szene durchzuspielen. Aber die Stimmung und die Atmosphäre, die wir herstellen, stimmt.

Deshalb stimmt es tatsächlich, wenn einer, der seine Frau verprügelt, oder einer, der sein Kind mißhandelt oder mißbraucht, sagt, er wisse nicht, was mit ihm passiert sei. Er ist tatsächlich »außer sich«, er ist nicht Herr seiner selbst, weil er wie in Trance eine uralte Szene aus seiner vergessenen Kindheit abspult.

Die Betroffenen glauben, daß es eine reale Auseinandersetzung sei, die heute stattfindet. Sie sehen nicht, daß es sich auch um eine unbewußte Re-inszenierung von Konflikten handelt, die aus der *vorigen Generation,* aus der Herkunftsfamilie, stammen. Da sie dies nicht wissen, müssen sie das Drama als ihr ureigenes Werk anerkennen. Deshalb schämen sie sich so und verzweifeln daran, daß ihnen dies passieren konnte. Die destruktive Leidenschaft, die sie in solchen Augenblicken befällt, schreiben sie ihrer eigenen Schlechtigkeit und Bosheit zu und sehen keinen Ausweg, außer sich willentlich und zum wiederholten Mal vorzunehmen, sich zusammenzureißen, um diesen inneren Dämon niederzuringen, um das nächste Mal wieder zerknirscht vor dem eigenen Versagen zu stehen.

Da sie nicht wissen, um welches Familiendrama es sich in Wirklichkeit handelt, kommen sie am Ende jeder Szene nicht zur Lösung, sondern landen wieder in der alten ausweglosen Sackgasse. Deshalb die zunehmende Eskalation. Welche Verzweiflung, Einsamkeit und Scham wird da zusammen mit den Familiendramen von einer Generation zur anderen weiter»vererbt«.

Hier eine wichtige Anmerkung: Um Mißverständnisse an dieser Stelle zu vermeiden, möchten wir betonen, daß diese psychologische Deutung dessen, was im Täter vorgeht, nicht als Entschuldigung für seine Tat angesehen werden soll. So »außer sich« der gewaltsame Täter während der Tat auch sein mag, er ist im menschlichen und rechtlichen Sinne immer für seine Handlung verantwortlich. Das heißt, er trägt immer die Verantwortung für seine Tat. Er muß bestraft werden für seine Übergriffe. Er ist verpflichtet, geeignete Vorkehrungen zu treffen, damit der Mißbrauch nicht mehr vorkommt. Bevor wir also versuchen, das »innere Kind« des Täters zu verstehen und zu heilen, muß der erwachsene Täter zu seiner Tat stehen und die Konsequenzen dafür tragen. Wenn dies geschehen ist, dann ist es wichtig, ihm zu helfen, seine eigene traumatische Lebensgeschichte zu verarbeiten, damit sich die Tragödie nicht endlos fortsetzt.

Heilungschancen

Wie können wir diesen Teufelskreis unterbrechen?

Auflösung des Familiengeheimnisses

Das Übel an der Re-inszenierung liegt in ihrer *Unbewußtheit,* d.h. in der Nicht-Erkennung der Verbindung von damals und heute.

Die Lösung liegt in der *Auflösung des Familiengeheimnisses.* Das, was die Eltern vor den Kindern (und vor sich) verheimlichen wollten, muß ans Tageslicht.

Wenn die Familiensituation so verfahren ist, daß die dramatischen Szenen sich endlos wiederholen, dann braucht die Familie Hilfe. Sie braucht Therapeuten, die ihnen helfen, das dahinterliegende Drama zu erkennen und die tiefsitzende Scham zu verarbeiten. Dies ist nicht einfach. Denn die Scham schützt in diesem Fall nicht nur die einzelnen Personen, sie schützt das ganze Familiensystem. Wenn das heute gespielte Drama äußerst destruktiv ist, dann ist anzunehmen, daß die Wunden sehr tief in die Vergangenheit reichen, manchmal bis in die Großeltern- oder Urgroßelterngeneration hinein. Meistens sind damals Katastrophen in der Familie (vielleicht in der ganzen Sippe oder im ganzen Land) vorgefallen (Krieg, Flucht, Morde, Selbstmorde, geistige Umnachtung, Kindstod usw.), Katastrophen, die von den Beteiligten und Überlebenden nicht seelisch verarbeitet werden konnten, so daß sie als Familiengeheimnisse oder Familientabus, über die man nicht spricht, weitergereicht wurden, mit den ganzen Mystifikationen, Halbwahrheiten und Lügen, die mit solchen Geheimnissen einhergehen. Solche emotionsgeladenen Traumata werden von Generation zu Generation weitergereicht in der Gestalt der Familien-Dramen, die sich alle um das gleiche Geheimnis drehen und die nach der Auflösung des Familienfluchs schreien.

Arbeit am Familien-Stammbaum

Um den familiären Zusammenhang besser zu erkennen, ist es nützlich, wenn die Familienmitglieder einen *Familien-Stammbaum* aufzeichnen (am besten von beiden Partnern):

Der Stammbaum sollte alle Mitglieder der Familie enthalten, alle verwandten, halbverwandten und nichtverwandten Bezugspersonen, die der Familie nahestanden, ebenso die früh verstorbenen, die totgeborenen, die abgetriebenen Kinder. Manche Katastrophen wie Selbstmord, Totschlag, Siechtum, Kriegserlebnisse kommen zum Vorschein. Man erkennt auch die Erfolgreichen und die schwarzen Schafe. Vor allem diejenigen Familienmitglieder oder Linien, über die man nichts oder wenig weiß, können auf Totgeschwiegenes, auf Geheimnisse und Tabus hinweisen.

Die Arbeit am Familienstammbaum fördert das Verständnis der Familienmitglieder dafür, daß ihr Selbstbild, ihre Scham oder ihr Stolz nicht nur von ihnen selbst herrühren, sondern sehr stark von ihren Herkunftsfamilien beeinflußt wurden und werden. Sie sehen plötzlich, daß etwas, was sie sich allein zugeschrieben haben, mit diesem oder jenem Ahnen zu tun hat. Auf solch einem Stammbaum sehen sie Linien der Scham und Linien des Stolzes. Sie können auch positive Identifikationsfiguren neu entdecken.

Bewußte Re-inszenierung des Familiendramas

Mit Hilfe dieses familiären Hintergrundswissens können die Familienmitglieder nun anfangen, die Konflikte, die sich bei ihnen zuhause abspielen, zu re-inszenieren. Dies kann in Form von Rollenspiel, Psychodrama, Gestalttherapie, Familienskulptur, Puppenspiel, Malen usw. geschehen. Die Form ist nicht so wichtig wie die bewußte Wiederholung der neuen und alten Szenen, nunmehr mit der Möglichkeit, im Spiel innezuhalten, aus dem Spiel herauszutreten und quasi von außen, als Beobachter, aus der Distanz diese Szene immer wieder anzuschauen, die Rollen zu wechseln, sich in den verschiedenen Rollen zu spüren, die verschiedenen Parteien und Koalitionen im Familiendrama zu erkennen, um schließlich dem *Sinn des Dramas* nahezukommen: Welche existentielle Frage stand und steht im Raum? Welche schambesetzten Geheimnisse und Tabus durften nicht angerührt werden? Um welche Zentralfiguren drehte sich das Drama? Man kann auch verschiedene Lösungsmöglichkeiten für die heutigen Konflikte anspielen und ausprobieren.

Unterscheidung von damals und heute

Durch den Stammbaum und das Rollenspielen lernen die Familienmitglieder, klar zwischen dem Heute und dem Damals zu unterscheiden: Das bin ich, so will ich leben, mit meinen jetzigen Beziehungen. Und das waren meine Eltern/Großeltern, so lebten sie ihre Beziehungen und ihr Leben. *Klare Grenzen* können zwischen der heutigen und den früheren Generationen gezogen werden. Man befindet sich nicht mehr in einem Familiensumpf.

Konsequenzen für den Umgang mit Kindern

Wenn wir wissen, wieviel sich Kinder von der familiären Umgebung einprägen, können wir sorgfältiger mit ihnen und mit uns umgehen. Wir können versuchen, unsere aktuellen Konflikte und Probleme möglichst heute zu lösen, damit die Kinder diese nicht als Hypothek in ihre Zukunft mitzunehmen brauchen. Wir können die Dramen, die wir unwillkürlich spielen, auf ihren familiären Ursprung zurückverfolgen. Indem wir uns von diesen unbewußten Erbanteilen aus unserer Familiengeschichte lösen, werden wir frei. Dann können wir uns auch *bewußt* für bereichernde und erhaltenswerte Traditionen aus unseren Familien entscheiden.

16. Das Schamrad: Schamgeprägte Familien und ihre Heilung

Im letzten Kapitel haben wir gesehen, wie Scham in vielen Familien von Generation zu Generation weitergegeben und aufrechterhalten wird. Es sind hier nicht nur die chaotischen, asozialen Familien gemeint. Gerade nach außen sauber und anständig wirkende Familien können innerlich von Scham beherrscht sein.

Interaktionsmuster schambesetzter Familien

Diese Familien funktionieren nach bestimmten Interaktionsmustern. Vorherrschend sind die verzweifelten Versuche aller, ein Familienimage (die Vorstellung einer idealen Familie) zu entwickeln und aufrechtzuerhalten. Es werden strenge und starre Regeln aufgestellt, die dem Zweck dienen, alle Familienmitglieder zu überwachen und zu kontrollieren, damit in Zukunft jegliches Verhalten voraussehbar und beherrschbar wird. So versucht man, die schamauslösenden Seiten der Familie – die »Schande« – zu verdecken. Man stellt gnadenlose Perfektionsansprüche an sich und versucht, ihnen zu entsprechen.

Die Familienmitglieder überfordern sich damit maßlos. Niemand kann perfekt sein. Irgendwann geht etwas schief. Dann enthüllen sich die innewohnende Scham und Gewalt explosionsartig. Jemand aus der Familie bekommt dann die ganze Schuld am Versagen zugeschoben, er wird von allen abgewertet und verdammt. Beschimpfungen, Schläge und Bestrafungen prasseln auf ihn nieder. Hier zeigt sich das schamgeprägte System von seiner gnadenlosen Seite.

Nach diesen hemmungslosen Ausbrüchen schämen sich alle um so mehr. Sie kehren mit noch besseren Vorsätzen wieder zu den rigiden Regeln zurück. Über das Geschehene wird der Mantel des Schweigens ausgebreitet. Die Gefühle von Scham, Reue, Verzweiflung sind so überwältigend, daß sie verleugnet oder totgeschwiegen werden. Die wahren Hintergründe der Scham bleiben auf diese Weise weiter verhüllt.

Das Schamrad

Wir haben es nützlich gefunden, diesen Teufelskreis in Form eines »Schamrades« grafisch darzustellen, das wir von den Autoren Fossum und Mason übernommen und ausgebaut haben.

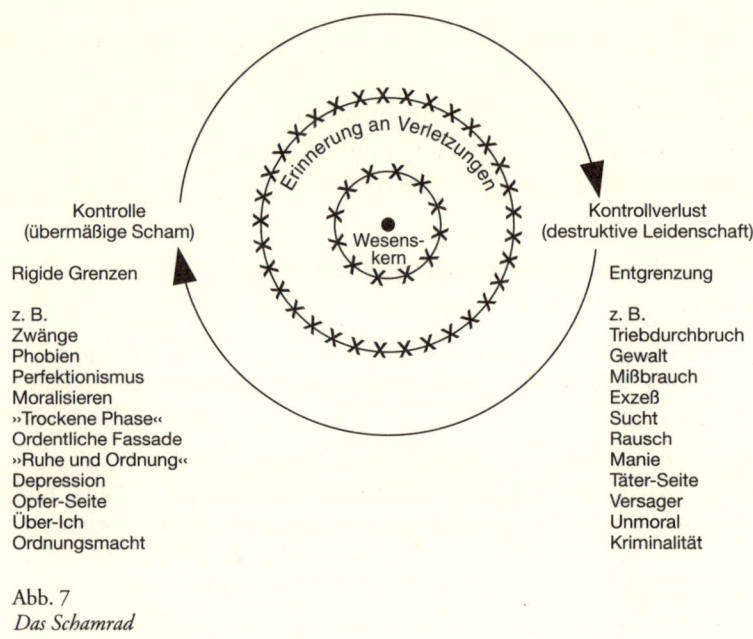

Abb. 7
Das Schamrad

In der Mitte des Schamrades liegt der Wesenskern der beteiligten Personen. Jedoch ist dieser Kern durch zwei Schichten von Scham umhüllt und damit unsichtbar geworden – man erkennt nicht mehr, wie die Familienmitglieder in Wahrheit sind. Die erste, innerste Schicht der Scham umhüllt den Wesenskern – sie versteckt die wahren Gefühle und Gedanken der einzelnen. Die zweite, äußere Schicht umschließt die traumatischen Erfahrungen, die die einzelnen im Laufe ihres Lebens erlitten haben. So spüren sie den Schmerz ihrer Verletzungen nicht mehr.

Aber die Familienmitglieder ahnen die grauenhaften Erinnerungen, die in den Untiefen lauern. Sie stehen unter permanenter Angst und Spannung und versuchen, etwas dagegen zu unternehmen. Deshalb nehmen sie sich in »ruhigen« Zeiten vor, möglichst »gut« und »brav«

112

zu sein. Sie hoffen, wenn sie nur ordentlich genug sind und sich wie gesittete Menschen benehmen, wird der Spuk irgendwann vergehen. Leider kennen sie das selbstverständliche »Gutsein« nur vom Hörensagen oder aus ihren Idealvorstellungen. Sie ahmen damit ein Verhalten nach, das sie am eigenen Leib nie erfahren haben. Daher wirken solche Familien selbst in ihren »ruhigen« Phasen irgendwie unwirklich, traumtänzerisch, unecht. Dabei bemühen sie sich nach besten Kräften, die scham- und angstvolle Vergangenheit mit einem besseren Heute wettzumachen.

Die Kontroll-Seite des Schamrads

Diese wird auf der linken Seite des Schamrades dargestellt. Wenn sich die Familienmitglieder in diesem Extrem befinden, versuchen sie, sich und ihre Umgebung unter Kontrolle zu halten. Sie versuchen z.B., in allem perfekt zu sein, achten peinlich auf Sauberkeit und Ordnung, zwängen sich in strenge Kuren und Diäten. Aber im Grunde bewahren sie nur den äußeren Schein der Normalität. Tief drinnen spüren sie eine abgründige Angst, denn sie kreisen, wie ein Satellit, immerwährend um den als gefährlich empfundenen, schambesetzten Kern. Jederzeit droht der Absturz. Deshalb halten sie sich verzweifelt an zwanghaften Ritualen und Gedanken fest. Diese können sich z.B. im endlosen Putzen einer innerlich frustrierten und wütenden Hausfrau oder im akribischen Nachzählen von Bleistiften auf dem Tisch eines Büroangestellten manifestieren. Solche Menschen sind von der panischen Angst geplagt, daß eine Katastrophe geschehen könnte, wenn sie diese Zwangshandlungen nicht ausführen. Die Zwangsgedanken und -handlungen lenken sie zeitweilig von ihrer Panik ab, geben ihnen die illusionäre Sicherheit, die Bedrohung zu bannen.

Diese krampfhaften Kontrollversuche gehen jedoch nicht lange gut. Denn innen brodelt die gefesselte Leidenschaft ihres Wesenskerns. Die Schmerzen, die Enttäuschungen, die Demütigungen, die unter dem Mantel der Scham niedergehalten werden, verlangen nach Satisfaktion. Je stärker die Kontrolle, desto mehr staut sich der Leidensdruck drinnen, bis er in einem unbedachten Augenblick, meist bei einem nichtigen Anlaß, zur Explosion kommt. (Vergleiche hierzu die Abbildung auf Seite 13.)

113

Die Seite des Kontrollverlustes und der zügellosen Leidenschaften im Schamrad

Aus heiterem Himmel bricht der Sturm los. Gerade hat man noch das Gefühl gehabt, alles im Griff zu haben. Nun brechen die destruktiven Kräfte mit einer derartigen Gewalt über die Betreffenden herein, daß sie von ihnen jäh mitgerissen werden. Sie richten im Strudel dieser entfesselten Leidenschaften oft schlimme Schäden an. Sie fügen sich selbst oder ihren Bezugspartnern, ja gerade den Menschen, die sie lieben, tiefe Verletzungen zu (Selbst- und Fremdmißbrauch). Sie greifen zur Flasche, betrinken sich besinnungslos, verwickeln sich in Schlägereien. Sie verschlingen alles Essen, das sie im Kühlschrank finden können. Sie stürzen sich in einen Kaufrausch und verschulden sich maßlos. Sie feiern sexuelle Orgien, in denen sie sich unterschiedslos und gefühllos ausleben. Irgendwo im Hinterkopf wissen sie, daß ihnen das alles nicht gut tut. Aber in ihnen ist ein gieriges, wildes, zügelloses Ungeheuer, das die schwache Stimme der Vernunft schnell zum Schweigen bringt. Dagegen sind sie machtlos.

Tiefste Scham

Wenn sie aus dem Rausch der Gewalt und des Mißbrauchs erwachen und sehen, was sie angerichtet haben, könnten sie versinken vor Scham. Dann versuchen sie verzweifelt, sich wieder in den Griff zu bekommen. Sie versprechen sich und anderen, daß sie die getanen Frevel wiedergutmachen wollen. Sie beteuern, daß sie »außer sich« gewesen seien. Kurzum, sie begeben sich wieder in die Kontrollphase.

Der Teufelskreis zwischen Kontrolle und Kontrollverlust

Dies kann sogar eine Weile gutgehen. Aber: Irgendwann bricht der Schutzwall. Warum? Weil sich hinter dem Damm das Meer der ungelösten Traumata immer mehr angestaut hat.

Wenn wir diesen Teufelskreis genauer anschauen, ist alles ritualisiert. Alles hat seinen gewohnten Gang, oft mit verteilten Rollen: Der Mann (dem von der Gesellschaft mehr Hemmungslosigkeit zugestanden wird) trinkt und wütet – die Frau (die mehr für den Ausgleich zu sorgen hat) besänftigt, mahnt und kontrolliert. Solche Konstellationen sind äußerst stabil. Obgleich die Partner dauernd aneinandergeraten und sich gegenseitig schlimme Verletzungen zufügen, bleiben sie oft lebenslang zusammen. Denn das Szenario ist ihnen vertraut. Sie kennen sich auf diesem dornigen Terrain aus. (Wir nennen solche Konstellationen »Co-Abhängigkeiten«.)

Wo sie sich aber nicht auskennen und wovor sie Todesangst empfinden, ist das Zentrum des Wirbelsturms: die *Scham* und das, was in ihr eingehüllt liegt: die *schmerzlichen Erinnerungen* an die erlittenen Verletzungen und das Gespür für ihren tiefsten *Wesenskern,* von dem sie so sehr entfremdet sind, daß sie panische Angst vor dieser ihrer innersten Natur haben. Sie haben Angst, mit dem »inneren Kind« in sich selbst konfrontiert zu werden – mit dessen Unschuld, dessen Sehnsucht, dessen Leid.

Heilung

Meist können die betreffenden Einzelpersonen oder Familien nicht ohne Hilfe von außen aus diesem Teufelskreis herauskommen. Dafür sind zwei grundlegende Voraussetzungen notwendig:

1. Verzweiflung: Sie müssen irgendwann an einen Punkt der Verzweiflung kommen, an dem sie merken, daß sie auf einem endlosen Karussell sitzen, daß also alle ihre Selbsthilfeversuche (z.B. die Entwöhnung, die guten Vorsätze) sie nur weiter in den Teufelskreis treiben. An diesem Punkt der Verzweiflung geben sie sich entweder ganz auf, bringen sich aktiv oder passiv um, oder sie nehmen sich endlich ein Herz und springen ins gefürchtete Zentrum, in die Scham. Dann brauchen sie aber:

2. Hilfe: Sie brauchen Hilfe, um aus dem Teufelskreis herauszukommen. Die Therapie des »Schamrades« besteht, nach Fossum und Mason, aus drei Phasen:

(a) einem radikalen »*Stopp*« des Mißbrauchs (z.B. Entwöhnungskur beim Alkohol- oder Drogenmißbrauch). Dadurch wird der Kreislauf unterbrochen, das Karussell kommt zum Stillstand. Die Person oder die Familie stürzt in die Scham, es tauchen schreckliche Alpträume, körperliche Entzugserscheinungen, Ahnungen vergangener Schrecknisse auf. Hier braucht die Person oder die Familie Halt, um nicht zum altgewohnten Suchtmittel zu greifen.

(b) Wenn dies gelingt, löst sich die erste, oberflächlichere Schicht der Scham auf und gibt die Erinnerung an die erlittenen Traumata frei. Wenn hier psychotherapeutische Hilfe da ist, können diese Erinnerungen bearbeitet und aufgelöst werden. Die Person oder die Familie versteht nun endlich, woher ihre Scham kommt. Sie versteht, wieso sie so geworden ist, wie sie ist. Dies ist die Phase der *tiefenpsychologischen Arbeit.*

(c) Aber die Person oder die Familie weiß noch nicht, ob sie dem Frieden trauen kann, zu sehr ist ihr das schambesetzte System vertraut. Wirklich achtungsvoll mit sich und anderen umzugehen kommt ihr fremd, ja suspekt vor. Deshalb stellt die betreffende Person oder Familie in dieser letzten Therapiephase den/die Therapeuten bzw. die therapeutische Institution auf die Nagelprobe: Meinen sie es tatsächlich so, wie sie sagen? Können sie sich selbst an die Prinzipien von gegenseitigem Respekt halten?

Bevor nun also die zweite, innere Schamhülle (die den Wesenskern schützt) aufgeht, kommt es, obwohl die Therapie schon weit fortgeschritten ist, oft noch einmal zu einem Rückfall in alte, selbstschädigende Verhaltensweisen – als Herausforderung an sich, an den/die Therapeuten und an die Gesellschaft. Der Alkoholiker wird plötzlich wieder rückfällig, der Depressive bekommt noch einmal Suizidgedanken, die alten Zwänge flammen noch einmal auf. Alle sind hell entsetzt. Waren alle bisherigen Bemühungen umsonst? Nein, der Rückfall bedeutet nur, daß der eigentliche Kampf, der Kampf um die Befreiung des Wesenskerns, nun voll entbrannt ist.

Deshalb heißt es jetzt für alle Beteiligten – Klienten wie Therapeuten –, die Herausforderung anzunehmen und nicht aufzugeben: Kämpfen um die neu belebte intime Beziehung, um die neuen Lebensperspektiven, um einen respektvollen Umgang miteinander auch angesichts des Rückfalls. Der/die Therapeut(in) muß bereit sein, sich hier ganz persönlich zu zeigen und zu stellen, die eigenen therapeutischen Grundsätze in Frage zu stellen oder in Frage stellen zu lassen. Er/sie selbst muß *als Person* in Erscheinung treten, um mit dem Klienten oder der Klientin um ihre Beziehung und um den Wesenskern zu ringen. Dies ist die Phase der persönlichen Arbeit, der *Arbeit an der Beziehung.*

Wenn sich hier Klient und Therapeut bewähren – und dies ist leider nicht immer der Fall –, fällt die tiefere Schamhülle um den Wesenskern ab. Die Person hinter der Scham tritt hervor. Wenn wir dies schaffen, dann sind wir endgültig aus dem Teufelskreis von Kontrolle und Kontrollverlust befreit.

Soweit zur Heilung des Schamrads. Wir werden in den Kapiteln 23 und 28 auf weitere Aspekte der Heilung der Scham eingehen.

17. Die Liebeswunde – Die Scham des Ungeliebten

Die Liebeswunde – Scham des Ungeliebten

Von jemand, den man liebt und verehrt, nicht geliebt zu werden ist eine schamvolle Erfahrung. Das Kind, das von seiner heißgeliebten Mutter übersehen wird, schämt sich. Der Junge, der von seinem hochverehrten Vater beiseite geschoben wird, fühlt sich entehrt. Die Frau, die einen Mann liebt und von diesem zurückgewiesen wird, fühlt sich unwert und gedemütigt.

Die Mutter eines Jungen hat sich von ihrem Mann scheiden lassen, weil dieser trank. Sie zog mit ihren Kindern weg, in ein anderes Haus im gleichen Ort, während der Mann im alten Haus blieb. Der Junge schlich oft ums alte Haus herum, um seinen Vater zu sehen. Der Vater aber beachtete ihn gar nicht, denn der ältere Bruder war sein Lieblingssohn. Der Junge schämte sich zuzugeben, daß er dort herumhing, weil er die Nähe seines Vaters suchte. Deshalb gab er vor, seinen Cousin, der im selben Haus wohnte, zu besuchen. Er traute sich nicht vor die Augen des Vaters, weil dieser ihn gar nicht beachtete. Wenn der Vater auftauchte, versteckte er sich. Nur wenn der Vater betrunken war, wagte er es, sich ungeniert vor ihn hinzustellen und ihn anzuschauen.

Wenn der Vater betrunken war, war er ein ganz anderer Mensch und konnte lieb zu ihm sein. Einmal hatte er ihm im betrunkenen Zustand versprochen, ihm einen jungen Löwen zu schenken. Der Junge war begeistert. Es war das erste Mal, daß sein Vater ihm etwas schenken wollte. Das nächste Mal, als sie sich wiedersahen – der Vater war wieder nüchtern –, zupfte ihn der Sohn schüchtern am Hosenbein und erinnerte ihn an das versprochene Geschenk. Da war der Vater ganz empört, winkte unwirsch ab und sagte: »Ach, so'n Quatsch!«

Der Sohn aber gab lange die Hoffnung nicht auf, daß er einmal doch das kostbare Geschenk bekommen würde. Er hoffte, daß sich der Vater wieder an sein Versprechen erinnern würde, wenn er betrunken war. Es kämpfte noch lange in ihm, welchem Vater er mehr glauben sollte: dem

betrunkenen, der ihn wahrnahm und lieb zu ihm war, oder dem nüchter-
nen, dem er gleichgültig war...

Die Scham des Ungeliebten äußert sich meistens in dem Wunsch, nahe beim geliebten Menschen zu sein, sich aber gleichzeitig vor ihm zu verstecken (da dieser ihn ablehnt oder ihn gar nicht wahrnimmt). Wir kennen dies z.b. bei Menschen, die irgendwo vor dem Haus des Angebeteten versteckt ausharren, nur um einen Blick auf ihn werfen zu können, oder die anrufen, nur um die Stimme des anderen zu hören, aber den Hörer gleich auflegen, wenn er sich meldet. Sie wollen nicht erkannt werden, denn sie schämen sich. Erkannt zu werden und abgelehnt zu werden ist schlimmer, als inkognito oder maskiert aufzutauchen, um in der Nähe des geliebten Menschen zu sein.

Unsere Gefühle suchen stets nach einer Antwort

Wenn wir lachen, möchten wir, daß unser Gegenüber mitlacht. Wenn wir weinen, tröstet es uns, wenn ein anderer mitfühlt. Wenn wir zornig sind, brauchen wir einen Gegner, der mit uns streitet.

Jedes Gefühl, das keine Antwort von einem Gegenüber findet, fällt ins Leere. Es verklingt wie eine Melodie ohne Echo, wie die Saite eines Instruments ohne Resonanzboden, wie ein Grundton ohne Obertöne. Die Farben des Gefühls verstumpfen.

Lieben und Geliebtwerden

Die Liebe ist diejenige Emotion, die uns am stärksten bewegt und uns am tiefsten berührt. Im Höhepunkt des Liebesakts geben wir uns seelisch und körperlich hin. Wir fallen, ja stürzen in den anderen. (Im Englischen heißt es: *»falling in love«* = sich verlieben.) Wenn der andere Mensch da ist und uns empfängt, wenn er sich ebenfalls öffnet und sich uns hingibt, fallen wir zwar, aber wir fallen in liebevolle Arme, die uns empfangen, die uns aufnehmen und uns bergen. Wir sind angekommen.

Lieben und Nicht-Geliebtwerden

Aber wenn der andere, aus welchen Gründen auch immer (es ist nicht immer böse Absicht), *nicht* da ist, dann stürzen wir ins Leere. Dann fühlt es sich so an, wie wenn wir uns ins weiche Gras fallen lassen wollten, und im Fallen merken wir plötzlich, dort unten erwartet uns keine Wiese, sondern eine Eisfläche oder eine Betonplatte; oder, wenn es ganz schlimm ist, ein Abgrund, ein Nichts. Wir stürzen jäh im Flug ab. Wir schreien vor Entsetzen auf und zerschellen.

Zu lieben und nicht empfangen zu werden ist eine Katastrophe. Jeder, der sich in seiner Kindheit oder in Jugendjahren verliebt hat und zurückgewiesen wurde, kennt dieses Gefühl von Fassungslosigkeit, ja Entsetzen. Die eigene Liebe wird nicht erwidert, sie wird brüsk abgewiesen. Oder der Angebetete oder die Angebetete lacht einen aus, womöglich vor der ganzen Clique.

Tiefe, bodenlose Scham erfüllt uns. Unsere Liebe zu diesem Menschen war das Kostbarste, was wir hatten, und sie wird achtlos in die Gosse geworfen, womöglich mit einem nachgesetzten Fußtritt. Neben dem maßlosen Schmerz, den wir dabei empfinden, stellt sich die bohrende Frage nach dem Wert unserer Liebe und unseres Selbst. Wenn dieser Mensch, der uns so wichtig ist, unsere Liebe zurückweist, was ist sie denn wirklich wert? Und wenn unsere Liebe, dieses tiefste Gefühl in uns, unwert ist, was sind wir selbst als Mensch wert?

Hier können wir verstehen, wieso Scham uns in unserem innersten Wesenskern trifft, ihn angreift und ihn total in Frage stellt. Bohrende Fragen beginnen uns heimzusuchen: Hat der andere uns vielleicht nur ausgenutzt? Hat er nur eine momentane Lust auf unseren Körper oder unsere Gesellschaft gehabt? Hat er uns überhaupt als Person gesehen? Wir beginnen, grundlegend an uns selbst zu zweifeln.

Unsere Liebe, einst das *Heiligste* ins uns, erfüllt uns nun mit *Scham*. Wir schämen uns unserer Liebe, so daß wir sie fortan verleugnen müssen. Schlimmer noch: Wir beginnen, unsere Liebe mit der gleichen Verachtung zu bestrafen, wie einst unsere Geliebte, unser Geliebter es getan hat. Wir lehnen unseren Körper ab, der sich nach ihm sehnt, wir scheuen die Plätze, die wir gemeinsam besucht haben, wir verachten unsere Sehnsucht.

Ein Fremder in unserem intimen Raum!

Warum tut enttäuschte Liebe so weh? Weil wir jemanden, den wir liebgewinnen, in unseren intimen Raum einlassen. Wir öffnen uns ihm. Er hat nun ungehinderten Zutritt zu unserem Wesenskern. Und hier, im Kern, kann er uns existentiell treffen: im positiven Sinne mit seiner Liebe oder im negativen Sinne mit seinem Haß oder seiner Ablehnung.

Besonders wenn wir bedürftig sind, achten wir nicht so sorgfältig darauf, wen wir in unseren intimen Raum einladen. Hauptsache, es ist jemand da, der uns seine Aufmerksamkeit schenkt. Deshalb sind wir in solchen Zeiten besonders verführbar. Wir werden anfällig für Schmeicheleien, wir fallen leicht auf Verführer und Manipulatoren herein.

Oder es berührt uns jemand tief in unserer Seele, ohne daß wir es vorher ahnen konnten.

Oder wir treffen unerwartet jemanden, der uns an einen Menschen erinnert, den wir früher einmal sehr geliebt haben. Und dieser neue Unbekannte wird uns bedeutsam. Wir bringen ihm die gleiche Zuneigung entgegen, die wir der alten, vertrauten Bezugsperson gegenüber empfunden haben. Leider ist dies oft eine Verkennung. Und wenn der Schleier fällt, dann sehen wir plötzlich, daß wir da einen total Fremden in unseren intimsten Bereich eingelassen lassen. Wir haben uns ihm gegenüber vertrauensselig in unseren sonst sorgfältig versteckten Seiten gezeigt. Und nun, da er sich, statt als Vertrauter, als Fremder entpuppt, sind wir ihm und seinem wissenden Blick ausgeliefert.

Noch schlimmer: Wir haben das Gefühl, nun, da dieser eine Mensch, der uns nahestand, uns durchschaut hat, kann uns *jeder* durchschauen. *Jeder* kann in die verborgenste Ecke unseres Wesens hineinschauen. *Jeder* durchschaut uns, verachtet uns, verlacht uns. Wir fühlen uns nicht nur diesem einen Menschen, sondern der ganzen Welt zum Spott und Hohn ausgeliefert.

Heilung der Liebeswunde

Die Liebe löst sich nicht leicht von ihrem geliebten Objekt. Und doch ist es lebenswichtig, diese Liebe wieder zurück zu uns selbst zu holen. Nicht unsere Liebe war unwürdig, es war vielleicht der falsche Liebespartner. Unsere Liebe bleibt unsere größte Kraft. Und sie gehört zuallererst uns selbst.

Wir haben auch nicht umsonst geliebt. Denn wir liebten jemanden, weil er in uns etwas auslöste, das uns bis dahin fremd war. In der Begegnung mit dem Geliebten oder der Geliebten taten sich in uns ganz neue Seiten auf. Durch ihn oder sie sind diese Saiten ins Schwingen gekommen. Wir können nun versuchen, selber diese neuen Melodien zu singen und zu spielen. Wir integrieren das, was bei uns zum Anklingen gebracht wurde, in unser Selbst.

Wir können unsere Liebe neu verschenken. Wir können sorgsamer in unserer Partnerwahl sein. Wir können unsere Liebe jemandem schenken, der ihrer würdig ist und der dieses Geschenk mit Achtung und Liebe annimmt und erwidert.

Wissen um die Macht intimer Beziehungen

In der Geschichte »Der kleine Prinz« sagte der kleine Fuchs zum Kleinen Prinzen: »Du bist verantwortlich für den, den du gezähmt hast.« Wir würden es so formulieren: »Du bist zwar nicht für die andere Person verantwortlich, denn nur sie selbst kann für sich verantwortlich sein. Aber gehe verantwortlich damit um, wenn du jemanden gezähmt hast.«

»Zähmen« bedeutet, Einlaß finden in den intimen Bereich des anderen

Was bedeutet in diesem Zusammenhang »Zähmung«? Wir sprechen von »Zähmung«, wenn wir ein wildes Tier domestizieren. Ein wildes Tier läßt uns normalerweise nicht an sich heran. Es hat um sich einen Sicherheitsabstand, den wir nicht überschreiten dürfen. Ein wilder Hund wird bedrohlich knurren, wenn wir ihm zu nahe kommen. Und wenn wir in seine intime Schutzzone eindringen, wird er entweder angreifen oder flüchten. »Zähmen« bedeutet Einlaß finden in den intimen Bereich eines vormals wilden Tieres.

Auch wir Menschen schützen uns vor Fremden, vielleicht auf etwas zivilere Weise als wilde Tiere, aber letztlich mit der gleichen Entschiedenheit.

Was sind die Voraussetzungen, unter denen wir jemanden in unsere intime Sphäre hereinlassen?

Wie muß der Fremde sein, damit wir ihn in unsere intime Sphäre und an unseren Wesenskern heranlassen? Er muß uns mit *Respekt, Behutsamkeit und Ehrlichkeit* behandeln. Zweitens brauchen wir *Gegenseitigkeit* in unserer Beziehung, d.h., der andere muß sich uns gegenüber ebenso öffnen, wie wir es ihm gegenüber tun. Wir möchten nicht nur Empfangende sein, sondern auch Gebende. Auch kleine Kinder möchten ihren Eltern viel schenken. Sobald sie basteln oder malen können, schenken sie ihnen freudig ihre Produkte. In den Augen eines Erwachsenen mögen diese Geschenke primitiv erscheinen. Sie sind jedoch oft das Kostbarste, was Kinder uns schenken können. Sie möchten nicht nur von uns Liebe und Fürsorge empfangen. Sie möchten uns genauso reich beschenken.

Daß wir dies verstehen und anerkennen, darin liegt die Verantwortung des »Zähmenden«. Wir müssen nicht alles gewähren, wir müssen nicht alles geben, wenn wir geliebt werden. Aber wir sollen wissen, welch kostbares Geschenk es ist, in den intimen Bereich eines Menschen eingelassen zu werden.

Deshalb sollen wir uns sehr genau überlegen, ob wir das Geschenk der Liebe annehmen wollen. D.h., wir sollen bei uns selbst nachspüren, ob der Sich-Schenkende uns soviel bedeutet, daß wir auch von uns aus ihm nahe sein wollen und uns ihm offenbaren wollen. Wenn wir merken, daß wir nicht gleich stark für ihn empfinden, sollen wir lieber ablehnen. Ein frühzeitiges Nein tut zwar weh, schützt aber beide vor späteren Enttäuschungen und Mißverständnissen, die viel tiefer schmerzen.

Wenn wir jedoch die Liebe des anderen akzeptieren, sollen wir wissen, daß wir damit Zugang zu seiner Intimität gewinnen. Wir sollen wissen, daß wir uns nun innerhalb seiner ungeschützten Zone befinden und daß wir uns hier nur in ehrlicher und achtsamer Absicht aufhalten dürfen.

Geschieht dies nicht, dann kommt es leicht zur Beschämung und Gewalt in intimen Beziehungen, wie wir im nächsten Kapitel sehen werden.

18. Beschämung und Gewalt in der intimen Partnerschaft

»Marianne war vor zwei Jahren von ihrem Freund in der gemeinsamen Wohnung zusammengeschlagen und vergewaltigt worden. Nach dem Gesetz handelte es sich dabei um einen ›minder schweren Fall‹, weil das Opfer mit dem Täter vertraut war. Die herbeigerufene Polizei nahm das Protokoll auf und schickte Marianne zum Arzt, der schwere Kopfverletzungen feststellte. ›Die Polizei hat mir gesagt, das würde weitergeleitet, aber davon habe ich nie wieder etwas gehört. Schließlich wurde mir gesagt, ich solle mich an einen Schiedsmann wenden.‹*

Zu einer Einigung kam es nicht, weil Marianne die Frist für ihren Antrag versäumt hatte. Der Mann erhielt eine Geldstrafe von 700 DM. ›Das sollte einem guten Zweck zugute kommen, dem Roten Kreuz oder so‹, sagt Marianne. Sie bekam nichts.«
(FRANKFURTER RUNDSCHAU, 29.11.1986)

Wenn wir solche Meldungen lesen, sind wir zuerst entsetzt. Wir fragen uns, was für Unmenschen es sind, die ihre Hand gerade gegen ihren Liebespartner erheben? Sind die betreffenden Männer unreif, kriminell oder psychisch gestört? Beim genaueren Hinsehen entpuppen sich derartige öffentlich gewordenen Vorfälle als etwas, was täglich in vielen Familien vorkommt. Solche Szenen von Gewalt sind meist nur der Kulminationspunkt ganz alltäglicher Auseinandersetzungen in intimen Liebesbeziehungen. Um den Ursachen gewalttätiger Exzesse näherzukommen, sollten wir daher zunächst auf die Auseinandersetzungen in normalen Partnerbeziehungen schauen.

Beschämung in intimen Beziehungen

Neben der Eltern-Kind-Beziehung ist wohl die intime Partnerschaft diejenige Beziehung, in der wir uns einem anderen Menschen am meisten öffnen. Unser intimer Partner lernt uns in unseren privatesten Seiten kennen – Seiten, die selbst unsere besten Freunde nicht kennen. Da der Partner uns so gut kennt, reicht manchmal eine kleine Bemerkung von ihm – vielleicht sogar eine Nuance in seiner Stimme – aus, um uns bis ins Mark zu treffen. Die Verletzungsgefahr ist in einer intimen Beziehung außerordentlich hoch, da wir in unserem Wesenskern ganz offen zum Partner sind. Jede kleine Ablehnung kann uns zutiefst kränken und beschämen.

Möglichkeiten der Beschämung in einer Zweierbeziehung

Wie können Partner in einer Liebesbeziehung beschämt werden? Hier sind nur einige der vielen Möglichkeiten:

– Eine der schlimmsten Verletzungen besteht darin, daß ein Partner dem anderen eröffnet, er liebe einen anderen. Einmal bedeutet es eine persönliche Zurückweisung des Partners, der sich aus der Geborgenheit und Ausschließlichkeit der Zweierbeziehung ausgestoßen fühlt. Außerdem stellt es das Selbstwertgefühl des Partners radikal in Frage. Er weiß manchmal nicht mehr, ob er überhaupt noch liebenswert ist. Eifersucht, Scham und Selbstzweifel erfüllen ihn. (Vergleiche das vorige Kapitel.)
– Eine ähnliche Ablehnung empfindet der Partner, wenn der andere in einer Situation, in der mann/frau auf seine Solidarität zählt, eine andere Person vorzieht (z.B. die Mutter oder den Vater, einen Freund, das gemeinsame Kind etc.)
– Eine andere Möglichkeit, den Partner tief zu beschämen, besteht darin, ihn in seinen empfindlichsten Stellen bloßzustellen, vielleicht sogar in Gegenwart anderer.
– Nicht minder schmerzlich ist es für den Partner, wenn man/frau sich seiner schämt, z.B. vor seinen Freunden oder Kollegen oder vor den Eltern. Dies stellt den Partner grundsätzlich in Frage, ob er des anderen würdig ist.
– Kränken können wir den Partner, wenn wir ihm zeigen, daß er unseren Idealvorstellungen nicht genügt (z.B. in bezug auf Aussehen, Sexualität, Einkommen, Kinder etc.).
Diese Liste läßt sich beliebig fortsetzen.
Eine Beschämung in der intimen Partnerschaft ist deshalb so gefährlich, weil die Partner nicht voneinander weglaufen können. Normalerweise distanzieren wir uns von jemand, von dem wir beschämt worden sind. Wir brechen den Kontakt mit ihm ab, damit wir nicht

an das beschämende Ereignis erinnert werden und damit wir nicht ein zweites Mal beschämt werden.

In einer intimen Partnerschaft ist es nicht so leicht möglich, sich langfristig vom Partner zu distanzieren oder gar den Kontakt abzubrechen. Wenn man *zusammenlebt,* sieht man sich täglich, auch wenn man den anderen lieber meiden würde. Wenn man *verheiratet* ist, kann die Ehe nicht ohne weiteres gelöst werden. Und wenn man *gemeinsame Kinder* hat, ist eine Trennung nicht ohne starke Verletzungen und Schamerfahrungen für alle Beteiligten, einschließlich der Kinder, möglich.

Konstruktive Auseinandersetzungen

Eine Schamerfahrung innerhalb einer intimen Partnerschaft zwingt uns dazu, uns mit dem Partner auseinanderzusetzen. Sie gibt uns auch die Chance, am Konflikt gemeinsam zu wachsen. Die Zuneigung zum Partner bewahrt uns davor, uns bei einem verletzenden oder beschämenden Erlebnis sofort abzuwenden und den Kontakt abzubrechen. Wir möchten wieder zum Partner zurückkehren, nachdem wir uns vom ersten Schock erholt haben. Wenn die Vertrauensbasis vorhanden ist, können wir uns sagen, was uns verletzt oder beschämt hat, wieso wir so gehandelt haben. In dieser vorsichtigen Wiederaufnahme des Kontakts liegt die Chance der Erneuerung der intimen Beziehung. An solchen Krisen wächst die Beziehung.

Gewalt in intimen Beziehungen

Was geschieht aber, wenn wir nicht so gut aus der Vertrauenskrise herauskommen? Viele von uns verfügen nicht über das »Werkzeug«, um eine solche *Beziehungsarbeit* zu leisten. Viele haben in ihrer Kindheit kein *Grundvertrauen* in Beziehungen aufgebaut, da sie von den Eltern benutzt oder im Stich gelassen worden sind. Viele haben keine guten Vorbilder gehabt, an denen sie hätten lernen können, wie man sich konstruktiv in der Partnerschaft auseinandersetzt. Stattdessen haben sie gelernt, anderen Menschen zu mißtrauen oder in Konflikten zuzuschlagen, zu flüchten oder sich erniedrigen zu lassen.

Da wir uns in einer intimen Beziehung nicht ohne weiteres distanzieren können, ist uns das Mittel der Flucht zunächst verbaut. Dann greifen wir vielleicht zur destruktiven Aggression als Mittel der Auseinandersetzung. Da sich intime Partner gut kennen, greift der beschämte Partner oft zum Mittel der *Gegenbeschämung:* Wir verletzen den Partner dort, wo er am verletzlichsten ist. Es kommt zur Eskalation, zu einem Aufschaukeln der Beschämung und Gegenbeschämung, was in einer *Spirale der Gewalt* enden kann:

Beschämung

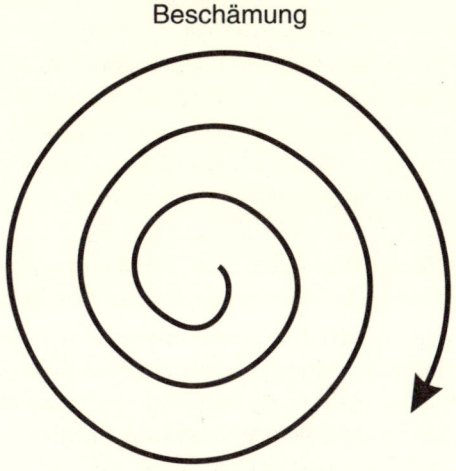

Gegenbeschämung

Abb. 8
Die Spirale der Gewalt

Wir haben diesen ausweglosen Kampf in unserer Darstellung der Scham in der Familie beschrieben als ein in sich kreisendes *»Schamrad« (Kapitel 16).*

Das männliche Gewaltmonopol als gesellschaftlicher Hintergrund der Gewalt in intimen Beziehungen

Darüber hinaus glauben wir jedoch, daß sich die Analyse der Ursachen für die Gewalt zwischen den Geschlechtern nicht auf die Individualpsychologie, auch nicht auf die Psychologie des Paares oder der Familie reduzieren läßt. *Wir sind der Meinung, daß die in Familien und Paarbeziehungen erlebte Gewalt nur eine individualisierte Form gesellschaftlich zugelassener, zugleich tabuisierter Gewalt ist. Wir sehen die Gewalt der Männer über die Frauen als das Hauptsymptom für die Störungen in unserer Gesellschaft an.* Sie ist zum großen Teil mitverantwortlich für die Probleme, die wir im Umgang mit Scham, Leidenschaft und Menschenwürde haben. Die Art und Weise, wie wir im Kleinen wie im Großen zusammenleben, ist so immanent gewalttätig, daß sie immer wieder Beschämung und Gegenbeschämung, Traumatisierung und Re-traumatisierung hervorruft. Diese Prozesse zeigen, wie wenig wir als menschliche Gemeinschaft gelernt haben, mit solch sensiblen Vorgängen wie Würde und Scham und solch gewaltigen Kräften wie den menschlichen Leidenschaften gut umzugehen.

Das Gewaltmonopol des Mannes ist die Ursache für den gewaltsamen Umgang zwischen den Geschlechtern, zwischen den Völkern, zwischen Mensch und Natur. Dies klar im Blick zu behalten ist wichtig für unsere Analyse. Wenn wir diese Hauptursache aus den Augen verlieren, dann werden wir leicht verwirrt von der Unzahl komplexer und widersprüchlicher Erscheinungsformen destruktiver Scham und Leidenschaft. Haben wir jedoch das männliche Gewaltmonopol als »Spitze« in der hierarchischen Pyramide von Gewalt diagnostiziert, dann können wir primäre Ursachen von sekundären Wirkungen unterscheiden. Dann wissen wir genauer, was zu tun ist.

In unseren nachfolgenden Kapiteln werden wir versuchen, diese komplexen Zusammenhänge darzustellen.

19. Die Scham des Mannes über die Männergewalt

Das Kapitel über die Gewalt zwischen Mann und Frau ist eines der düstersten Kapitel dieses Buches. Es handelt von der Bedrohung der einen Hälfte der Menschheit durch die andere. Die eine Hälfte lebt unter einer einmal mehr, einmal weniger starken, jedoch latent stets vorhandenen Angst vor der anderen.

Trotzdem stehen diese beiden Hälften in den meisten Partnerschaften in einem Liebesverhältnis zueinander! Was aber ist unverträglicher als Liebe und Angst? Wie können sich Mann und Frau in Liebe und Achtung begegnen, wenn die eine Partei die Möglichkeit der Anwendung von Gewalt in der Hinterhand hält, so daß die andere nie hundertprozentig sicher vor ihr sein kann? Wie kann eine Frau jemanden lieben, der sich die Gewalt als letztes Mittel der Auseinandersetzung vorbehält? Und wie kann ein Mann von einer Frau, die Angst vor ihm hat, wirkliches Vertrauen und wirkliche Nähe erwarten? Wie ist auf diesem Hintergrund echte Intimität zwischen Mann und Frau möglich?

Wir sprechen hier nicht von Einzelpersonen, sondern bewußt von den Männern und den Frauen als Kollektiv. Denn jeder Mann, selbst wenn er nie einer Frau Gewalt angetan hat und dies auch in Zukunft nicht tun wird, tritt jeder Frau auf dem Hintergrund der gewaltigen Männermacht gegenüber, die hinter ihm steht. Er kann auf die Rückendeckung anderer Männer zählen, er kann sich im Ernstfall eines Konflikts auf den selbstverständlichen Schulterschluß der Männer verlassen. Er weiß, selbst wenn andere Männer ihn verbal anklagen sollten, weil er einer Frau Gewalt angetan hat, daß sie ihn in einer Ekke ihres Herzens verstehen und mit ihm solidarisch sein werden. Er kann stets mit mildernden Umständen rechnen.

Ein Kollege hat in einem Vortrag über die Gewalt von Vätern gesagt: Es ist an der Zeit, daß wir Männer mit unserer Kumpanei und Komplizenschaft aufhören, mit unserem stillschweigenden Einverständnis mit der Herrschaft über Frauen. Wir sollen endlich beginnen, einander zu konfrontieren mit dem, womit wir *nicht* einverstanden sind. Wir müssen uns endlich *ent*-solidarisieren. Nur ein Mann kann einen Mann ernsthaft mit der Wahrheit über Männergewalt konfrontieren. Es ist dies eine Auseinandersetzung zwischen Gleichberechtigten. Eine Frau kann einen Mann zu diesem Thema nicht ernsthaft herausfordern, weil sie zur schwächeren Partei gehört und deshalb nie voll und ganz ernst genommen wird. Wenn ein Mann sich ihr beugt, dann geschieht dies entweder aus Galanterie (was wieder ein Zeichen für seine Überlegenheit wäre) oder aus eigener Einsicht (was bedeutet, er hat sich vor sich selbst gebeugt, nicht vor ihr).

Nur wir Männer können Männer, die Frauen mißachten oder/und mißbrauchen, davon abhalten, dies zu tun. Wir Männer müssen für eine harte Strafverfolgung von Gewalttaten gegen Frauen sorgen und dies in die Tat umsetzen. Vor allem müssen wir dafür sorgen, daß die *Vorstellung*, daß wir Männer Gewalt über Frauen ausüben dürfen, aus der Welt verschwindet. Denn es ist die geistige Vorstellung der männlichen Dominanz und der weiblichen Unterwerfung, die das System der Gewalt zwischen Mann und Frau in Gang hält. Erst wenn wir mit diesem geistigen Erbe aufgeräumt haben, können konkrete Emanzipationsschritte erfolgreich eingeleitet werden.

Wenn wir als Männer gegen die Männergewalt kämpfen, bedeutet dies, auf gewaltige Privilegien zu verzichten:

»GENF 6.Mai (epd)... Die Diskriminierung von Frauen beginnt dem WHO-Bericht zufolge bereits vor der Geburt. Fast überall auf der Welt würden männliche Babys weiblichen vorgezogen. Nach einem Bericht aus dem indischen Bombay seien von insgesamt 8000 Abtreibungen nach einer vorgeburtlichen Geschlechtsbestimmung 7999 weibliche Föten gewesen. Studien belegten zudem, daß in den Entwicklungsländern Jungen bis zu drei Monate länger gestillt werden als Mädchen. Bei vielen Krankheiten würden Eltern eher Jungen als Mädchen zur Behandlung in ein Krankenhaus bringen, berichtet die WHO. In Pakistan waren mit derselben Krankheit 75 Prozent Jungen und nur 25 Prozent Mädchen in einem Hospital. In Afrika, Lateinamerika, Asien und arabischen Staaten sterben den Statistiken zufolge mehr Mädchen als Jungen unter fünf Jahren... Frauen überall auf der Welt seien zusätzlich durch Gewalt der Männer betroffen, heißt es in dem Bericht. In Peru sind danach 70 Prozent aller gemeldeten Verbrechen schwerwiegende Tätlichkeiten gegen

Frauen. *In Bangkok werde jede zweite Frau von ihrem Ehemann regelmäßig geschlagen, in den USA werde alle 15 Sekunden eine Frau geschlagen. Täglich stürben vier Frauen an den Folgen der Verletzungen durch häusliche Gewalt, beklagt die WHO.«*
(FRANKFURTER RUNDSCHAU, 6. Mai 1992)

Wieso soll ein Mann auf dieses Vorrecht verzichten?

1. Aus Gerechtigkeit: Weil ich nur zufällig als Mann geboren bin. Ich kann nichts dafür, zur privilegierteren Hälfte der Menschheit zu gehören.

2. Aus Identifikation mit den Opfern: *Ein Mann, der Frauen vergewaltigt hat, kommt ins Gefängnis. Dort wird er von anderen Männern verprügelt und vergewaltigt. Nach diesem Erlebnis kann er sich endlich in die Rolle der Opfer seiner Verbrechen hineinversetzen. Er weiß jetzt, wie sich ein Opfer körperlicher und sexueller Gewalt fühlt.*

3. Weil die mißhandelte oder vergewaltigte Frau *meine Mutter, meine Schwester, meine Tochter, meine Frau* sein kann. Dieser gedankliche Schritt, konsequent zu Ende gedacht, genügt, um gegen jegliche Gewalt gegen Frauen zu kämpfen.

4. Weil ich als Mann eine *ungebrochene intime Beziehung* mit meiner Mutter, meiner Schwester, meiner Tochter, meiner Frau und meinen Freundinnen will. Wenn ich Beziehungen aufbauen möchte, in denen gegenseitige Furcht und Mißtrauen nicht mehr nötig sind, dann muß ich dieses Hindernis zwischen Frauen und mir aus dem Weg räumen. Ich will kein immanentes Gewaltverhältnis zwischen Frauen und mir haben.

20. Die Scham des Täters

»Die ganze Woche habe ich sie nicht ein einziges Mal geschlagen, obwohl ich wütend und enttäuscht war«, sagt Mike. Dann erzählt er, daß seine Freundin seinen Gehaltsscheck zur Bank gebracht hat, ohne vorher mit ihm zu sprechen. Es gab Streit. Dazu war er in dieser Woche auch noch arbeitslos geworden. Diesmal habe er jedoch nicht zugeschlagen, berichtet Mike, nur geschrien habe er, und dann sei er rausgerannt, wie in der Gruppe besprochen. Obwohl – hätte sie es nicht verdient? fragt sein Blick.«

Dieser Bericht aus einer Männergruppe stammt aus einem Artikel in der Frankfurter Rundschau, der sich mit Therapie-Programmen für gewalttätige Männer in den USA befaßt. Wir werden im Laufe des Kapitels noch ausführlich darauf zurückkommen, weil er einen Ausweg aus dem Kreislauf von Gewalt und Scham im Verhältnis zwischen den Geschlechtern aufzeigt.

Der psychische Hintergrund des Täters

Die Beweggründe eines Täters, der einen anderen Menschen mißbraucht oder diesem Gewalt antut, sind sehr komplexer Natur. Wir haben hier einige dieser Motive zusammengefaßt:

1. *Gewalt als Re-inszenierung eigener traumatischer Erfahrungen.*

2. *Gewalt zur Abwehr eigener Gefühle der Ohnmacht und Scham.*

3. *Gewalt als Wunsch, in den intimen Bereich eines anderen einzudringen und sich dessen zu bemächtigen.*

4. *Gewalt als Zeichen des Außer-sich-Seins (des Nichtkontakts mit dem eigenen Wesenskern).*

5. *Gewalt zur Abwehr des eigenen schlechten Gewissens.*

6. *Gewalt als Ausdruck des Verhältnisses zwischen den Geschlechtern.*

Diese Faktoren können in einer Gewaltsituation zusammenwirken und einander verstärken.

Wohl die häufigste Ursache von Gewalt ist die unbewußte Re-inszenierung einer selbst erlebten traumatischen Erfahrung. Wie wir es im Kapitel 15 über die »*Weitergabe von Scham in der Familie*« ausführlich beschrieben haben, neigen wir dazu, nicht verarbeitete Traumata unserer Vergangenheit zu wiederholen, indem wir sie in der Gegenwart neu inszenieren. Dies stellt im Grunde einen Versuch dar, die ungelösten Konflikte endlich zu einem guten Ende zu bringen. Da dies jedoch unbewußt geschieht und man die Verbindung zur Vergangenheit nicht herstellt, haben diese Wiederholungen meist einen gegenteiligen Effekt: Die Traumatisierung wird an die nächste Generation weitergegeben. Wir hoffen, daß durch die Weiterentwicklung in der Psychologie, Pädagogik und den Sozialwissenschaften endlich ein Verständnis entsteht, das diese Tradierung von Gewalt über die Generationen hinweg beenden kann.

Das zweite Motiv der Gewalt liegt in der Kompensation der eigenen Scham und Ohnmacht: Man schlägt zu, damit man nicht beschämt vor dem anderen stehen muß. Auf dieses Motiv sind wir im Kapitel 8 »*Macht als Abwehr von Ohnmacht*« eingegangen.

Macht und Gewalt – der Wunsch, in den Intimbereich eines anderen einzudringen

Im folgenden möchten wir genauer anschauen, weshalb Täter so häufig in die Intimsphäre ihrer Opfer einbrechen.

Der Verlust des Selbst

Täter sind meist selbst Opfer schlimmer Verletzungen gewesen. Um ihr Innerstes vor weiteren Verletzungen zu schützen, haben sie einen Schutzring aus Scham um ihren Wesenskern gebildet. Nun haben Schutzmauern leider die Eigenschaft, das, was sie beschützen sollen, zu verbarrikadieren. Die Scham wird zum inneren Gefängnis für das Selbst. Der Wesenskern ist dann nicht mehr zugänglich, weder für andere Menschen noch für die Person selbst. Sie verliert den Kontakt zu wesentlichen Teilen ihrer selbst, sie spürt sich nicht mehr, schließlich kennt sie sich nicht mehr.

Da es für jeden von uns jedoch lebenswichtig ist, mit dem Wesentlichen in ständiger Fühlung zu sein, beginnen wir, *außerhalb* von uns nach dem zu suchen, was uns *innerlich* fehlt. Wir projizieren unsere Sehnsucht nach außen. In unserer inneren Not unternehmen wir forcierte, ja verzweifelte Versuche, in intimen Kontakt mit jemand zu kommen – dies um so mehr, als wir meinen, daß wir nur durch *sein* Wesen, *seine* Liebe, genesen können. Da wir den Kontakt zu unserem eigenen Wesen verloren haben, gieren wir nach dem Wesenskern, nach der Seele, nach der Liebe eines anderen. Dies ist der Ausgangspunkt für Macht, Gewalt und Abhängigkeit.

Der Wunsch, sich gewaltsam Zugang in den Intimbereich eines anderen zu verschaffen

Wenn die Sehnsucht nach dem intimen Austausch in uns übergroß wird, können diejenigen von uns, die Gewalt oder Macht über andere Menschen haben und den Zugang zu ihrer Intimität erlangen können, versucht sein, in deren Intimsphäre einzudringen. Wir können versucht sein, sie von uns abhängig zu machen. Wir können versucht sein, sie zum intimen Austausch zu zwingen, gegen ihren Willen, notfalls mit Gewalt. Selbst wenn wir – wie es sich nachträglich herausstellt – nicht die wirkliche Liebe des anderen bekommen können, haben wir die Illusion, daß wir uns nehmen können, was wir wollen.

Gierige Liebe

Diesen Wunsch, des Innersten, des Wertvollsten eines anderen Menschen habhaft zu werden, kennen viele von uns. Es ist ein gieriges, unersättliches Bedürfnis, das aus vielen Entbehrungen und Frustrationen geboren wurde und das, was man braucht, verschlingen will. Diese Besitzgier wird häufig verwechselt mit Liebe. Sie wurzelt tief in der Überzeugung, daß einem das, was man braucht, nie freiwillig geschenkt wird, sondern daß man es sich nehmen muß, notfalls mit Gewalt, notfalls ohne Gegenliebe. Solche Versuche, die Liebe eines anderen durch List oder Gewalt zu erbeuten, widerspiegeln die Überzeugung der eigenen Unwürdigkeit, geliebt zu werden. Sie lassen den tiefen Mangel an eigener Liebe, Wärme und Geborgenheit ahnen.

Bei dieser gierigen Liebe mißbrauchen wir, benutzen wir die andere Person als *Objekt*. Statt ihr im intimen Austausch zu begegnen, machen wir sie zum Gegenstand unserer Gier. Statt einer Beziehung von Subjekt zu Subjekt stellen wir ein Subjekt-Objekt-Verhältnis, ein

Täter-Opfer-Verhältnis her, in dem wir zum mächtigen Täter werden und der andere zum hilflosen Opfer degradiert wird.

Der Wunsch, den Wesenskern des anderen zu zerstören

Doch begnügen sich viele Täter nicht damit, das Opfer zu gebrauchen und zu mißbrauchen. Tief in ihrem Herzen haben sie eine unheimliche Furcht vor dem intimen Kontakt. So sehr sie auch lechzen nach dem intimen Kontakt mit dem anderen, so sehr fürchten sie sich vor der tatsächlichen Begegnung. Denn dann würden ihre inneren Wunden, würde ihr Schmerz, ihre Verzweiflung, ihre Trauer und ihre Wut, alles, was bisher durch die Schutzmauer der Scham im Zaum gehalten wurde, aufbrechen. Um dies auszuhalten, würde es sehr viel *Unterstützung und innerer Arbeit* bedürfen. Da die meisten Täter aber alleine sind (sie schämen sich zu sehr, um wirkliche intime Freunde zu haben) und nicht wissen, was ihnen wirklich fehlt, spüren sie nur die unersättliche Sehnsucht nach dem intimen Kontakt und zugleich die unheimliche Angst davor. Wie sollen sie diesen Zwiespalt überwinden?

Gewalt ist manchmal die Folge dieses Zwiespalts. In den »Peanuts« erzählt einmal Linus seinem Freund Charly Brown: »Dann sah ich dieses rothaarige Mädchen wieder. Ich war ganz begeistert. Ich wußte gar nicht, was ich machen sollte...« Charly Brown: »Was hast du gemacht?« Linus: »Ich bin zu ihr hingegangen und habe ihr eine runtergehauen!«

Viele Menschen, die im Tiefsten verletzt sind, fühlen sich auf eine unheimliche Weise bedroht durch die Offenheit und die Lebensfreude von Kindern und ähnlich unschuldigen Menschen. Da ihnen selbst die Unschuld verlorengegangen ist, entsteht eine Mischung aus *Neid, Gier und Haß* auf diese glücklichen Menschen. Im Haß steckt ja fast immer eine uneingestandene, unerfüllte *Liebe*. Aus dieser schwer zu ertragenden Ambivalenz erwächst das unheimliche gewalttätige Potential, das Menschen dazu bewegt, unschuldige Kinder und Frauen zu vergewaltigen, zu quälen und zu ermorden. Die Täter sehnen sich nach deren Schönheit und Unschuld. Sie bemächtigen sich ihrer, aber können mit ihnen nichts anfangen. Dann vergehen sie sich an ihnen und vernichten schließlich das, was sie schön und begehrenswert finden. In jeder dieser Taten steckt eine innere Tragödie.

Dies soll keine Entschuldigung für solche Gewalttaten sein. Jedoch müssen wir zu verstehen versuchen, wo die Wurzeln des Übels liegten, wenn wir es beheben wollen. Wenn ein Täter seine Tat bereut und sich ändern will, braucht er sehr viel Hilfe, um die eigenen erlittenen Verletzungen zu heilen und eine liebevolle Form des Umgangs mit anderen zu finden.

Die Scham des Täters

Die Scham des Täters wie auch des Opfers resultiert aus der Verletzung der Schamgrenze.

Der Täter verletzt die Schamgrenze des Opfers und seine eigene Schamgrenze

Es ist bei der Bewertung der Scham des Täters wichtig festzustellen, daß der Täter zwei Schamgrenzen verletzt: Er überschreitet einmal die *Schamgrenze des Opfers,* er dringt in dessen Intimbereich ein und verletzt ihn. Auf der anderen Seite *verletzt er seine eigene Schamgrenze!* Die destruktive Leidenschaft, die in ihm unter gewaltiger Spannung steht, entlädt sich im Moment des Mißbrauchs und sprengt seine eigenen Grenzen von innen heraus. (Siehe die Schaubilder auf Seite 12/13.)

Jede/r von uns hat ein klares Gespür für seine eigenen Grenzen, für die Grenzen seines Selbst: Wo bewege ich mich auf eigenem Territorium? Wann bin ich auf fremdem Territorium? Dieses Ein und Abgrenzen zwischen dem, was ich bin und was du bist, dieses Unterscheiden zwischen mein und dein lernt das Kleinkind bereits im Alter von zwei bis vier Jahren. Ab diesem Alter weiß jede/r von uns, wann mein Territorium angegriffen wird und ich mich zu verteidigen habe, und wann ich umgekehrt das Territorium eines anderen verletze.

In dem Augenblick, in dem ich die Grenzen eines anderen überschreite, fühle ich – wenn ich genau hinspüre –, *daß ich nicht mehr bei mir selbst bin.* Ich bin nicht mehr innerhalb meiner eigenen »Haut«. (Wir nannten diese Hülle den »intimen Raum«)

Dieses »Entäußern« gibt mir das Gefühl, »außer mir zu sein«. Und das ist kein gutes Gefühl! Es ist, wie auf schwankendem Boden zu laufen. Es ist, wie »hautlos« zu sein. Es ist, als wäre ich nicht in mir zentriert, sondern irgendwo draußen.

Dieses Gefühl von Entäußerung, von »Ich bin nicht mehr ich selbst« macht unsere innere Schamgrenze aus. *In einer Grenzüberschreitung ver-*

letze ich meine eigene Integrität, mein eigenes Gefühl von Ganzheit.
Wenn wir uns das Bild des Wesenskerns noch einmal vergegenwärtigen, dann hat sich der Täter aus seinem Wesenskern hinausbewegt. Er befindet sich nicht mehr in seiner eigenen Mitte. Er ist seelisch irgendwo draußen in der Fremde, auf fremdem Territorium, das er gerade besetzt hat. Er befindet sich in einer ähnlichen Lage wie ein Land, das ein benachbartes Land überfallen und erobert hat. Seine eigene Identität ist – genauso wie die Identität des Überfallenen – gestört. Ein Volk, das andere Völker permanent unterdrückt, hat langfristig keine eigene Identität mehr. Ein Mensch, der einen anderen Menschen in seiner Gewalt hält, ist nicht mehr er selbst. Er hat sich selbst verloren. Er ruht nicht mehr in seinem Wesenskern.

Wenn ein Täter sich fragt, wer er eigentlich ist, dann definiert er sich nicht mehr aus sich selbst heraus. Er definiert sich aus der Macht, die er über *andere* ausübt. Er ist der »Herrscher«, aber wer ist er selbst, ohne seine Eroberungen, ohne seine Macht über andere? Wenn jemand diese Frage an einen Mächtigen stellt, dann wird dieser unweigerlich in Verlegenheit kommen (und er wird möglicherweise seine Scham durch eine weitere Machtgebärde zu kompensieren suchen). Die Frage nach dem eigenen Selbst, nach dem Wesenskern des Täters weist auf seine innere Scham hin. »Der Kaiser ist ja nackt!«

Gesellschaftliche Umorientierung

Es ist von eminenter Bedeutung, daß die gesamte Gesellschaft konkrete Maßnahmen ergreift, um die Macht des Täters einzudämmen und gleichzeitig dessen Scham zu mobilisieren. Diese Maßnahmen müssen von *allen* relevanten gesellschaftlichen Gruppen gemeinsam getragen werden, sonst finden die Täter wieder Nischen und Schlupfwinkel, in denen sie sich verstecken können, um bei der nächsten sich anbietenden Gelegenheit wieder zuzuschlagen.

Ein Therapieprogramm für männliche Täter

Wir kommen daher auf das amerikanische Modell zurück, in dem die obengenannten Forderungen bereits im hohen Maße in die Wirklichkeit umgesetzt worden sind. Wir zitieren es ausführlich, weil dieses Programm eine *praktikable Utopie* darstellt:

Der anfangs zitierte Mann, Mike, »spricht in einer Gruppe von Männern, die ihre Frau oder Freundin geschlagen haben und dadurch mit dem Gesetz in Konflikt geraten sind. Zehn Abende sitzen sie jetzt zusammen, in einem Programm, das Therapie statt Strafe auf staatliche Anordnung hin anbietet... ›Therapie statt Strafe für Gewalttäter‹ (99% Männer, 1% Frauen) – das Programm beruht auf einem Gesetz des Staates Arizona.

Danach ist die Mißhandlung von Kindern, Ehepartnern oder Lebenspartnern grundsätzlich strafbar. Ähnliche Gesetze gibt es in allen US-Bundesstaaten.

Wird bei familiären Auseinandersetzungen zum Beispiel von Nachbarn die Polizei gerufen, kann diese auch ohne Haftbefehl den Täter festnehmen. Dazu genügt es, daß der Polizist nach bestem Wissen und Gewissen die Tat annimmt - er muß sie nicht selbst mitangesehen haben. Ein Beweis sind etwa sichtbare Verletzungen bei der Frau. Am nächsten Tag wird der Täter dem Haftrichter vorgeführt. Wird eine Schuld angenommen, kann der Staatsanwalt eine gerichtlich anzuordnende Therapie vorschlagen. Stimmt der Angeklagte der Therapie zu, kann die Anklage ausgesetzt werden, andernfalls erfolgt eine Gerichtsverhandlung. Bei kompletter Teilnahme am Therapieprogramm wird die Akte gelöscht...

Verhaftet die Polizei einen Mann im Falle von familiärer Gewalt, ist sie verpflichtet, der Frau ein Informationsblatt mit Hilfsangeboten und wichtigen Telefonnummern in der Stadt auszuhändigen. Anschließend muß sie die Frau über die Möglichkeit aufklären, einen speziellen Schutzbrief (Order of Protection) bei Gericht beantragen zu können. Dieser Schutzbrief enthält den Hinweis, daß es sich um einen Gerichtsbeschluß handelt. Detailliert wird aufgeführt, was dem Mann für die nächsten sechs Monate verboten ist: Frau und Kinder anzuschreien, zu schlagen, die Wohnung zu betreten. Verstößt der Mann gegen einen dieser Punkte, begeht er eine Straftat. Dieses Papier wird dem Mann zugestellt, eine Kopie erhält – innerhalb 24 Stunden – die Polizei.

Es ist nicht typisch für Arizona, daß ein Frauenhaus auch ein Programm für schlagende Männer anbietet. Die Diskussion darüber wird innerhalb der Frauenbewegung kontrovers geführt. Die meisten Täterprogramme (batter-program) laufen bei anderen Beratungsstellen oder auch in psychiatrischen Krankenhäusern.

Einige Frauenhäuser aber machen ihr eigenes Männerprogramm. ›Brewster Center‹, das Frauenhaus, in dem ich (die Autorin des Artikels) gearbeitet habe, versteht sich mehr als Kurzzeit-Krisenzentrum mit einem professionellen Gesamtkonzept. Die Frauen vertreten die Ansicht, daß bei familiärer Gewalt professionell mit Frauen, Kindern und Männern gearbeitet werden muß, will man wirklich etwas bewegen. Was nützt es, eine Frau im Frauenhaus zu stabilisieren, mit ihr zu arbeiten, und dann geht sie vielleicht zu dem Mann zurück, der sich mit seiner Situation nicht auseinandergesetzt hat, kein Gefühl dafür hat, eine strafbare Handlung begangen zu haben? Kurze Zeit später beginnt der alte Kreislauf von neuem.

Nach einer Statistik in Arizona brauchen Frauen sieben Anläufe, bevor sie den prügelnden Mann verlassen und nicht wieder zu ihm zurückgehen. Aber die staatliche Unterstützung ist in den Vereinigten Staaten nicht eben üppig, so daß mancher Frau nur die Wahl bleibt zwischen großer Armut oder gewalttätiger Beziehung...

Das Anti-Gewalt-Programm soll ermöglichen, neue Verhaltensmuster im Umgang mit Konflikten zu lernen, nach dem Motto: Der Mensch kann seine Gefühle beherrschen und muß sich nicht beherrschen lassen. Die Teilnehmer am Männerprogramm sind nicht automatisch die Partner der Frauen aus dem Frauenhaus. Dieses Gewalttäter-Programm läuft losgelöst von allen anderen Angeboten, gehört jedoch zu dem gleichen Verein. Die Teilnehmer kommen hauptsächlich aufgrund eines Gerichtsbeschlusses – einige aber kommen, weil sie ihre Situation selbst verändern wollen.

Brewster Center legt Wert darauf, daß die Leitung der Gruppen von einer Frau und einem Mann besetzt ist, um das Lernen am Modell zu forcieren.

Das Angebot selbst besteht aus einer Mischung von Information, verhaltenstherapeutischem Training und gruppendynamischen Übungen. Streßkonzepte werden dargestellt. Das Hauptaugenmerk liegt am Anfang darauf, klarzustellen, daß Gewalt keine Lösung von Konflikten ist. Egal, was kommt – es wird nicht geschlagen.

Der Verstand kann über die emotionale Wut herrschen, das macht den erwachsenen Menschen aus. Wo fühle ich, wenn ich wütend werde? An welcher Stelle in meinem Körper? Was sind typische Reizworte, auf die ich reagiere? Was kann ich tun, wenn ich weiß, daß ich bei Alkoholkonsum aggressiv werde, den Alkohol aber nicht weglassen will? Das sind typische Fragen, die besprochen werden. Im zweiten Teil erfolgt dann eine stärkere direkte Konfrontation in Form von Rollenspielen. Gearbeitet wird mit Beispielen, die aus der Arbeit mit geschlagenen Frauen stammen. Männer ziehen Kleider an und übernehmen die Frauenrolle. Dann werden Alltagsgeschichten nachgespielt. Anschließend können diese Männer den anderen über ihre Gefühle berichten.

›25000$ bis 35000$ kostet es unserern Staat, wenn er einen Mann für ein Jahr ins Gefängnis bringt. Unser Programm ist mit 50000$ finanziert. Wenn wir also vier Männer davon abhalten, Gewalt als Lösung für Probleme weiterhin zu benutzen, hat sich unser Programm auch kostenmäßig bereits gelohnt‹, sagt meine Anleiterin.

Auf die Frage: ›Warum arbeitest du mit Männern?‹ antwortet sie: ›Ich finde, auch wenn es nur eine ganz kleine Chance gibt, daß ein Mann sein Verhalten ändert, a) weil er Angst davor hat, im Gefängnis zu landen, oder b) weil er aus anderen Gründen Angst vor der Polizei hat, soll man diese Chance nutzen. Dies sind für mich die beiden einzigen Gründe, warum ein Mann anfangen wird, sein Verhalten zu ändern. Deshalb finde ich unser Gesetz gut. Eine Veränderung geht nur in ganz kleinen Schritten. Ich habe keine großen Illusionen.‹ «
(FRANKFURTER RUNDSCHAU 7.12.1991)

21. Die Scham des Opfers

Gefühlsverwirrung und doppelte Scham des Opfers

Die Scham des Opfers ist in den meisten Fällen vielschichtiger und komplexer Natur. Sie wird nicht nur aus einer Quelle gespeist, sondern hat eine Vielfalt von Ursachen, die auch noch miteinander verwoben sind. Diese verschiedenen Schamquellen können einander verstärken. Sie können jedoch auch miteinander im Widerspruch und im Widerstreit stehen, so daß sie ein verwirrendes Gefühl hervorrufen können, das typisch für das seelische Befinden von Mißbrauchsopfern ist.

Das Opfer fühlt sich verwirrt. Es schwankt in seiner Beurteilung der Situation, in seiner Beurteilung der Tat und des Täters. Es fühlt sich zerrissen zwischen positiven und negativen Gefühlen. Diese Verwirrung, diese Uneindeutigkeit seiner Gefühle stürzt es in noch mehr Scham.

Das Opfer eines Mißbrauchs empfindet daher *eine doppelte Scham*. Es fühlt sich nicht nur durch die Grenzverletzung, die es erleiden mußte, beschämt. Es schämt sich zusätzlich darüber, daß es keinen eindeutigen Standpunkt zur Sache beziehen kann.

Diese verwirrende Scham des Opfers kann leider von Dritten als Zeichen dafür gedeutet werden, daß das Opfer vielleicht gar nichts Schlimmes erlitten hat oder daß es maßlos übertreibt, da es sich nicht eindeutig äußert. Dies kann z.B. vor Gericht dazu führen, daß man dem Opfer nicht glaubt oder ihm die Schwere des Verbrechens nicht abnimmt, mit der Folge, daß der Täter entlastet wird.

Wenn wir uns jedoch vergegenwärtigen, daß gerade Scham und die Verwirrung der Gefühle das typische Anzeichen für das Opfer eines Mißbrauchs sind, werden wir uns vor solchen voreiligen Urteilen hüten. Die Klagen und Anklagen des Opfers gegen den Täter sind nur in den seltensten Fällen eindeutig und klar. Ungewißheit, Angst und Scham schwingen fast immer mit.

Welches sind nun die Quellen der Scham des Opfers?

Wie wir anfangs bemerkt haben, sind sie vielschichtig und komplex. Wir haben im folgenden vier Ursachen für die Scham des Opfers herausgearbeitet:

> **Schamquellen des Opfers**
>
> 1. Entblößung
> 2. Emotionale Nähe zum Täter
> 3. Das Opfer schämt sich stellvertretend für den Täter.
> 4. Das Opfer fühlt sich selbst schuldig für den Mißbrauch.

1. Entblößung des Opfers

Die Scham des Opfers resultiert zunächst aus seiner *Entblößung*. Das Opfer eines Mißbrauchs steht nackt da, im buchstäblichen und symbolischen Sinne. Es ist seines natürlichen Intimschutzes beraubt. Seine Schamgrenzen sind überschritten worden, so daß der Täter ungehinderten Zugang zu seinem Intimbereich hat. Sich so wehrlos ausgeliefert zu sehen ist zutiefst beschämend.

2. Emotionale Nähe zum Täter

Die zweite Quelle für die Scham des Opfers besteht in der emotionalen Nähe zum Täter, die in den meisten Fällen von Mißbrauch besteht. Der Übergriff durch einen Unbekannten, wie er in den Vorstellungen der meisten Menschen immer noch vorherrscht, ist eher die Ausnahme.

Die meisten Fälle von Mißbrauch, sei es sexueller, physischer oder emotionaler Natur, geschehen in einer nahen Beziehung, weil hier der Täter einen leichten Zugang zum Intimbereich des Opfers hat. Täter und Opfer kennen sich meist gut, sie sind miteinander vertraut. Nicht selten stehen sie in einem engen verwandtschaftlichen Verhältnis zueinander. Es sind häufig Väter und Mütter, ältere Geschwister, Großeltern, Onkel und Tanten, Freunde der Familie, Eltern von Freunden, Lehrer, Priester und Pfarrer, die die ihnen anvertrauten Kinder mißbrauchen. Häufig sind die Täter professionelle Berater und Helfer, zu denen die Opfer gegangen sind, um Hilfe in ihrer Not zu finden: Ärzte, Therapeuten, Rechtsanwälte, welche die vertrauliche Beziehung ausnutzen. Oder es sind Abhängigkeitsbeziehungen zwischen Lehrern und Schülern, zwischen Arbeitgebern und Arbeitnehmern, die von den jeweils Mächtigeren ausgenutzt werden. (Vergleiche dazu die Kapitel 10 und 11 *»Lebensbereiche, in denen die Intimsphäre besonders gefährdet ist«* und *»Intime professionelle Beziehungen«.*)

Der Täter ist also in den meisten Fällen jemand, dem sich das Opfer anvertraut hat. Oft war er ein großes Vorbild, dem das Opfer nachgeeifert hat, oder jemand, der ihm die Wärme, Aufmerksamkeit und Zuneigung geschenkt hat, die diesem bislang gefehlt hat. Der von seinem Vater übersehene Junge, der im Lehrer endlich das große Vorbild gefunden hat; die Frau, die ihre Mutter früh als Kind verloren hat und im Psychotherapeuten oder Pfarrer endlich jemand gefunden zu haben meint, der sie versteht und annimmt. So mancher Täter war einmal Wohltäter und ist es möglicherweise immer noch. Er zeigt sich nur in wechselnden Masken.

Daher ist es für das Opfer so schwer zu verstehen, daß es gerade von diesem idealisierten Menschen mißbraucht wird. Zudem geschieht der Mißbrauch meistens nicht plötzlich, sondern schleichend. Das ursprünglich gute Verhältnis wandelt sich mit der Zeit, bekommt unerwartet unschöne Seiten. Aber das Opfer tröstet sich damit, daß es Krisen in jeder Beziehung gibt ,und entschuldigt den Täter. Das Opfer merkt oft nicht, wie es zunehmend in Abhängigkeit vom Täter gerät, daß der Täter ungefragt immer mehr von ihm nimmt, daß er sich seiner immer mehr bedient. Das Verhältnis von Geben und Nehmen wird zunehmend ungleich: Die Beziehung dient immer mehr der Befriedigung der Bedürfnisse des Täters, das Opfer muß sich mit immer weniger begnügen.

Hinzu kommt der Umstand, daß die meisten Opfer in ihrem bisherigen Leben nicht viel Gutes erlebt haben. Manchmal ist der Täter tatsächlich der erste Mensch, der nett zu ihm gewesen ist. Für ein zuhause verprügeltes Mädchen mag ein Zuhälter, der ihm ab und zu ein gutes Wort und ein wenig körperliche Wärme schenkt, wie ein Wunder erscheinen. Dafür gibt es gerne alles her, was von ihm verlangt wird.

Das Opfer hat daher zwar manchmal das Gefühl, irgend etwas stimmte nicht in der Beziehung. Es weiß aber nicht was. Es weiß nicht, woher sein ungutes Gefühl kommt. Es kann die Mißbrauchssituation nicht als solche erkennen, geschweige denn ihre Bedingungen analysieren. Denn oft sind die Opfer in Familien aufgewachsen, in denen alle Beziehungen chaotisch waren, in denen persönliche Schamgrenzen willkürlich mißachtet worden sind. Wenn man in einer solchen Umgebung aufgewachsen ist, fühlt es sich fast »natürlich« an, wenn die eigenen Schamgrenzen von anderen übersehen oder ignoriert werden.

Außerdem hat das Opfer oft keine andere Wahl. Es kann sich nur zwischen zwei Übeln entscheiden: Entscheidet es sich gegen das Verhältnis mit dem Täter/Wohltäter, dann riskiert es, wieder allein und verlassen dazustehen – dann lieber sich weiter ausbeuten und quälen lassen. Denn dann hat es zumindest so etwas wie ein Zuhause. Und das Gefühl des Gequältseins ist ihm vertraut. Für jemand, der gewohnt ist, unglücklich zu sein, hat Leiden fast den Geschmack von Geborgenheit. Glück würde ihm unheimlich vorkommen. Deshalb fliehen Opfer von Mißbrauch nicht selten vor verständnisvollen Helfern, die sie bei sich aufnehmen wollen. Zuviel des Glücks können sie schier nicht vertragen. Es ist zu fremd, zu bedrohlich, zu unglaublich. Das Glück erscheint für solche Opfer oft zu gut, um wahr zu sein.

Dies ist der emotionale Hintergrund des Opfers, der so verwirrend beschämend ist. Eigentlich müßte das Opfer angesichts der Schwere der erlittenen Verletzung wütend sein auf den Täter. Manchmal ist es auch zornig. Aber es kann sich nicht ohne weiteres vom Täter distanzieren und sagen: »Du bist der Böse! Mit dir habe ich nichts mehr zu tun! Du bist für mich gestorben!«

In Wirklichkeit ist er alles andere als gestorben. Es ist meist ein langer Klärungsprozeß zwischen Opfer und Täter erforderlich, bis die so verwobene Beziehung tatsächlich entwirrt und begraben werden kann. Das Opfer hat den Täter möglicherweise immer noch lieb, verehrt ihn immer noch, und gleichzeitig fühlt es sich so unendlich verletzt von ihm. Es schwankt zwischen Treue und Verrat dem Täter gegenüber. Es ist ein solches Durcheinander in ihm, und die Spannung zwischen positiven und negativen Gefühlen zerreißt es schier.

Wie im Märchen von »*Allerleirauh*«, einem Mädchen, das von seinem Vater, dem König, als Frau begehrt wurde, ziehen sich Mißbrauchte in ihre Scham zurück. Sie umhüllen sich mit ihrer Scham, wie sich Allerleirauh mit ihren Fellen umhüllte, und verziehen sich in immer tiefere Tiefen ihrer Seele, wo niemand sie je wieder finden kann, wie Allerleirauh in den finstersten Wald.

Aber sie wagen sich immer wieder heraus, um den noch innig geliebten Elternteil, den immer noch verehrten Vater, den immer noch sehnsuchtsvoll umschwärmten Geliebten doch noch einmal zu sehen, um ihm eine letzte Chance zu geben, seine Liebe zu beweisen.

Aber alle Welt sagt dem Opfer, es solle froh sein, daß es nun endlich vor dem Täter in Sicherheit ist. In der Tat ist es froh und erleichtert. Aber wie soll es jemandem, der nicht in seiner Haut steckt, je verständlich machen können, daß es manchmal eine solche Sehnsucht nach dem Täter/Wohltäter verspürt? Es schämt sich auch, weil es den Täter verraten hat. Gerade dafür, daß es solche unerlaubten Gefühle gegenüber dem Täter hegt, muß es sich schämen.

So findet sich das Opfer als jemand, der zwischen allen Stühlen sitzt und nirgendwo hingehört. Es ist der alten, mißbrauchenden Beziehung entrissen, die ihm aber gleichzeitig ein Zuhause gegeben hat. (Z.B. wenn ein mißbrauchtes Kind vom Jugendamt von heute auf morgen aus seiner Familie herausgerissen und in ein Heim gesteckt wird.) Andererseits ist es umgeben von ihm fremden Menschen, die es scheinbar gut mit ihm meinen, aber kein Interesse daran haben, wie es ihm tatsächlich im Zusammenleben mit dem Täter gegangen ist. Vor allem haben sie kein Verständnis für das Positive, das immer schon zwischen Täter und Opfer bestanden hat und vielleicht jetzt immer noch besteht. Für seine inneren Widersprüche und Ambivalenzen findet das Opfer keinen Raum, kein Gehör, keine Unterstützung. Wieder ist es schamvoll und allein.

3. »Stellvertretende Scham«: die Identifikation des Opfers mit dem Täter

Mißbrauchte, vernachlässigte Kinder schämen sich manchmal ihrer Eltern. Kinder identifizieren sich automatisch mit den ihnen nahestehenden Personen – sie fühlen sich eins mit ihnen. Daher kann es vorkommen, daß ein Kind sich seiner Eltern (die sich ihrerseits völlig ungeniert und schamlos verhalten) tief schämt, weil es sich mitverantwortlich für deren Fehltritte fühlt. Aus dieser »stellvertretenden Scham« heraus bemüht sich das Kind, die Fehler und Fehltritte der Eltern zu vertuschen und durch Nettigkeiten und gute Taten wettzumachen. Sie schämen sich stellvertretend für ihre Eltern und versuchen, stellvertretend für deren Sünden zu büßen, deren Untaten wiedergutzumachen. Sie zeigen damit eine unbeschreibliche Treue den Tätern gegenüber.

So kommt es vor, daß man inmitten einer total chaotischen, verwahrlosten Familie ein einzelnes Kind findet, das ernst und ehrlich ist und wie ein Fels in der Brandung die täglichen Katastrophen in der Familie abfängt. Der Beobachter von außen denkt, wenigstens einer in der Familie ist heil geblieben. Das Kind wächst heran und verläßt das furchtbare Zuhause. Nun ist es endlich frei! Und dann geschieht das Unerwartete: Es dekompensiert, beginnt zu trinken oder wird psychisch auffällig – zu schwer war die Familienlast, die es als Kind zu tragen hatte. Nun zeigt es sich, wie sehr es selbst Hilfe braucht. (Vergleiche das Kapitel 9, »Die Schamvolle Macht der Helfer«).

Eine Therapiestunde. Die Klientin berichtet darüber, daß sie jetzt allmählich merkt, wie streng und zwanghaft sie in ihrem bisherigen Leben gewesen sei, sich selbst und anderen Menschen gegenüber.

Zuhause könne sie nichts anderes tun, ehe die Küche nicht perfekt aufgeräumt sei. In der Einrichtung, wo sie arbeitet, bekomme sie manchmal eine Wut auf ihre Kolleginnen und die Bewohner, wenn diese vergessen, wöchentlich Salz in den Geschirrspüler zu tun. Dann schimpfe sie und meine, die anderen seien verantwortungslos. Sie müsse alles überwachen. Ohne sie würde das Ganze zum Saustall werden.

Aber im Grunde mache sie es selbst nicht gerne. Sie würde viel lieber etwas Schönes machen, z.B. Blumen arrangieren. Eigentlich kenne sie eine bequeme Seite bei sich. Aber sie habe die wahnsinnige Angst, in Unordnung und Sumpf abzugleiten, wenn sie sich einmal gehen läßt. »Sich gehen zu lassen« ist für sie mit Panik besetzt. Sie kontrolliere sich und andere so sehr, weil sie Angst habe, außer Kontrolle zu geraten und total zu verlottern.

In der Therapiestunde arbeiten wir nun heraus, daß sie in einem total verwahrlosten Haushalt aufgewachsen ist. Die Mutter war depressiv. Sie blieb den ganzen Tag im Bett. Die Schwestern der Klientin kümmerten sich auch nicht ums Haus. So war die Küche immer total verdreckt. Das dreckige Geschirr stapelte sich. Ungeziefer lief herum. Selbst heute ekelt sich die Klientin, wenn sie bei ihrer Mutter zu Besuch ist und etwas essen soll.

Dieses kleine Mädchen war die einzige ordentliche Person in dem chaotischen Haushalt. Sie litt unendlich darunter, daß sich außer ihr niemand um die Wohnung kümmerte. Durch mühevolle Arbeit hielt sie den Haushalt einigermaßen in Ordnung. Im Grunde wurde sie mißbraucht. Sie mußte »Ordnungshüter« für die ganze Familie sein und bekam nicht einmal Dank dafür, sondern nur Schimpf und Geringschätzung dafür, daß sie so »pingelig sei«.

Niemand kümmerte sich um ihre Schularbeit. Sie wußte nicht, wie man für die Schule lernt. Sie hatte sich das Zählen und die Uhr mühsam beigebracht, indem sie jeden Tag zum Kirchturm ging vnd dort das Zifferblatt studierte. Wie gerne hätte sie jemanden gehabt, der ihr das ganze erklärt hätte. Wie gerne hätte sie Eltern gehabt, die einen sauberen, schönen Haushalt hielten, in dem sie sich hätte wohl fühlen können. Sie wäre dann frei gewesen, ihren persönlichen Interessen nachzugehen, anstatt hinter den anderen her zu putzen.

Sie wäre gerne erlöst von dem Zwang, auch heute anderen hinterherzuputzen und für andere zu sorgen. Sie hat schon immer eine große Sehnsucht nach mehr Freiheit, nach mehr Sich-gehen-lassen-Können. Es ist schmerzlich für sie zu spüren, wie streng sie zu sich und anderen immer noch ist. Und es ist schwer für sie, die Panik auszuhalten, sich etwas mehr gehen zu lassen.

Vor einem Jahr habe sie einen Farbenkreis gemalt, der sie erschreckt habe, weil alle Farben ganz streng und akurat voneinander abgegrenzt waren. Nach der letzten Therapiestunde habe sie spontan das Bild herausgeholt und habe begonnen, die Aquarellfarben mit Wasser langsam aufzulösen, die Grenzen zwischen den Farben weicher zu machen.

Lachen müssen Klientin und Therapeut über ihre jeweiligen strengen Seiten, die wohl dazu dienen, die darunterliegende chaotische Seite in Schach zu halten.

Lachen – Humor – das bringt ein bißchen mehr Leichtigkeit ins zwanghafte Leben...

4. Das Opfer fühlt sich schuldig – es fühlt sich selbst verantwortlich für den Mißbrauch

Dies ist eine besonders schwerwiegende Seite der Scham des Opfers. Es fühlt sich selbst schuldig für den Mißbrauch. Selbst wenn die alleinige Schuld des Täters vor aller Welt eindeutig bewiesen worden ist, bleibt das Opfer nicht selten bei seinen heftigen Selbstvorwürfen.

Woher kommt dieses überwältigende Gefühl von Mitschuld?

Zum einen kommt das Gefühl von Mitschuld von dem oben beschriebenen unklaren Beziehungsgeflecht zwischen Täter und Opfer. Angesichts der Komplexität z.B. einer inzestuösen Beziehung zwischen Vater und Tochter ist das Opfer über die letztliche Verantwortlichkeit verwirrt. Nicht selten hat der Täter es bewußt in Verwirrung gebracht: »Du hast doch deinen Papa lieb! Sei doch ein bißchen lieb zu deinem Papa!« Da nicht zwischen kindlicher Liebesbezeugung und sexuellen Handlungen unterschieden wird, glaubt das Kind, es sei nur lieb zum Täter, wenn es zu sexuellen Handlungen verführt wird.

Nach der Tat bekommt das Opfer vom Täter die Umkehrung der Verantwortung zu hören: »Du hast dich doch so schamlos gezeigt! Du hast mich verführt! Du bist schuld!« In seinem Vertrauen glaubt es tatsächlich dieser Schuldzuschreibung. Es ist sich nicht im klaren, daß es vom Täter (und manchmal auch von der mitwissenden, duldenden Umgebung) manipuliert worden ist.

Mitschuld als Abwehr gegen das Ohnmachtsgefühl

Einen tieferen Grund für das Gefühl von Mitschuld sehen wir jedoch in dem psychischen Verarbeitungsprozeß des Opfers. Es ist nämlich für jeden von uns psychisch fast unerträglich, wirklich ohnmächtig und hilflos zu sein. Völlig ausgeliefert zu sein in einer Situation, in der uns großes Leid, Demütigung oder Schmerz zugefügt werden, ist so schlimm, daß wir alles daran setzen, um diese Situation nicht bewußt zu erleben. Wir haben, von unserem psychischen Haushalt her, dazu zwei Möglichkeiten:

(1) Wir können erstens *ohnmächtig werden.* Wir werden tatsächlich »ohnmächtig« im doppelten Sinne: Wir haben einerseits keine Macht über die Situation, zum anderen können wir in Ohnmacht fallen, wir verlieren unser Bewußtsein. Und dies ist für das Opfer wie eine Erlösung – sich seelisch vom mißbrauchten, mißhandelten Körper zu lösen und irgendwohin wegzuschweben – in Tagträume, in die Phantasie, irgendwohin, wo der Peiniger einen nicht erreichen kann. Denn »die Gedanken sind frei«. Viele Mißbrauchte berichten davon, daß sie während der Tat nichts empfunden haben. Sie hatten entweder einen »blackout«, oder sie erlebten so etwas wie eine Trance: Sie sahen sich im Geiste über dem Tatort schweben, wie Beobachter des Geschehens, und waren emotional völlig unbeteiligt. Oder sie waren ganz weit weg in ihren Phantasien und Tagträumen. Eine leichtere Form dieses Wegschwebens ist das Sich-Vergraben in Bücher oder Musik, wie es viele Jugendliche tun.

(2) Zweitens haben wir die Möglichkeit, der Demütigung der Ohnmacht dadurch zu entgehen, indem wir uns vorstellen, wir hätten die Tat irgendwie selbst herbeigeführt oder sie irgendwie verhindern kön-

nen. Wir malen uns aus, was wäre, wenn wir diesen Heimweg nicht genommen hätten, wenn wir uns nicht so aufreizend angezogen hätten usw. Indem wir uns vorsagen, wir hätten die Tat verhindern können, sagen wir uns selbst, daß wir nicht ganz ohnmächtig waren. Dies ist eine verständliche Reaktion. Es wäre jedoch gefährlich und irreführend, wenn man z.b. bei einer richterlichen Vernehmung aus dieser Reaktion eine tatsächliche Mitschuld des Opfers an dem Mißbrauchsgeschehen ableiten würde.

Es läßt sich nun nicht leugnen, daß das Opfer natürlich irgendetwas zum Hergang des Mißbrauchs beigetragen hat, denn es war ein Mit-Bestandteil der Gesamtkonfiguration, der Gesamtsituation. Natürlich interagierten alle Bestandteile miteinander. Aber verantwortlich ist derjenige, der die Situation überblickte und die Macht über die Situation und die Beziehung hatte. *Dieser Überblick und diese Macht unterscheiden den Täter und das Opfer letztlich voneinander.*

Sigmund Freuds Behandlung der Opfer

Zu Beginn seiner Laufbahn hatte Sigmund Freud mutig den sexuellen Mißbrauch angeprangert, dem eine Vielzahl seiner an Hysterie leidenden Patientinnen als Kinder zum Opfer gefallen waren. Aus den Berichten seiner Patientinnen sah er es als erwiesen an, daß der in früher Kindheit erlittene Mißbrauch eine maßgebende Ursache für die hysterische Störung darstellte (»Verführungs-Theorie«). Er trug diese These auf einer Versammlung Wiener Psychiater im Jahre 1896 vor. Die Fachwelt reagierte so eisig auf diese Enthüllungen, daß Freud ein Jahr später seine Theorie widerrief und die »Trieb-Theorie« aufstellte, mit der Behauptung, die von den Patientinnen berichteten sexuellen Mißbrauchsgeschichten seien vorwiegend Phantasieprodukte, Ausfluß ihrer eigenen kindlichen sexuellen Regungen. Seine später berühmt gewordene Theorie der kindlichen Sexualität gründete auf dieser Hypothese.

Freud hatte sich mit dieser Kehrtwendung von einem Advokaten der Opfer zu einem Verteidiger der Täter gewandelt. Ohne es zu wollen, hat er damit zur gesellschaftlichen Verschleierung sexuellen Mißbrauchs an Kindern beigetragen.

War Sigmund Freud selbst ein Opfer sexuellen Mißbrauchs?

Wir wissen heute aus der Freud-Forschung (siehe z.B. Masson), daß er durch seine Beschäftigung mit der Mißbrauchs-Problematik möglicherweise auf Mißbrauchserfahrungen aus seiner eigenen Kindheit gestoßen war. In einem Brief an seinen besten Freund Wilhelm Fließ berichtete er mit Entsetzen darüber, daß sein Vater pervers gewesen sei:»Dann die Überraschung, daß in sämtlichen Fällen der Vater als pervers beschuldigt werden mußte, mein eigener nicht ausgeschlossen« (Brief vom 21. 9. 1897). Gerade in dieser Zeit starb jedoch sein Vater. Manche Biographen vermuten, daß Freud unter erheblichen ambivalenten Gefühlen seinem Vater gegenüber gelitten habe.

Die offizielle Psychoanalyse hat lange Zeit diese Position Freuds – für den Täter und gegen das Opfer – verteidigt, bis sie in den letzten Jahren, unter dem Druck der Frauenbewegung, die das Thema des sexuellen Mißbrauchs endlich an die Öffentlichkeit gebracht hat, und angesichts der Veröffentlichungen aus dem Briefwechsel zwischen Freud und Fließ begann, die Thesen Freuds in Frage zu stellen und teilweise zu revidieren. Nun erst, mit fast hundertjähriger Verspätung, beginnt sich die Gesellschaft dieser schambesetzten Thematik zu stellen.

Psychotherapeuten als Opfer

Aus diesem Kapitel aus der Geschichte der Psychotherapie können wir ersehen, welche Macht die Scham des Opfers entfalten kann, wenn sie unbewußt bleibt. Freud war möglicherweise Zeuge oder gar Opfer sexuellen Mißbrauchs von seiten seines Vaters. Er hat dieses Thema einerseits mutig an die Öffentlichkeit gebracht. Zugleich aber hat er es verschleiert und gegen die Opfer sexuellen Mißbrauchs gewendet. Die ambivalente Haltung Freuds in bezug auf die Verantwortung für die von seinen Patientinnen berichteten sexuellen Übergriffe (Sind sie tatsächlich vorgefallen? Oder sind sie nur Phantasien?) entspricht sehr den oben beschriebenen Schamphänomenen der Opfer von Mißbrauch. Wenn dies zutreffen würde, dann wäre es ein beeindruckendes Beispiel für die unbewußte Dynamik der Scham des Opfers.

Wir Psychotherapeutinnen und Psychotherapeuten können unsere Klienten auf deren Suche nach ihrer Wahrheit nur soweit unterstützen, wie wir bereit sind, den eigenen schamvollen Seiten ins Gesicht zu schauen. Dazu bedürfen wir der gegenseitigen Unterstützung und Herausforderung. In unseren eigenen Lehranalysen und -therapien haben wir nicht selten entdeckt, daß wir selbst Opfer emotionalen, körperlichen oder sexuellen Mißbrauchs in unserer Kindheit gewesen sind. Wenn wir nun wissen, welche Macht die unbewußte Scham der Opfer entfalten kann, auch in uns, dann ahnen wir, daß wir noch viel an uns selbst zu arbeiten haben. Es ist wichtig zu erkennen, inwieweit unsere psychotherapeutische Arbeit dazu dient, mit unserer eigenen Scham fertig zu werden. Dient sie der Abwehr oder der Bewußtwerdung unserer Scham?

Eine letzte Bemerkung: Im Kapitel über die »*intimen professionellen Beziehungen*« haben wir *Prostituierte* bewußt in die Überlegungen mit einbezogen. Wir Psychotherapeuten teilen mit ihnen nicht nur Ähnlichkeiten in unserer Tätigkeit (wir erwähnten bereits, daß viele Freier hauptsächlich zu Prostituierten gehen, um über ihre Sorgen zu sprechen), sondern auch die Tatsache, daß nicht wenige von uns in unserer Kindheit intim verletzt worden sind und aus dieser Verletzung eine Lebensbeschäftigung gemacht haben. Viele Prostituierte sind als Kinder die Opfer sexuellen Mißbrauchs gewesen. Sie haben ebenfalls gelernt, mehr auf die Wünsche anderer einzugehen als auf ihre eigenen. Nur ist die Erniedrigung, die sie persönlich und gesellschaftlich erfahren haben und erfahren, eine Stufe stärker als bei uns. Es ist nicht unser eigenes Verdienst, in einem angeseheneren Beruf zu arbeiten. Unser berufliches Prestige – ein wirklicher Gegensatz zum Beruf der Prostituierten – erscheint unter dieser Perspektive eher als verschleiernde Kompensation früher erlebter Schmach und Beschämung (siehe auch Kapitel 8 und 9).

22. Die Scham des Zeugen

Die Bedeutung des Zeugen

Neben Täter und Opfer ist oft noch eine dritte Partei anwesend: der Zeuge. Über dessen Rolle wurde bisher nur selten nachgedacht.

Ein türkisches Mädchen wird wegen ihres Kopftuches von ihrem Lehrer, unter dem abfälligen Gelächter ihrer Mitschülerinnen, ironisch gefragt, ob sie nicht wenigstens im Klassenraum auf diesen viel zu warmen »Kopfschmuck« verzichten möchte.

In diese für das Mädchen beschämende Situation sind auch die Mitschülerinnen involviert. Sie sind Zeuginnen des Geschehens und müssen sich in der einen oder anderen Weise verhalten.

Sie könnten sich innerlich auf die Seite des verachtenden Lehrers stellen und sich über die Türkin und ihre Kultur lustig machen. Das wäre die einfachste Lösung des Konflikts. Sie könnten mitlachen, sich mit der unterschwelligen Aggression des Lehrers identifizieren und schadenfroh ihre eigenen aggressiven Impulse ausleben.

Sie können aber auch Einspruch erheben gegen diese offensichtliche Entwertung der persönlichen Integrität und Würde des Mädchens. Doch sie werden abwägen, ob sie es sich leisten können, einzugreifen, sich zu Wort zu melden und sich der Gefahr auszusetzen, als überempfindlich und humorlos abqualifiziert zu werden. Der Lehrer könnte auch sie beschämen. Vielleicht schämen sie sich auch darüber, daß niemand dem Mädchen zu Hilfe kommt, daß alle so tun, als wäre nichts geschehen. Möglicherweise schämen sich einige als Deutsche des unwürdigen Verhaltens ihres Lehrers.

Das Wort »Zeuge« kommt von »ziehen«, speziell wird damit das »(Heran-)Ziehen vor Gericht« gemeint. Wir kennen aber auch das Bezeugen eines Eides zwischen zwei Menschen, z.B. bei der Trauung (durch die Trauzeugen) oder bei einer Beurkundung (durch den Notar). In allen diesen Fällen hat der Zeuge eine wichtige Funktion inne: die Bestätigung des vollzogenen Aktes und damit die spätere Auffindung der Wahrheit.

Bei einer Gewaltszene ist die Anwesenheit oder Abwesenheit eines Zeugen ebenso wie dessen Reaktion oft von entscheidender Bedeutung für den Verlauf des aktuellen Geschehens sowie für dessen spätere Bewertung. Hier einige Beispiele:

– Die jüngere Generation wirft der Kriegsgeneration vor, Zeuge der Verbrechen des Naziregimes gewesen zu sein und nichts dagegen unternommen zu haben. Damit hätte sie sich mitschuldig gemacht. Haben die Jüngeren damit recht? Was meinen die Betroffenen dazu? Waren sie nur Zeugen, oder waren sie auch Mit-Täter, Mit-Opfer, Mitläufer? Wie steht es mit ihrer Scham?

– Heute sind wir selbst Zeitzeugen ungeheurer und ungeheuerlicher Vorgänge in der Welt. Wie verhalten wir uns dazu? Wie ist unsere Mitwirkung z.b. bei der globalen Umweltkatastrophe?

– Damit eng verbunden ist das heutige Phänomen des »Zuschauers als Voyeur«: Menschen genießen vor dem Fernsehen das Zurschaustellen von Opfern von Greueltaten, Unfällen oder Katastrophen; Schaulustige sammeln sich an Unfallorten, vor brennenden Asylantenheimen, bei Geiselnahmen – und greifen nicht ein. Wie ist dieses soziale Verhalten zu verstehen? Wie wirkt das auf unser öffentliches Bewußtsein?

Kinder als Zeugen

Kinder sind stets Zeugen der Beziehung ihrer Eltern. Sie können z.B. bei Ehekonflikten *in ihrer Eigenschaft als Zeugen mißbraucht* werden. Dabei brauchen sie nicht einmal verbal oder körperlich angegriffen zu werden. Einfach die Erfahrung, ungeschützt der gegenseitigen Gewalt zwischen den Eltern ausgeliefert zu sein, ist meist zuviel und überwältigend für ein Kind. Denn Zeuge zu sein, wie die eigenen intimsten Beziehungspersonen – die Mutter und der Vater – sich schlimme Verletzungen zufügen, fügt seiner Seele tiefe Wunden zu. Auch wird das Kind in seiner Loyalität zwischen Vater und Mutter hin- und hergerissen, z.B. im Verlauf einer Scheidung.

Umgekehrt können Kinder natürlich auch Zeugen einer liebevollen Beziehung der Eltern sein. Wenn Kinder das Glück haben, in einer liebevollen und respektvollen Atmosphäre aufzuwachsen, dann haben sie eine gute emotionale Grundlage für ihr späteres Leben und ihre späteren Beziehungen.

Die Ambivalenz des Zeugen

Das hervorragendste Merkmal des Zeugen ist seine scheinbare *Nichtbeteiligung:* Er ist nicht Täter, nicht Opfer. Er ist Beobachter. Er steht daneben. Damit ist nun ein weiteres Merkmal verbunden: Er ist weitgehend frei. Er kann sich frei entscheiden, wie er sich angesichts des beobachteten Geschehens verhält. Dies bringt ihn aber auch in Konflikt.

Wenn jemand z.b. Zeuge einer gewalttätigen Auseinandersetzung wird, dann wirken viele Kräfte in ihm. Er kann erschrocken sein, er kann Mitleid mit dem Opfer haben, er kann Zorn auf den Täter empfinden, er kann Lust bekommen mitzumachen, oder er wendet sich angewidert ab. Alle diese widersprüchlichen Gefühle können gleichzeitig in ihm auftauchen, so daß er sich in heftigen Ambivalenzen wiederfindet. Dieser Zwiespalt ist typisch für die innere Situation des Zeugen.

Die verschiedenen Reaktionsmöglichkeiten des Zeugen

Im folgenden möchten wir einige der häufigsten Reaktionen des Zeugen näher betrachten:

1. Der nüchterne, »objektive« Zeuge: Dies ist die gängige Position des Wissenschaftlers. Er stellt sich außerhalb des Feldes und beobachtet von dort das Geschehen. Daher beansprucht er, *objektiv und unabhängig* zu sein. Aus diesem Grund werden in strittigen Fragen wissenschaftliche Sachverständige hinzugezogen, z.B. bei folgenreichen politischen Entscheidungen. Die Objektivität des Wissenschaftlers kann jedoch aus zwei Gründen angezweifelt werden: Der erste Grund ist selbst ein wissenschaftlicher: Spätestens seit der Heisenbergschen Unschärferelation gilt es als bewiesen, daß die Position des Beobachters, ja selbst seine gedankliche Erwartung über den Ausgang eines Experiments eine Wirkung auf das Ergebnis des Experiments hat.

Der zweite Grund für das Bezweifeln wissenschaftlicher Objektivität ist die *Käuflichkeit* vieler Wissenschaftler, die ihr Wissen gegen Bezahlung der Industrie, dem Militär und den politischen Parteien zur Verfügung stellen. »Wes Brot ich eß, des Lied ich sing.« Insofern sollten wir vor der Bewertung wissenschaftlicher Forschungsergebnisse zuerst nach dem Auftraggeber fragen. Um es pointiert zu sagen: Den nüchternen, objektiven Zeugen gibt es unserer Meinung nach nicht.

2. Helfer in der Not: Im Gegensatz zum unbeteiligten Zeugen kann ein anderer Zeuge engagiert ins Geschehen eingreifen. Er kann dem Schwächeren bzw. dem Opfer zur Seite springen. Ein solches Verhalten verlangt Mut und Zivilcourage vom Zeugen, da er seine relativ ungefährdete Position verläßt und in die unmittelbare Interaktion eingreift, die auch für ihn gefährlich werden kann. Damit begibt er sich in die Rolle des potentiellen Opfers, vor allem wenn der Täter gewalttätig ist. Allerdings wird der Täter nicht selten durch das Eingreifen eines unbeteiligten Zeugen irritiert, mit dem er nicht gerechnet hat, und läßt vom Opfer ab. Deshalb sind couragierte Zeugen in Situationen von Gewalt und Mißbrauch sehr wichtig. *Zivilcourage ist im übrigen eines der bestgeeigneten Mittel gegen Scham.* Der couragierte Zeuge fühlt keine Scham, da er nach seiner Überzeugung handelt.

3. Der Mittäter: Ein Zeuge kann jedoch auch im negativen Sinne eingreifen, indem er dem Täter zur Seite springt und das Opfer noch mehr mißhandelt oder ausbeutet. Hier haben oft die eigenen Interessen des Zeugen (Gier, Neugier, Rache, Sadismus) sein Mitgefühl für das Opfer und die Stimme seines Gewissens übertönt.

4. Der ohnmächtige Augenzeuge: Dies ist eine der unangenehmsten und ambivalentesten Positionen überhaupt. Denn es ist im Grunde unnatürlich, nichts zu tun angesichts der Not anderer Menschen. Es ist schrecklich wenn man z.B. neben einem verblutenden oder todkranken Opfer steht und nichts tun kann. Solche Erlebnisse erfüllen den Zeugen mit Ohnmacht und Scham und können ihn so erschüttern, daß er seelisch zusammenbricht.

5. Der desensibilisierte Zeuge: Der Schock, Zeuge eines menschlichen Unglücks zu werden, kann aber in uns auch bestimmte Abwehrmechanismen hervorrufen. Eine gängige Abwehr erleben Ärzte, Krankenschwestern, Sanitäter, Soldaten, Jounalisten: Wenn die Überflutung durch Szenen des Grauens eine psychische Schwelle übersteigt und dazu auch noch chronisch wird, tritt Desensibilisierung ein: Es bildet sich, ähnlich wie bei Scham, eine dichte Schutzhülle um den Wesenskern und schützt die Seele vor weiterer Traumatisierung. Es ist eine Desensibilisierung im Sinne von Betäubung (nicht zu verwechseln mit der verhaltenstherapeutischen Technik der »Desensibilisierung«). Nur so ertragen die Angehörigen der oben genannten Berufsgruppen das Grauen, das sie täglich erleben müssen. Aber selbst unter dem Schutz der seelischen Betäubung leiden sie unterschwellig. Das *posttraumatische Streßsyndrom,* das lange Jahre nach dem Vietnamkrieg bei ehemaligen amerikanischen Soldaten diagnostiziert wurde, trifft auch für traumatisierte Zeugen zu: Die Spuren des Schreckens kommen oft erst lange danach zum Vorschein und verlangen ihren Tribut.

6. *Der Voyeur:* Dies ist ebenfalls eine Abwehrform gegen zu heftige Erregung. Der Voyeur mindert die Erregungsdosis so weit, bis sie erträglich ist. Er distanziert sich z.b. räumlich so weit vom Ort des Geschehens, bis er seine innere Erregung aushalten kann.

Nun erlebt er diese Erregung womöglich sogar als eine Art Prikkeln, er empfindet ein lustvolles, angenehmes Gruseln bei der Betrachtung der Gewaltszene, so wie der Leser eines Krimis.

Im sexuellen Sinne ist der Voyeur jemand, der innerlich zwar erregt ist, aber als Person nicht mit einem Sexualpartner in Kontakt tritt. Hier stimmt das Wort »Angst-Lust«. Die Pornoindustrie hat von hierher ihre Kundschaft. Ein Mann, der sich z.b. lustvoll Szenen von Gewalt gegen Frauen auf Videos ansieht, ist voyeuristisch involviert.

Auch der Voyeur kann eine gewisse Scham spüren angesichts seiner verdeckten Position. Er wagt es nicht, sich offen als Person zu zeigen, und bezieht doch seinen Lustgewinn aus dem Geschehen. Er gehört zu den Nutznießern. Sein Verhalten ist strenggenommen auch eine Art des Mißbrauchs. Ohne die Käufer von Kinderpornos würden solche perversen Geschäfte verschwinden.

7. *Der »Gaffer«, der »Sensationstourist«, »Reality-TV«:* Was bewegt Menschen dazu, bei einem menschlichen Unglück zuzusehen, dabei aber völlig passiv zu bleiben? Da werden Asylantenhäuser angezündet, Geiseln genommen und erschossen. Da begleiten Fernsehreporter Feuerwehr und Rettungsdienste auf ihren Einsätzen und filmen die Opfer in Nahaufnahmen und in allen Details. Die Intimsphäre der Opfer wird ohne ihre Zustimmung einem Millionenpublikum preisgegeben – und die betreffenden Sender bekommen höchste Einschaltquoten. Es ist wiederum das angenehme Gruseln, das den Zuschauer bannt. Es ist die Spannung – dort tiefstes menschliches Leid – hier die eigene sichere, ungefährdete Position im Fernsehsessel bei einer Flasche Bier. Hier findet nun wirklich eine Desensibilisierung im Sinne der Verhaltenstherapie statt: Der Ekel, den der Betrachter bei sol-

chen Szenen empfinden müßte, wird buchstäblich hinuntergespült.

Dies ist das gesellschaftlich Alarmierende an diesem Phänomen: daß wir nun auch in unserem Bewußtsein die Spaltung vollziehen, die in unserer materiellen Welt stattfindet: die Trennung zwischen Arm und Reich, zwischen satten Bürgern und hungernden Völkern.

Zwei Dinge tragen zu diesem gespenstischen Phänomen bei: Zum einen die Distanz zwischen der (scheinbar) sicheren Welt, in der wir leben, und dem Unglück, das andernorts stattfindet. Wir haben unsere Privatwelt so abgeschirmt, daß uns Gefahr, Unglück und Katastrophen wie ein weitentferntes böses Märchen erscheinen. Das Erleben des Leids anderer wird zum Zeitvertreib pervertiert: Reality-TV entspricht den Zirkusspielen im Alten Rom.

Diese Distanz wird nun paradoxerweise durch die Medien des Fernsehens und des Videos noch verstärkt, obwohl sie uns ursprünglich der Welt näherbringen sollten. Das Fernsehen gibt zwar ein Bild der brutalen Realität wieder, aber es ist nur ein virtuelles, d.h. unwirkliches Abbild, das wir per Knopfdruck ein- und ausschalten können. Dies schafft die im Grunde verrückte Position des Zuschauers: Er ist einerseits dem Unglück und den Opfern zum Greifen nahe, andererseits aber unendlich weit entfernt. Am Ende obsiegt die reale Distanz: Es ist nur eine Flimmerkiste, die wir anschauen. Wir knipsen das Bild einfach aus und haben wieder Ruhe in unserer schönen Wohnung.

Unsere Kinder sind von dieser Entwicklung noch viel stärker betroffen. Ein kritischer Zeitungsartikel über die heutige Situation in den Schulen trägt bezeichnenderweise den Titel: *»Schüler sitzen in der Klasse wie vor dem Video«* (Frankfurter Rundschau 12.8.1993).

Dieses Phänomen des Zeitzeugen als Fernsehzuschauer hat jedoch fatale gesellschaftliche Folgen: Da wir als Fernsehzuschauer in die Position des *hilflosen Zeugen* versetzt werden und zur Untätigkeit verdammt sind, werden wir ungewollt zum Bestandteil eines menschenverachtenden Systems. Unser informiertes Nichtstun bestärkt die großen und kleinen Täter in ihrem Tun, da sie erkennen, daß sie nicht mit Strafen zu rechnen haben, selbst wenn ihr Frevel von Milliarden von Menschen gesehen wird. Die Gleichgültigkeit bzw. Hilflosigkeit der Zeugen (beides läuft auf das gleiche hinaus) tragen somit dazu bei, daß die letzten Hemmungen im Täter abgebaut werden. Sie kommen einer Komplizenschaft gleich. Unsere Tatenlosigkeit trägt somit zur wachsenden Schamlosigkeit in der Gesellschaft bei.

23. Heilung der Scham beim Täter, Opfer und Zeugen

Der Wunsch, mit sich ins reine zu kommen

Jeder Mensch möchte mit sich und seinem Gewissen ins reine kommen. Wenn wir in Beziehungen Schaden angerichtet haben, spüren wir in uns eine Spannung, die gelöst werden will. Dies hat nicht nur mit der Bereinigung der Beziehung zu tun, auch wenn eine solche sehr wichtig ist. Vielmehr versperrt uns das Bewußtsein von Unrecht und Schuld den Weg zu unserem eigenen Wesenskern. Ungesühnte Schuld entfremdet uns von unserem Wesenskern. Dieser weiß um die Wahrheit: Tief innen in unserem Wesenskern wissen wir, wenn wir Unrecht getan haben. Solange wir dies nicht zugeben, können wir uns selbst nicht mehr in die Augen schauen.

Dies ist der tiefere Grund dafür, weshalb wir von uns aus bestrebt sind, begangene Schuld und Unrecht zu tilgen. Wenn wir dies als einen Akt der Reinigung unseres Wesenskerns begreifen, dann kommt die Sühne nicht aus dem *Überich,* der verdammenden, verachtenden und rachesüchtigen Instanz in uns. Sie kommt vielmehr aus unserem Bedürfnis, mit uns selbst und unserer Umwelt inFrieden zu sein. Es ist ein feiner, aber entscheidender Unterschied, ob die Sühne aus unserem Überich oder unserem Wesenskern kommt. Das Überich verhindert den Kontakt zu unserem Wesenskern, denn es ist Teil der Schamhülle um den Kern. Es hält uns im ewigen Kreislauf zwischen Kontrolle und Kontrollverlust fest (siehe Kapitel 16: »Schamrad«). Die Sühne, die aus dem Wesenskern kommt, befreit uns dagegen von unserer Schuld. Sie ist ein Akt des Gewissens (siehe Kapitel 4).

Die Abtragung von Schuld verlangt die aktive Mitarbeit aller drei beteiligten Parteien – Täter, Opfer, Zeugen. Sonst bleibt der Akt einseitig und unvollständig. Der *Zeuge* ist zur Findung der Wahrheit und für die Balance zwischen Täter und Opfer wichtig. Er kann auch seine Eigenbeteiligung als Mittäter und Mitopfer erkennen und dazu stehen. Der *Täter* muß sich zu seiner Tat bekennen, diese sühnen, den Schaden wiedergutmachen und das Opfer um Vergebung bitten. Das *Opfer* muß seine Opferrolle anerkennen, seinen Schmerz zulassen, seinen gerechten Zorn auf den Täter spüren und äußern, diesen bestrafen und schließlich verzeihen. Wenn dies geschieht, wird Vergangenes bereinigt, und Neues in der Beziehung kann entstehen.

Welches sind die Schritte, die notwendig sind, um Schuld und Unrecht zu tilgen?

1. Sich bekennen zur Tat und zur Schuld: Der erste Schritt besteht darin, daß sich der Täter zu seiner Schuld bekennt. Dies ist nicht immer leicht: Zum einen fühlen sich viele Täter selbst als Opfer. Sie rechtfertigen ihr Tun damit, daß auch ihnen Leid angetan worden ist. Damit bleiben sie jedoch im endlosen Kreislauf von Vorwurf und Gegenvorwurf gefangen. Zum anderen müssen sie ihren Stolz und ihren Hochmut überwinden und die Demut aufbringen, um zu ihrer Schuld zu stehen. Denn im Augenblick des Schuldbekenntnisses liefern sie sich der Gnade oder Ungnade des Opfers aus. Sie kommen damit in die Position des potentiellen Opfers – eine Position, die sie vorher durch das Tätersein vermieden haben. (Siehe das Kapitel 8: »Macht als Abwehr von Ohnmacht«.) *Beim Schuldbekenntnis wechseln Täter und Opfer ihre Rolle.*

Es ist jedoch auch ein Augenblick großer Erleichterung, wenn der Täter seine Schuld bekennt, die ihm bisher auf der Seele gelastet hat. Wahrheit entlastet.

Auch das *Opfer* muß die Schuld des Täters anerkennen. Wie wir oben im Kapitel über die Scham des Opfers gesehen haben, nehmen viele Opfer die Schuld für die Tat auf sich, um dem Gefühl der Ohnmacht und des Ausgeliefertseins zu entfliehen. Geben sie jedoch zu, daß sie Opfer gewesen sind, werden sie zwar den Schmerz der erlittenen Verletzung in aller Schärfe spüren. Mit der Anerkennung dieser Wahrheit bekommen sie aber auch wieder Boden unter den Füßen. Sie finden damit einen eindeutigeren Stand gegenüber dem Täter und sind nun imstande, diesen mit seiner Tat zu konfrontieren und von ihm Wiedergutmachung zu fordern. Sie befreien sich damit von ihrer Abhängigkeit vom Täter und haben ihr Leben wieder in der Hand. Ebenso wichtig ist es für das Opfer anzuerkennen, welchen realen Anteil es selbst an der Verstrickung zwischen ihm und dem Täter gehabt hat.

Das Erkennen und Bekennen der Tat und der Schuld ist der erste und entscheidende Schritt zur Versöhnung zwischen Täter und Opfer.

159

Manchmal kann es Jahre und Jahrzehnte dauern, bis ein Täter seine Tat dem Opfer gegenüber zugibt (»Das habe ich dir damals angetan«) bzw. bis ein Opfer seinen Täter konfrontiert (»Das hast du mir damals angetan«). Bis es zu dieser Begegnung kommt, haben beide bei sich schon viel Vorarbeit geleistet. (Siehe letztes Kapitel: »Heilung der Scham«.)

2. Strafe als Buße: Normalerweise fassen wir Strafe als Bestrafung auf: Der Täter wird vom Opfer oder einer äußeren moralischen Instanz bestraft für seine Tat. Damit wird der Gerechtigkeit im Sinne eines Ausgleichs der gegenseitigen Verletzung Genüge getan. Damit wird jedoch die Einsicht des Täters in seine Schuld nicht unbedingt erweckt. Gerade diese Einsicht ist aber erforderlich für eine wirkliche Versöhnung.

Ganz anders wirkt deshalb die Strafe, die der Täter von innen heraus akzeptiert oder sich selbst auferlegt. Die Strafe wird dadurch zur *Buße:* Sie ist der Preis, den er für seine Tat bezahlt. Die Buße entlastet den Täter von seiner Schuld. Sie besteht aus zwei Teilen, einem passiven und einem aktiven Teil: der *Strafe,* d.h. einer schmerzlichen Erfahrung, die dem Täter zugefügt wird oder die er sich selbst zufügt, und der *Wiedergutmachung,* in der der Täter den Schaden des Opfers so gut wie möglich repariert. Mit dem Erdulden der Strafe und der Ableistung der Wiedergutmachungs-Arbeit tilgt er seine Schuld. Er ist danach frei von Schuld – genauso wie ein Schuldner, der das schuldig gebliebene Geld zurückzahlt.

Die Aufgabe des *Opfers* ist hier auch nicht einfach: Es gilt, die vom Täter erbrachte Buße anzunehmen – in ihrem Umfang wie auch in ihrem Inhalt. Die Strafe, die der Täter auf sich nimmt, muß der Verletzung des Opfers qualitativ und quantitativ entsprechen. Ist sie zu gering, bleibt eine Restschuld. Ist sie zu hoch, wird das ehemalige Opfer schuldig. Erst wenn das Opfer die vom Täter geleistete Buße und Wiedergutmachung als dem von ihm zuvor erlittenen Verlust *ebenbürtig* anerkennt, kann das Opfer den Täter von seiner Schuld entlasten. Erst dann stehen sie wieder auf gleicher Ebene zueinander. (Diese Gedankengänge wurden von Bert Hellinger besonders deutlich beleuchtet, siehe Gunthard Weber [Hrsg]: »Zweierlei Glück«.)

3. *Verzeihen und Verzeihung erlangen:* Die Buße bringt das Verhältnis zwischen ehemaligem Täter und Opfer wieder ins Lot, ins Gleichgewicht. Sie dient der Gerechtigkeit. Die Verzeihung liegt auf einer anderen, tieferen Ebene: Sie dient der persönlichen Begegnung zwischen beiden Partnern, indem sie die zwischenmenschliche Brücke (die Verbindung zwischen beiden Wesenskernen) wiedereröffnet. In dem Wort »Sühne« steckt etymologisch unter anderem das Wort »Kuß«. Die Sühne macht eine neue intime Begegnung zwischen beiden Partnern möglich. Die Bitte um Vergebung vonseiten des Täters und das Verzeihen vonseiten des Opfers sind persönliche Akte, die von niemandem sonst übernommen werden können.

Für ein Opfer, besonders wenn es das Kind des Täters ist, ist es in den meisten Fällen ein leichtes, dem Vater oder der Mutter zu verzeihen. Denn die Liebe des Kindes zu seinen Eltern ist so groß, daß es nur das Eingeständnis des Bewußtseins der Schuld vonseiten der Eltern braucht, damit es aus vollem Herzen verzeiht.

Der erwachsene Sohn eines Mannes, der viele Jahre beruflich unterwegs und kaum zu Hause gewesen war, bat einmal auf einem Familienfest seinen Vater, mit ihm einen Spaziergang zu machen. Sie sprachen, wie immer, über das berufliche »Fortkommen« des Sohnes, denn dafür interessierte sich der Vater am meisten. Am Ende des Spazierganges fragte der Sohn den Vater etwas, was ihn innerlich schon immer bewegt hatte: Weshalb dieser früher so selten zu Hause gewesen war. Der Vater antwortete: »Ich bin damals ziemlich verrückt gewesen.«

Diese Antwort des Vaters, so knapp und unvollständig sie auch war, genügte dem Sohn vollends. Denn in seiner knappen Antwort gab der Vater seinen Fehler zu und übernahm die Verantwortung dafür. Er verleugnete weder seinen Fehler (»Ich war doch da!«), noch schob er die Verantwortung dafür jemandem anderen oder den Umständen zu, was ein leichtes gewesen wäre (»Deine Mutter hat mich aus dem Haus geekelt« oder »Einer mußte doch in diesen schweren Zeiten das Geld verdienen«). Dieser kurze Wortwechsel reichte aus, um ein neues Verhältnis zwischen Sohn und Vater zu begründen.

(Für weitere Einzelheiten zur Heilung der Scham siehe bitte letztes Kapitel.)

24. Männerscham

Das männliche Schamverbot

Männer und Scham scheinen auf den ersten Blick gar nicht miteinander vereinbar. Zum herrschenden Männerbild gehören eher Werte wie Ehre und Stolz. Scham ist für Männer kein Thema. Schamvoll haben Frauen zu sein in unserer Gesellschaft. Männer stehen scheinbar darüber.

Doch wir meinen, daß gerade das männliche Image von Macht und Potenz dazu dient, die Scham des Mannes abzuwehren. Wenn dies stimmt, dann ist die Scham bei Männern tiefliegender und für sie beängstigender als bei Frauen. Diesen fällt es leichter, sich ihrer Scham bewußt zu werden und darüber zu sprechen. *Für Frauen ist Scham kein Tabu. Für Männer ist es eins.* Es ist für einen Mann unmännlich, sich überhaupt zu schämen.

»Bist du ein Junge oder ein Mädchen? Ein Junge weint nicht!«

Diese Scham vor der Scham wird dem Mann bereits im frühesten Jungenalter implantiert. In dem Gebot: »Sei ein Mann!« schwingt das Schamverbot bereits mit – gleichgültig, ob es von einer männlichen oder weiblichen Bezugsperson oder von Gleichaltrigen kommt. Jungen verstehen das Schamtabu sehr schnell. Der Satz: »Sei ein Mann!« hat nämlich einen unausgesprochenen Nachsatz: »Sei ein Mann... sonst bist du ein Waschlappen, sonst bist du kein Mann!« (Dies ist ein Zirkelschluß!)

Wir haben bereits im Kapitel 12 über die »Identität als Schamquelle« die Beschämung als eine der wirksamsten Methoden kennengelernt, einen Menschen zu beherrschen: Indem man eine für ihn charakteristische Eigenschaft mit Scham belegt, wird er sich in seinem *Identitätsgefühl* so bedroht fühlen, daß er fast alles machen würde, was man von ihm verlangt, um sein Identitätsgefühl zurückzugewinnen. Die Androhung: »...sonst bist du kein Mann!« ist katastrophal für einen Jungen, weil sie mit der *Geschlechtsidentität* unmittelbar verknüpft wird. Wir wissen, daß das Sich-Identifizieren mit dem eigenen

Geschlecht zu den ersten Identifikationen gehört, die einem Kind das Gefühl von »Ich bin« geben.

Wenn nun ein Junge nach seiner Mutter weint, weil er sich wehgetan hat, und jemand zu ihm sagt: »Bist du ein Junge oder ein Mädchen? Jungen weinen nicht! Bist ja eine Heul-Suse! Und ein richtiges Muttersöhnchen dazu!« – dann werden hier äußerst mächtige Geschlechts-Attribute an ihn weitergereicht. Mit der Androhung, ein Mädchen (»Heul-Suse«) statt ein Junge zu sein, wird sein Weinen, sein Schmerz, sein Bedürfnis nach Wärme und Trost als etwas definiert, das nicht zu ihm als Junge gehört. Da er aber unzweifelhaft ein Junge *ist*, darf er all dies nicht mehr haben – zumindest darf er es nicht mehr öffentlich zeigen. *Etwas, was in uns ist, aber nicht gezeigt werden darf, wird mit Scham belegt.* Am einfachsten ist es, wenn wir es überhaupt nicht mehr in uns spüren. Wenn wir diese Gefühle und Bedürfnisse ganz und gar ausblenden, dann können wir ungeniert Männer sein. Wir haben dann die Gewißheit, daß wir *richtige* Männer sind.

Aufgrund des Schamtabus müssen Männer ihre Scham vor sich selbst, vor allem aber vor den eigenen Geschlechtsgenossen verbergen. Jungen und Männer leben daher sehr einsam mit ihrer Scham. Häufig wissen selbst ihre besten Freunde nichts von ihrer Scham. Oder wir können sie nur erahnen, aber keiner von uns spricht je darüber mit einem anderen Mann. Z.B. leidet statistisch gesehen jeder dritte Mann über 40 an einer Vergrößerung der Prostata, was zu einer feuchten Unterhose führen kann. Aber welcher Mann spricht darüber, außer mit seinem Arzt (wenn er sich überhaupt einem Arzt anvertraut)? Oder ein anderes Beispiel: Pornos werden in hohen Auflagen von Männern aller Schichten gekauft. Welche Männer aber sprechen je offen darüber, wie es für sie ist, wenn sie solche Videos oder Hefte anschauen? Der Widerspruch wird deutlich: Ein massenhaft auftretendes Phänomen wird einfach von den Betroffenen totgeschwiegen! Ist dies kein Beweis für Scham?

Daher nimmt es nicht wunder, daß es für Männer eine ungeheure Erleichterung ist, wenn sie z.B. in Seminaren oder in Männergruppen die Möglichkeit haben, ohne die Anwesenheit von Frauen ungeniert mit anderen Männern über ihre Scham zu sprechen.

Leistungsdruck

Seine gegenüber der Frau privilegierte Stellung zahlt der Mann mit einer immerwährenden Leistungsbereitschaft. Leistungsdruck ist wohl eines der dominantesten männlichen Merkmale überhaupt. Jungen werden sehr früh dazu erzogen, Leistungen zu erbringen, sei es auf sportlichem, intellektuellem oder künstlerischem Gebiet. Sie dienen als Projektionsfläche für den Ehrgeiz ihrer Eltern. Das, was diese in der Gesellschaft für erstrebenswert halten, sollen die Söhne erfüllen, in einem viel höheren Ausmaße als die Töchter. In einer von Männern dominierten Welt müssen Jungen dazu erzogen werden, ihrer später er???ten Herrschaft würdig zu sein.

Daher ist Leistung unmittelbar mit *Ansehen und Status* verbunden. Wer viel leistet, ist angesehen. Wer nichts leistet, ist ein *Versager*. Dieses Gegensatzpaar »Leistung versus Versagen« verfolgt den Mann zeit seines Lebens, zumindest bis zum Ende seines Erwerbslebens. Deshalb ist es so katastrophal für Männer, Verlierer zu sein. Sie hätten ihr Klassenziel als Mann verfehlt.

Leistung und die Scham des Verlierers

Wir Männer sind so aggressionsbereit, weil wir Angst haben – Angst vor dem Verlieren.

Ein Zweikampf – der eine Junge hat den anderen am Boden, hat ihn im »Schwitzkasten« (ein merkwürdig verharmlosendes Wort für Quälen) und sagt: »Ergib dich!« – »Nein!« Er zieht den Schwitzkasten an: »Ergib dich!« – »Nein!« Warum sagt der Unterlegene nein trotz der Gefahr, daß ihm sein Arm böse verrenkt oder gebrochen wird? Er weiß doch, daß ihn der andere sofort loslassen würde, wenn er sich ergäbe. Aber wenn er das täte, könnte er das triumphale Grinsen im Gesicht seines Gegners nicht ertragen, er könnte die mitleidigen und hämischen Blicke der Zuschauer nicht ertragen, vor allem aber nicht die Erniedrigung, die er in sich selbst fühlen würde.

All dies ist verständlich auf dem Hintergrund, daß *Stolz und Ehre* in den Augen von Männern so schwerwiegende Werte sind. Bis ins 20. Jahrhundert hinein haben kluge, gebildete Männer ihr Leben im Duell weggeworfen, weil sie sich in ihrer Ehre beleidigt fühlten. So auch der große russische Dichter Puschkin, der sich mit einem Verehrer seiner Frau duellierte und dabei 37jährig starb. Die Ehre eines Mannes wiegt hier mehr als das eigene Leben – und ist an seinen höchsten »Besitz«, sein Weib, gebunden!

Bis heute ist die Ehre des Mannes mit seinem sozialen und finanziellen Status verknüpft. Daher die bodenlose Scham bei Männern, die *arbeitslos* werden. Mann zu sein und seine Familie nicht ernähren zu können ist so beschämend, weil Arbeitslosigkeit die Ehre eines Mannes unmittelbar trifft. Fast schlimmer ist es aber, wenn seine Frau eine angesehene und gutbezahlte Stelle hat und er gezwungenermaßen Hausmann wird. Die Schande, *Hausmann* zu sein, ist für einen Mann wohl stärker, als für eine Frau Hausfrau zu sein. Denn dies steht in diametralem Gegensatz zum gesellschaftlichen Rollenideal. Daher können die wenigsten Männer das Leben als Hausmann und Vater genießen. Deshalb nehmen so wenige Männer den Erziehungsurlaub in Anspruch, der ihnen heute gleichermaßen zusteht wie Frauen.

Leistung – unbarmherzige Härte – Gewalt

Für Männer ist Leistung unmittelbar mit *Härte* gegen sich selbst und gegen andere verbunden. Der männliche Leistungsdruck ist unbarmherzig. Leistungsfähig sein heißt, permanent die Zähne zusammenzubeißen und gegen die eigenen »Schwächen« und die eigenen passiven Bedürfnisse anzukämpfen und sie zu be-herrschen: Herr über sich selbst zu sein. Insofern ist männliche *Gewalt* unmittelbar mit dem männlichen Leistungsdruck verknüpft. *Mit sich zufriedene Männer sind nicht gewalttätig.* Sie ruhen mehr in sich. Aber Männer, die ständig von hinten geschoben und nach vorne gezogen werden, bergen in sich einen ungemeinen Haß auf diese Gesellschaft, die von ihnen so erbarmungslos viel verlangt. Ihr Haß gilt vor allem den Zufriedenen, den nicht Ehrgeizigen: Diese sind »Faulenzer«, »Zigeuner«, »Schmarotzer«. Sie sind im Grunde die Projektion ihrer eigenen verdrängten Wünsche, vom Leistungsdruck befreit zu sein. Diejenigen Männer, die freiwillig (z.B. als Väter, Hausmänner oder Aussteiger) oder unfreiwillig (durch Arbeitslosigkeit, Kriegsleiden, Krankheit) vom Leistungsdruck befreit sind und von der Rente, von der Sozialhilfe (oder gar vom Verdienst ihrer Frauen!) leben, bezahlen ihre Leistungsfreiheit mit tiefer Beschämung und Verachtung seitens der Männerwelt. Paradoxerweise sind die Männer, die sich dem Leistungsdruck beugen, ebenfalls Opfer der Scham. Sie rennen ständig vor der eigenen

Versagensangst weg. Selbst wenn sie Überragendes geleistet haben, sind sie nie zufrieden mit dem Erreichten. Sie können sich nicht »auf ihren Lorbeeren ausruhen«. So zahlen sie ihre Männlichkeit mit Streß, Sucht (männlicher Alkoholismus!), Herzinfarkt – und einer deutlich kürzeren Lebenserwartung.

Befreiung vom Leistungsdruck

Es ist für Männer eine schwere, wenn auch lohnenswerte Aufgabe, zufrieden zu sein mit sich selbst. Das Leben einfach selbstverständlich zu nehmen; sich selbst selbstverständlich zu nehmen; sich zu akzeptieren in dem, was sie sind, was sie können und nicht können. Männer sind genauso wertvolle Menschen wie Frauen. Männer, die mit sich zufrieden und einverstanden sind, können so wunderbare Väter, Geliebte, Freunde sein!

Beschämung des Bedürfnisses nach körperlicher Nähe

Ein Mann erzählt in einem Seminar, manchmal habe er einfach Lust, jemandem, mit dem er gerade zusammen ist, um den Hals zu fallen. Aber er schämt sich dieses Impulses. Ihm fällt auf einmal seine Mutter ein: Wenn er ihr als Junge vor lauter Freude um den Hals fallen wollte, habe sie ihn nur ganz besorgt angeschaut und gefragt: »Ist etwas mit dir? Fehlt dir was? Ist irgend etwas nicht in Ordnung?« Da sei er erschrocken über seinen Impuls. Er fing an, sich und seine Spontaneität in Frage zu stellen.

Wenn er sich in seine Mutter hineinversetzt, dann spürt er, daß sie es war, die sich der unmittelbaren körperlichen Zuwendung geschämt hatte. Ihre Frage aber beschämte ihn. So begann auch er, sich seiner spontanen Lebensfreude und Lust zu schämen. **Scham erzeugt Scham.**

Jungen lernen früh, daß Schmusen nicht männlich sei. Spätestens ab dem Kleinkindalter werden die meisten Jungen von ihren Müttern von körperlichen Zärtlichkeiten entwöhnt. Wenn ihre Mütter es nicht tun, dann werden sie sehr schnell durch die abfälligen Bemerkungen ihrer Spielkameraden beschämt: »Guckt mal das kleine Baby an. Es kriecht der Mama noch auf den Schoß!« Der kleine Junge schämt sich – er stürzt sich auf einen anderen Jungen und prügelt sich. Dann ist die männliche Welt wieder in Ordnung.

Die Sehnsucht nach dem Vater

Von ihren Vätern haben Jungen sowieso in dieser Hinsicht wenig zu erwarten. Die Väter früherer Generationen konnten zwar zärtlich zu ihren Töchtern sein. Ihre Söhne aber erzogen sie mit unnachgiebiger Härte. Vater war die strenge, strafende, prügelnde Instanz in der Familie: »Warte nur, bis dein Vater nach Hause kommt!« drohte die Mutter – und der heimkehrende Vater war dumm genug, sich dafür mißbrauchen zu lassen. Er merkte nicht, daß er mit seiner Strenge die zarte, scheue Liebe seines Sohnes zerstörte.

Die heutigen Väter haben gottseidank begonnen, ihre Söhne in den Arm zu nehmen, mit ihnen zu spielen und zu schmusen. Aber es ist immer noch eine Seltenheit, daß ein Vater mit seinem heranwachsenden Sohn zärtlich ist. Irgendwann kommt die tiefsitzende *Furcht vor Homosexualität* auf. Ich weiß noch, wie bestürzt und berührt ich war, als mir eine amerikanische Bekannte ein Foto zeigte, auf dem ihr alter Vater im Schaukelstuhl saß und ihren erwachsenen Bruder auf dem Schoß hatte. Beide sahen unglaublich glücklich aus.

Ein anderer Teilnehmer des Seminars erzählte von seinem Vater, der ihn als Jungen ignoriert hatte. Er habe sich seines Vaters, der Maurer war, geschämt, da dieser trank. (Wieso trinken so viele Väter? Was müssen sie betäuben?) Erst vor wenigen Jahren, als sein Vater ihm half, ein Haus zu bauen, kamen sie sich näher, indem sie einfach schweigend nebeneinander arbeiteten. Wenn sie sich in der Mittagspause ein Schnäpschen gönnten, konnte er sich allmählich mit dem Trinken seines Vaters versöhnen. Was wäre gut für seinen Vater in dessen Jugend gewesen? fragten wir. Er sagte, sein Vater sei im Grunde ein sehr lebenslustiger Mensch gewesen – jedesmal, wenn er den Film »Sorbas« sehe, erinnere ihn der tanzende Sorbas an seinen Vater. Dieser sei in vielen seiner Leidenschaften von seiner Mutter gebremst worden. Hätte er machen können, was er wollte, wäre der Vater in viele Länder gereist. Er, der Sohn, habe irgendwann gemerkt, daß dies der Grund war, weshalb er selbst so gerne reiste. Er wäre gerne als Erwachsener mit dem Vater irgendwohin gereist. Er hätte gerne mit dem Vater über vieles aus seiner Kindheit gesprochen. Dann sei der Vater plötzlich gestorben, nachdem das Haus fertiggestellt war.

*Die Verbindung zwischen Vater und Kind ist fragiler und stör-
barer*

Mütter unterbrechen oft, ohne daß es ihnen bewußt ist, die Interaktion zwischen Vater und Kind. Mütter haben, bedingt durch die natürliche körperliche Verbindung zum Kind während Schwangerschaft,
Geburt und Stillen, eine selbstverständlichere Nähe zum Kind als Väter. Junge Väter empfinden manchmal so etwas wie Gebärmutter-
und Brustneid, wenn sie erleben, wie ihre Frauen das Kind unter ihrem Herzen tragen, es gebären, es stillen. Väter müssen die Nähe zum
Kind aktiv suchen. Viele sind aufgrund ihrer Arbeit fast den ganzen
Tag nicht da. Die Verbindung zwischen Vater und Kind ist fragiler
und leichter störbar.

*Ein alltägliches Beispiel: Das Kind hat morgens lange geschlafen. Beim
Aufwachen ruft es, und der Vater kommt. Das Kind umarmt den Vater.
Er trägt es zur Wickelkommode und beginnt es anzuziehen. Die Mutter
kommt hinzu und meint, das Kind brauche einen Pullover. Sie holt einen
aus der Kommode und stülpt ihn dem Kind über. Der Vater schaut zu,
dann geht er aus dem Zimmer hinaus ins Bad, um sich für den Tag fertig
zu machen. Die Mutter kommt herein mit dem Kind, um es zu waschen.
Da erst merkt der Vater, was abgelaufen ist, und fragt: »Wieso hast du es
eigentlich übernommen, das Kind fertig zu machen?«*

Dieser Vater hat, ohne sich dessen bewußt zu sein, das Feld sofort
geräumt, als die Mutter hinzukam. Und die Mutter hat, auch ohne es
zu wollen, die intime Interaktion zwischen Vater und Kind unterbrochen. Auf diese Weise lernt das Kind, daß es zwar schön ist, mit Vater
zusammen zu sein. Aber sobald Mutter hinzukommt, ist sie die
Haupt-Interaktionspartnerin. Der Vater geht dann seiner eigenen Beschäftigung nach. Jede/r Leser/in, der Kinder im Haus hat, kann einmal beobachten, wie die Interaktion abläuft, wenn Vater, Mutter und
Kind zusammen sind.

Mißachtung der Grenzen anderer

Wenn wir Mütter in ihrem Verhalten Söhnen und Töchtern gegenüber beobachten, dann fällt ein Unterschied immer wieder auf: Mütter sind viel nachsichtiger gegenüber den aggressiven und grenzverlet-

zenden Verhaltensweisen ihrer Söhne! Mädchen sind von Geburt an nicht weniger aggressiv als Jungen. Sie werden aber dazu erzogen. Was Mütter ihren Töchtern strikt verbieten, z.b. laut zu sein, wütend zu sein, sich zu behaupten gegen andere, andere zu schlagen, zu beißen, zu kratzen oder Gegenstände achtlos zu zerstören, das dürfen die Söhne derselben Mütter unbestraft tun! Manchmal stöhnen Mütter ob des ungestümen Gebarens ihrer Söhne, aber nicht selten lächeln sie sich dabei an. Dieses Lächeln verrät ihr Einverständnis mit diesem »männlichen« Verhalten ihrer Söhne. Jungen dürfen nicht nur – sie sollen aggressiv sein.

Was noch mehr auffällt, ist die stille Duldung der Mütter in bezug auf die Aggression ihrer Söhne *ihnen,* den Müttern, gegenüber! Söhne dürfen nicht selten ihre Mütter anbrüllen, ihnen Befehle erteilen. Sie lassen sie hinter sich abräumen. Viele Mütter verhalten sich wie die Dienerin ihrer Söhne. Da die Mutter die erste Frau im Leben der Jungen ist, lernen diese ganz schnell: Sie können sich mehr herausnehmen als Frauen. Sie dürfen die Frau herumkommandieren, anbrüllen, bisweilen schlagen. Sie sind die Herren. Und wenn der Vater – ihr erstes Vorbild – sich ebenso gegenüber der Mutter benimmt, dann ist der zukünftige Patriarch bereits im Jungen angelegt.

Männer lernen also sehr früh, daß sie das Recht haben, die Grenzen der Frauen zu verletzen. Selbst wenn eine Frau etwas nicht will, wird sie dem Mann schließlich doch nachgeben.

Ein Junge merkt natürlich, daß es unfair ist, soviel privilegierter zu sein als seine Schwester oder seine Spielkameradin. Insgeheim wird er sich vielleicht seiner unverdienten Privilegien schämen! Denn etwas zu bekommen, was einem nicht zusteht, beschämt.

Aber so stark ist der Junge nicht, daß er freiwillig auf seine Privilegien verzichten und sich auf die Seite der Benachteiligten stellen könnte. Dies würde sehr viel Reife voraussetzen. (Siehe das Kapitel 20 *»Scham des Täters«.)*

Gewaltbereitschaft

Wenn wir die Sozialisation eines Jungen in unserer Gesellschaft anschauen, dann stimmt nachdenklich, wie ein »richtiger« Junge sein soll: Er soll seine kindliche Zartheit so schnell wie möglich ablegen – ein Junge fühlt sich real anders an als ein Mädchen: Die ursprüngliche Zartheit und Wärme seiner Haut weicht mit den Jahren einer kühlen, abweisenden Härte. Er soll hart und zupackend sein. Der einzige intime Kontakt zu einem anderen Jungen ist der Kampf und der Sport. In beidem ist der Kontakt rauh, unsensibel und bringt Verletzungsgefahr – der Junge soll sich an Verletzungen gewöhnen. Weint er, ist er ein »Weichling«. Scheut er vor Risiken und Schmerzen zurück, ist er ein »Feigling«. Mutproben und Kämpfe bereiten ihn vor auf ein Leben, in dem hart gekämpft und gearbeitet wird, in dem der Sieg mehr gilt als der Kompromiß, in dem jeder Mann ein Einzelkämpfer ist und jeder andere Mann ein Herausforderer. Der Westernheld als Vorbild – das Duell als Beziehungsform. Nur einer kann gewinnen. Der andere ist tot.

Wenn wir dieses Jungenverhalten anschauen, ist es erschreckend, wie direkt die Aggressionsbereitschaft von Jungen im erwachsenen Mann umgesetzt wird, als fände in dieser Hinsicht überhaupt keine menschliche Reifung in den Jahren des Heranwachsens statt. Ein Präsident (ehemaliger Wildwest-Filmstar) propagiert den »Krieg der Sterne« (ebenfalls ein Filmtitel!). Ganze Volksgruppen schlachten sich ab wie Vieh – der Krieg als gigantisches Räuber-und-Gendarmen-Spiel, entfesselt aus der verletzten Eitelkeit von Staatsmännern und aufrechterhalten durch gegenseitige Demütigung und Rache der Völker.

Hier ein individuelles Beispiel für unsere latente Gewaltbereitschaft:
Ein politisch engagierter Mann hört im Autoradio von dem Mord an Ausländern in Mölln. Zunächst wird er zornig auf die Rechtsradikalen. Aber allmählich spürt er, wie eine gewaltige Welle von Wut in ihm anschwillt und Besitz von ihm ergreift, bis er innerlich bebt. In der Nacht trinkt er ein paar Flaschen Bier und irrt durch die Straßen. Er spürt in sich eine fast orgiastische Lust, die danach giert, jeden, der ihm in den Weg läuft, zusammenzuschlagen – nicht nur Skinheads, sondern auch Türken, Polizisten, jeden! Diese Wut, die er bisher in dieser Macht nicht kannte, erschreckt ihn zutiefst.
Sein Vater war ein begeisterter Nazi, der sich nach dem Krieg zwar nicht mehr politisch engagierte, aber gegen Langhaarige eine Mordswut hatte. Vater und Mutter verprügelten den Jungen, obwohl sie ihn sonst abgöttisch liebten. Später kamen Vater und Sohn besser miteinander aus, und der Vater war mächtig stolz auf die sportlichen Leistungen des Sohnes.

Gewalt gebiert Gewalt. Wenn ein Mann als Kind Gewalt in Form von Prügeln erlebt hat, steckt diese Erfahrung in ihm, sie bleibt in seinem Körper, ja in seinen Muskeln als Gewaltbereitschaft erhalten, selbst wenn er aus vollster Überzeugung Pazifist ist. In einer Situation, in der die »Stimmung« früher erlebter Gewalt wieder spürbar wird, kann sich das schlummernde, nie erloschene Gewaltpotential im Nu wieder entzünden. Daß diese Erfahrungen, wenn sie nicht verarbeitet sind, sich so schnell wiederbeleben können wie heute in DeutschLand, muß uns alle aufs höchste alarmieren. Fünfzig Jahre Demokratieerfahrung können anscheinend solchen elementaren Gefühlsstürmen nicht standhalten. Daß der oben beschriebene Mann seine Wut nicht blind ausagierte, daß er sie klar erkannte und darüber erschrocken war, kann als ein Zeichen der Bewußtwerdung angesehen werden. Es ist wichtig, daß wir Männer über diese Gefühle sprechen.

Ebenso sollten wir Männer die Gewalt in den Medien unter diesem Aspekt betrachten. Wir sollten nicht leugnen, daß viele von uns – wenn auch heimlich – Lust und Erregung verspüren bei der Betrachtung solcher Darstellungen. Wieso spüren wir bei solchen Szenen keinen Ekel? Woher kommt unsere Anfälligkeit für die Kombination von *Gewalt und Sex* – die Erregung, die wir spüren, wenn ein Mann einer Frau oder einem anderen Mann Gewalt antut? Waren wir selbst einmal Opfer solcher Demütigung? Wenn wir uns von Kinderpornos angezogen fühlen, haben wir als Jungen sexuellen Mißbrauch erlebt? Wir Männer sollten uns mit anderen Männern über solche Fragen austauschen, nicht moralisierend, nicht rechtfertigend, nicht verharmlosend. Was sind unsere Empfindungen, unsere persönlichen Erlebnisse, unsere Impulse zum Thema Gewalt? Das Miteinander-Sprechen kann uns darin unterstützen, uns einem Tabuthema zu öffnen, bei dem wir sonst lieber wegschauen und schweigen.

Verzicht auf das männliche Machtmonopol

In unserer Gesellschaft halten und beanspruchen wir Männer das Machtmonopol. Die wenigsten von uns sind jedoch reif genug, um verantwortungsvoll mit Macht umzugehen. Hier brauchen wir Männer Hilfe. Die einseitige Machtkonzentration auf den Mann macht ihn leicht größenwahnsinnig. Es ist Zeit, gesellschaftliche Macht und Verantwortung gleichmäßig auf alle Gruppen in der Gesellschaft zu verteilen, nicht nur auf Männer und Frauen, sondern genauso auf

Kinder und Alte, auf Einheimische und Ausländer. So daß jede/r einzelne tatsächlich seine Stimme erheben kann und gehört wird. Jede Beschränkung der Macht und Verantwortung, z.B. auf Männer, auf Einheimische, auf Erwachsene oder auf Wohlhabende, muß nachdenklich stimmen. Wie heißt es bei George Orwell: »Alle sind gleich, aber einige sind gleicher!« *(Animal Farm)*

Homophobie – die Angst des Mannes vor dem Mann

Wohl die tiefste Scham, die Männer in unserer Gesellschaft haben, ist die vor der erotischen Anziehung zu anderen Männern. Hier herrscht ein fast archaisch anmutendes Tabu. Es durchdringt alle Gesellschaftsschichten; selbst unter Gefängnisinsassen stehen homosexuelle Männer am untersten Ende der Hackordnung. Sie werden verachtet und oft verprügelt.

In der Angst vor erotischen Gefühlen gegenüber Männern steckt möglicherweise die Entfremdung vom eigenen männlichen Körper. Jeder Körper, ob männlich oder weiblich, ist an sich erotisch, ist von Wärme durchströmt, hat seinen typischen Duft. Wir Männer erwarten auch von einer Geliebten, daß sie unseren Körper anziehend findet. Finden wir aber unseren eigenen Körper attraktiv? Können wir uns selbst riechen? Mögen wir, wie sich unsere Haut anfühlt? Wo streicheln wir uns gerne, und wie fühlt sich das an?

Wenn wir unseren eigenen Körper von seiner erotischen Ausstrahlung für uns Männer betrachten, dann haben tatsächlich homosexuelle Männer ein erotischeres Verhältnis zum eigenen Männerkörper. Sie lieben nämlich den männlichen Körper, so wie heterosexuelle Männer den weiblichen Körper lieben. Sie können fasziniert sein vom Aussehen, von der Figur, vom Duft eines Männerkörpers. Sie haben den liebenden Blick und den liebenden Touch für einen Mann behalten, den heterosexuelle Männer längst verloren haben. Deren Autoerotik ist ausschließlich auf einen winzigen Teil ihres Körpers fokussiert, ihre Autosexualität auf das Onanieren beschränkt. Sie messen ihren erotischen Wert an der Größe ihres Penis. (Für die meisten Frauen spielt dieses Maß eine eher untergeordnete Rolle.)

Die Scham davor, sich von einem anderen Mann angezogen zu fühlen, beginnt schon im Jugendalter:

Ein Mann erzählt von einem Schamerlebnis: »Ich war etwa 15 Jahre alt.

Wir waren mit einem kirchlichen Jugendkreis im Zeltlager gewesen, und meine Mutter fragte mich, wer denn dabeigewesen sei. Ich zählte Namen auf, und bei einem bestimmten Namen bekam ich einen roten Kopf. Meine Mutter fragte nach, was denn mit diesem Jungen gewesen sei. Nichts war gewesen. Mit diesem Jungen habe ich weder in diesem Zeltlager noch sonst engen Kontakt gehabt. Ich fand nur, daß er ein schönes männliches Gesicht hatte und groß und stark war – ich fand ihn schön – das war alles. Aber das sagte ich meiner Mutter auch nicht. Sie bohrte nach, aber ich sagte nur ›Nichts, wirklich nichts‹. Ich habe noch jahrelang Angst davor gehabt, daß der Name dieses Jungen genannt werden könnte, ich bekam dann jedesmal einen roten Kopf und schämte mich.«

Wenn wir erröten, ist dies ein Zeichen für Erregung und Freude, die in uns hochsteigen, deren wir uns aber schämen.

Die Verachtung der eigenen Homoerotik kann unter heterosexuellen Männern bizarre Formen annehmen:

Ein junger Mann, der neu in einer renommierten Firma angefangen hat, aber nicht recht mit der Arbeit dort vorankommt, wird zum Personalchef gerufen. Er geht hin, nichts Böses ahnend. Der Chef eröffnet das Gespräch damit, daß er ihm eine Zeitung hinlegt und sagt: »Hier, darin steht, daß Homosexuelle weiße Socken zu tragen pflegen…« Der junge Mann ist wie vom Donner getroffen, er trägt gerne weiße Socken. Daraufhin spricht ihm der Personalchef die Kündigung aus, ohne ein Wort über das angeschnittene Thema zu verlieren.

Ein Mann, der leidenschaftlich gerne tanzt, lebt in einer Disco voll auf. Als er die Tanzfläche verläßt und an einem Mann vorbeigeht, der die ganze Zeit zugeschaut hat, sagt dieser nur: »Du Hodenschüttler!« Der Tänzer schämt sich seither jedesmal, wenn er vor anderen Menschen tanzt. Er schämt sich, daß er so offen seine Lust gezeigt hat, er fühlt sich plötzlich wie ein Exhibitionist, aus der Männergemeinschaft ausgestoßen. Und in seinem Körper fühlt er sich wie zerrissen, wie auseinandergerissen.

Ein anderer Mann, der ebenfalls leidenschaftlich gerne tanzt, geht mit seiner Freundin und anderen Freunden in eine bekannte Bar, in der meistens homosexuelle Männer verkehren, aber auch heterosexuelle zugelassen sind. Zusammen mit den anderen legt er auf der Tanzfläche los. Plötzlich spürt er die Blicke der umstehenden Männer auf sich, er fühlt sich von ihren Blicken taxiert, begehrt, fast ausgezogen. Er ist dankbar, daß seine Freundin bei ihm ist, wie ein Schutz vor den Männern. Völlig verwirrt verläßt er so bald wie möglich das Lokal. Jetzt ahnt er, wie es sich für eine Frau anfühlen mag, wenn sie von Männern begehrlich betrachtet wird.

Wenn sich heterosexuelle Männer schon so schämen über nur angedeutete homosexuelle Gefühle oder Spannungen, wieviel mehr müssen sich homosexuelle Männer vor der übrigen Gesellschaft schämen! Sie werden ausgegrenzt, verachtet, verfolgt. In der gesellschaftlichen Achtungsskala stehen sie auf einer ähnlich tiefen Stufe wie Asylanten, Sintis, Geisteskranke. Im Dritten Reich wurden sie wie diese vergast. Sie gehören buchstäblich zu den *Unberührbaren,* weil »normal« heterosexuelle Männer ihre Berührung (und, wie wir im letzten Beispiel gesehen haben, ihren Blick) fürchten. Homosexuelle Männer sind durch die öffentliche Ächtung so scheu, daß sie sehr vorsichtig sind, wenn sie sich einem anderen Mann nähern, von dem sie nicht wissen, ob er offen ist für eine erotische Begegnung. Sie sind viel weniger zudringlich als die meisten heterosexuellen Männer in deren Annäherung an eine Frau. Sie ziehen sich sofort zurück, wenn sie eine klare Botschaft vom anderen Mann bekommen, daß dieser nicht interessiert ist. Frauen schätzen die Feinheit und Rücksicht homosexueller Männer. Sie genießen es, daß sie sich in ihrer Gesellschaft frei und ungeniert bewegen können, ohne angemacht zu werden.

Bedingt durch die gesellschaftliche Ächtung, die homosexuelle Männer erfahren, sind sie meist gezwungen, ihre sexuellen Kontakte abseits der Öffentlichkeit aufzunehmen, z.B. in bestimmten öffentlichen Toiletten oder Bars. Viele sind gezwungen, ein Doppelleben zu führen, vor allem, wenn sie bisexuell sind, mit einer Frau und Familie leben und einer normalen Arbeit nachgehen. Sie werden damit in nichtöffentliche Milieus abgedrängt. In diesen nicht öffentlich kontrollierten Bereichen können sie leichter Opfer oder Täter sexueller oder psychischer Gewalt werden. Auch hierfür ist die Gesamtgesellschaft mitverantwortlich. (Vergleiche hierzu Kapitel 10.)

Homosexuelle Männer sind von der AIDS-Erkrankung besonders betroffen. Dies bringt ihnen eine doppelte Kränkung, einmal eine unmittelbare Gefährdung ihres Lebens, dann die vermehrte Ächtung, die ihnen entgegengebracht wird. Um so bewundernswerter sind diejenigen unter ihnen, die sich gerade jetzt zu erkennen geben und das öffentliche Gewissen wachrütteln. Das ist mutig. *AIDS* ist dabei, die

Krankheit zu werden, vor der sich unsere Gesellschaft am meisten fürchtet. AIDS-Kranke werden wie Aussätzige gemieden. Ihnen wird die Schuld an der eigenen Erkrankung zugesprochen, denn sie hätten sich angesteckt. Und da sich Homosexuelle und Drogenabhängige am häufigsten anstecken, trifft die gesellschaftliche Ächtung dieser beiden Minderheiten gleichzeitig jeden AIDS-Kranken. Viele leben daher in tiefer Scham und ständiger Furcht vor Aufdeckung ihres Geheimnisses.

Scham in der männlichen Sexualität

Viele Männer fühlen sich ungenügend bis minderwertig in ihrer Sexualität. Von ihrem Körper und ihren Körperempfindungen entfremdet, rennen sie zwei männlichen Körperidealen nach: dem Bild des »Muskelmannes« und dem des »Großen Unermüdlichen Penis«. Für das eine können sie mindestens etwas tun, indem sie ins Fitness-Studio gehen. Schwellende Bizeps wirken anscheinend erotisierend für Männer. Hier wird die männliche Erotik wieder einmal enteußert: Statt des Wohlgefühls im eigenen Körper ist man stolz auf einen Muskel. Die Parallele zur erotischen Besetzung von Autos ist offensichtlich.

Tiefgreifender ist das Ideal vom »Großen Unermüdlichen Penis«, von der männlicher Potenz. Für die Größe kann keiner etwas, aber man muß sich schämen, wenn man – wie die meisten Männer – nur einen kleinen hat. Für dessen Unermüdlichkeit kann auch keiner etwas, obwohl in Autozeitschriften Pillen und Cremes angepriesen werden. Die sexuelle Aufklärung hat hier bei den meisten Männern weniger eine Befreiung bewirkt, als noch mehr Leistungsdruck erzeugt (was wiederum typisch für Männer ist). Sobald wir wußten, daß Frauen im allgemeinen länger brauchen, um zum Orgasmus zu kommen, bemühten wir uns, uns lange genug zurückzuhalten, obwohl unsere natürliche Erregungskurve steiler ansteigt und fällt. Noch schlimmer wurde es, als wir erfuhren, daß Frauen multiple, ja theoretisch endlos viele Orgasmen hintereinander erleben können. Wie können wir da je mithalten? Die Unterschiedlichkeit zwischen der weiblichen und männlichen Sexualität interpretieren wir leicht in eine männliche *Unterlegenheit* um, die wir durch mehr Leistung und Training wettmachen müssen.

Hier eine biologische Feststellung, die uns entlasten könnte: Die männliche Erektion ist eine parasympathische Reaktion – das heißt, unsere innere Erregung steigt vor allem dann, wenn wir entspannt sind (der Parasympathikus ist der Teil des vegetativen Nervensystems, der in der Entspannung wirksam wird). Wenn wir uns aber überanstrengen, z.B. um es besonders gut zu machen oder um mit unserer Liebespartnerin Schritt zu halten, dann wird der Sympathikus aktiviert und der Parasympathikus de-aktiviert. Kein Wunder, daß dann unsere Glieder abschlaffen.

Viele Männer haben dazu den Anspruch an sich selbst, sich sexuell mit jeder Frau gleichermaßen gut zu verstehen, gleichgültig, ob sie ihn tatsächlich anzieht oder nicht. In der Sexualität ist es aber im Grunde nicht anders als in emotionalen Beziehungen: Wir verstehen uns auch nicht mit jedem x-beliebigen Menschen, den wir treffen.

Wir sollten vor allem lernen, daß Sexualität nichts mit Leistung zu tun hat. Sie hat nicht als einziges Ziel Orgasmus und Ejakulation. Sie hat viel mehr damit zu tun, daß wir uns mit unserem Partner bzw. unserer Partnerin wohl fühlen, daß wir uns fallen lassen können in den Genuß des Augenblicks, uns öffnen fürs Sehen, Fühlen, Riechen, Schmecken, Tasten: Sinnlichkeit durch die Öffnung aller Sinne.

Sexuell mißbrauchte Jungen und Männer

Daß wir Männer Opfer körperlicher Gewalt werden können, ist offenkundig. Daß wir als Arbeitskräfte ausgebeutet werden können, wissen wir spätestens seit Marx. Daß wir im Krieg als Soldaten für Volk und Vaterland verheizt werden, ist auch bekannt. Aber daß wir Männer auch sexuell ausgebeutet und mißbraucht werden können, davon wollen die wenigsten wissen. Zu sehr steht diese Tatsache im Gegensatz zu unserem Männerbild. Dies würde uns in die Nähe der Opferrolle bringen, die sonst Frauen zugedacht ist.

Und doch gibt es viele Jungen, die sexuell mißbraucht werden: von ihren Vätern, ihren Müttern, Brüdern, Schwestern, Verwandten, Kameraden, Lehrern, Pfarrern, Vorgesetzten. Erst im Zuge der öffentlichen Diskussion über den sexuellen Mißbrauch von Frauen tauchte in den letzten Jahren, quasi als Nebenprodukt, die Frage nach dem sexuellen Mißbrauch von Jungen auf.

Ein Mann, der zunächst aus professionellem Interesse an einem Seminar über sexuellen Mißbrauch teilnimmt, erinnert sich im Laufe der Veranstaltung, daß er als Kind zumindest das Opfer sexueller Zudringlichkeit gewesen ist. Er berichtet davon, wie er als Junge von seiner Mutter und ihren Freundinnen begehrlich und bewundernd angeschaut und angefaßt worden sei. Ihm seien solche Situationen als Kind nicht sonderlich aufgefallen, er habe sich nur unwohl gefühlt, ohne zu wissen weshalb. Die fast sexuelle Erregung der Mutter beim Streicheln und Beschnüffeln seiner Kinderfüße stand im krassen Gegensatz zu der Abscheu der Mutter gegenüber den Füßen ihres Ehemannes, also seines Vaters, die angeblich pilzinfiziert waren. Er selbst mochte die Füße und die Beine seines Vaters. Dadurch trennte die Mutter ihn von seinem Vater: Er als ihr Sohn war liebenswert, während sein Vater ablehnenswert war. Wie konnte er da ein richtiger Mann werden? Außerdem habe er mitbekommen, wie Vater und Mutter sexuell mit anderen Partnern verkehrten. Die Sexualität schien geradezu aus den Poren der Zimmerwände der Wohnung seiner Kindheit zu diffundieren, obwohl kein einziges Wort über Sexualität fiel.

Er sei ein Mann geworden, der auf Frauen wirke. Frauen fühlen sich zu ihm hingezogen, denn er habe einen fast instinktiven Zugang zu ihren intimen Gefühlen und Gedanken. Im sexuellen Kontakt sei er jedoch eher gehemmt. Außerdem habe er einige Beziehungen gehabt, in denen er die Partnerin seelisch gequält habe. Er habe keine Kontrolle darüber gehabt und schäme sich dessen.

Bei seinem Bericht wußte dieser Mann im übrigen nicht, ob das Angeschaut- und Angefaßt-Werden durch seine Mutter schon Mißbrauch war. Deshalb sprach er lieber von »Grenzüberschreitung«. Es ging ihm leichter als »mißbraucht werden« über die Lippen.

In diesem Beispiel sind einige Kennzeichen für mißbrauchte Menschen zu erkennen:

– Die Tatsache, daß ihm der sexuelle Mißbrauch bis zu dem Seminar nicht bewußt war. Er hat sich als Kind nur unwohl dabei gefühlt, wenn seine Mutter intim mit ihm war.

– Die Unsicherheit, ob die Handlungen, die seine Mutter an ihm vornahm, tatsächlich mißbräuchlich waren. Die sexuelle Interaktion war in einer Geste mütterlicher Zuwendung eingeschlossen. (Wahrscheinlich war die Mutter sich der sexuellen Tönung ihrer Zuwendung selbst nicht bewußt.)

– Die für lnzest typische Entfremdung zwischen Vater und Mutter, so daß der Sohn zum Mannersatz wurde.

– Seine Identitätsstörung als Mann, da er sowohl als Sohn als auch als Ersatzmann behandelt wurde und von seinem Vater als männlichem Vorbild nicht viel mitbekam.

– Seine verführerische Wirkung auf Frauen. Sexuell mißbrauchte Menschen wirken oft außerordentlich attraktiv. Sie fallen jedem ins Auge. Jedoch sind sie in ihrer eigentlichen Sexualität eher gehemmt oder gar gestört, da sie hier traumatisiert worden sind.

– Sein fast instinktiver Zugang zu dem intimen Bereich einer Frau hat etwas Grenzüberschreitendes. Die konventionellen Grenzen sind aufgehoben.

– Seine Tendenz, in seinen späteren Beziehungen Frauen zu quälen: Darin steckt die unterdrückte Wut des mißbrauchten Jungen auf die Frauen. Aus Opfern werden leicht Täter. Die vertrauten, grenzverletzenden Interaktionsmuster der Kindheit werden in späteren Beziehungen fortgesetzt.

Auch erwachsene Männer können, wenn sie in Situationen kommen, die der öffentlichen Kontrolle weniger zugänglich sind, Ziel sexuellen Mißbrauchs durch andere Männer werden: in Gefängnissen, Kasernen, Klöstern. Vor allem aber im Krieg, in dem Männer verpflichtet werden, sich gegenseitig Gewalt anzutun, sind sexuelle Übergriffe an Männern an der Tagesordnung.

Die seelische Not mißbrauchter Jungen und Männer ist genauso groß wie bei mißbrauchten Mädchen und Frauen. Sie erhalten nur noch seltener Hilfe und Verständnis, da der Mißbrauch von Jungen mehr tabuisiert (z.B. durch die Ideologie der Mütterlichkeit, wenn die Mutter die Täterin war) und weniger bekannt ist. Es fehlt ihnen auch an männlicher Solidarität, da die meisten Männer Angst davor haben, mit diesem Thema konfrontiert zu werden.

Wir haben als Männer noch einen langen Weg, mit unserer Scham und Verletzbarkeit vertraut zu werden. Wenn es uns gelingt, uns in diesen »unmännlichen« Gefühlen anzunehmen, dann wird es für uns leichter sein, unseren Größenwahn, unsere Gewaltbereitschaft und unsere Übergriffe auf Schwächere abzubauen.

Tabellarische Gegenüberstellung von Männer- und Frauenidealen

Mit der hier folgenden Tabelle möchten wir nicht nur die verschiedenen Männer- und Frauenideale darstellen, sondern die *Komplementarität,* die gegenseitige Ergänzung, deutlich machen. Durch die Gegenüberstellung sehen wir, daß hier eine *Abspaltung, Projektion und Delegation* stattfindet: Eigenschaften, die allgemein menschlich sind und jedem von uns, ob Mann oder Frau, zustehen, werden von dem einen Geschlecht abgespalten und auf das andere Geschlecht projiziert. Dieses hat dann die betreffenden Eigenschaften um so deutlicher, ja übertriebener zu zeigen.

Männer - und Frauenideale:

	Männer	Frauen
gesellschaftliche Aufgaben	Beruf, Arbeit, Familie ernähren, Hausbau, Familienvorstand, für Recht und Ordnung sorgen, Sich durchsetzen, Krieg führen	Hausarbeit, Beruf, Kinderaufzucht, Versorgung der Familie (Ehemann, Kinder, Alte, Kranke), für Harmonie und Schönheit sorgen, Ausgleich der Sorgen aus der Berufswelt, verhandeln, Kompromisse aushandeln
Körper	muskulös, groß, kräftig, hart, zupackend, aggressiv	zart, weich, anschmiegsam, bergend, sexy, schlank
Verhalten gegenüber dem eigenen Geschlecht	konkurrierend, rivalisierend, neidisch, abwehrend, auf Abstand haltend, Kampf als Kontakt, panische Angst vor Homosexualität	konkurrierend, rivalisierend, neidisch, körperliche Nähe ist eher zulässig, abwartend, mißtrauisch

	Männer	**Frauen**
Verhalten gegenüber dem anderen Geschlecht	1) dominant-herrisch-angeberisch 2) höfisch-werbend-erobernd 3) gewalttätig sich bemächtigend 4) jungenhaft-abhängig-unselbständig	1) mütterlich versorgend, verständnisvoll, emotionale Stütze 2) submissiv, sich unterwerfend, nachgiebig 3) schüchtern, verschämt, zurückhaltend (Erröten) 4) sich der männlichen Gewalt unterwerfen, sich nicht körperlich wehren, dafür aber verbal, mit Liebes- und Sexentzug (passive Aggressivität) 5) mädchenhaft-abhängig, unselbständig
Schambesetzte Anteile	1) Scham vor dem Sich-Schämen 2) »Weibische« Anteile (Zartheit, Ängstlichkeit, Zögerlichkeit, Verständnis, Gefühlsreichtum, Weichheit, Passivität) 3) Körperliche Kleinheit, Penisgröße, Bauch, Glatze 4) Sexuelle Impotenz 5) Treue, Monogamie 6) Körperliche/sportliche, später berufliche, kriegerische Unterlegenheit gegenüber anderen Männern 7) Berufliches Versagen, Arbeitslosigkeit	1) »Männliche« Anteile (körperliche Kraft, Verstand, Durchsetzungsvermögen, Karriere, Aggressivität, Egoismus) 2) Unattraktivität 3) Frigidität, Lust und Begierde 4) eheliche Untreue 5) Versagen als Hausfrau, Mutter, Partnerin 6) aussehensmäßige, statusmäßige Unterlegenheit gegenüber anderen Frauen 7) Alleinstehend sein 8) Berufliches Versagen

	Männer	**Frauen**
Mit Stolz besetzte, von anderen beneidete Anteile	1) Körperliche Kraft und Ausdauer, Muskeln 2) Sexuelle Potenz, Lust 3) Viele Frauen ins Bett bekommen/attraktive Frau heiraten/eheliche Untreue 4) Verstand 5) Unterwerfung der Natur (Technik) 6) Karriere, Erfolg, Geld und Macht 7) Alleinstehend sein (Unabhängigkeit)	1) Schönheit, Attraktivität 2) »Gute Partie« mit Mann, Kindern, Haus 3) »Gut geratene Kinder« 4) »Perfekte Hausfrau« 5) Eheliche Treue, heimliche Liebschaften
Statussymbole	1) Muskeln, Sportlichkeit 2) Geld, Besitz 3) Macht, Einfluß 4) Auto 5) elektronische Geräte	1) Attraktives Aussehen, gute Figur, Sportlichkeit 2) Status des Mannes, Kinder 3) Einbauküche, schöne Wohnung/Haus 4) Schmuck 5) Haushaltshilfe
Verhalten gegenüber Kindern	1) »Väterlich«-streng und -distanziert 2) streng, distanziert und hart gegenüber Söhnen – zärtlich und körperlich nahe gegenüber Töchtern	1) »Mütterlich«-fürsorglich und verzeihend 2) streng und fordernd gegenüber Töchtern – zärtlich-gewährend-verwöhnend gegenüber Söhnen

25. Frauenscham

Wenn wir davon ausgehen, daß übermäßige Scham vor allem dann entsteht, wenn Menschen abgewertet, in ihren Rechten und in ihrer Würde mißachtet und von einer herrschenden Schicht diskriminiert und ausgebeutet werden, ohne daß diese Demütigungen und Verletzungen als solche benannt, geschweige denn verantwortet werden, dann sind Frauen in einer patriarchalen Gesellschaft besonders prädestiniert für übermäßige Scham.

Die übermäßige Scham der Frauen hat sie lange Zeit sprachlos gemacht und sie eingesperrt in gesellschaftliche Zwänge und Klischees, die ihr Denken, ihr Selbstwertgefühl und ihr Verhalten prägten.

Doch Frauen stellen sich seit vielen Jahren mutig – viel eher als Männer – all den Beschämungen und Verletzungen, die sie erlebten und immer noch erleben. Die Frauenbewegung hat sie darin unterstützt, ihr Schweigen zu brechen und gemeinsam mit anderen Frauen ihr scheinbar privates Leiden in einen größeren gesellschaftlich-politischen Kontext zu stellen und zu verstehen. Feministische Wissenschaftlerinnen, Theologinnen und Therapeutinnen setzen sich kritisch mit den herrschenden Ideologien, Theorien und der gesellschaftlichen Praxis auseinander, die zur Beschämung der Frauen beitragen und beigetragen haben, und entwickeln emanzipatorische Gegenentwürfe.

Vom Ende der Scham der Frauen kann noch keine Rede sein, doch auf vielen Ebenen haben Veränderungsprozesse begonnen.

Spaltung und gegenseitige Projektion

Den Zwängen und Einschränkungen der patriarchalen abendländischen Kultur unterliegen Männer genauso wie Frauen. Auch sie werden in ihrem menschlichen Potential einseitig festgelegt, beschnitten und reduziert auf einen Teilbereich ihres Seins. Das so entstandene und heute noch herrschende Frauen- und Männerbild, das Frauen als das schwache, unterlegene, schöne, abhängige, sanfte und liebende Geschlecht, Männer als rational, stark, erfolgreich, cool und unabhängig definiert, verkrüppelt im Grunde beide Geschlechter. Denn es basiert auf Spaltung und der Entwicklung eines angepaßten *falschen Selbst*, das zur Verdrängung und Unterdrückung eines ganzheitlichen menschlichen Potentials führt.

Männer spalten ihre schwachen, abhängigen und irrationalen Seiten von sich ab, entwerten sie und projizieren sie auf Frauen, während diese ihre starken, klugen, erfolgreichen, aggressiven und unabhängigen Seiten abspalten und sie an Männer delegieren.

Der Mechanismus, Teile von sich abzuspalten, sie tief in sich zu verbergen und andere dafür zu hassen, daß sie diese Teile leben können, führt mit zu dem Kreislauf von gegenseitiger Angst, Verachtung, Wut und Gewaltausbrüchen. Damit dieser Kreislauf von gegenseitiger Beschämung und Schamabwehr unterbrochen werden kann, ist für beide Geschlechter die Auseinandersetzung mit der historisch entstandenen und sich ständig reproduzierenden gewalttätigen und Scham erzeugenden Realität unbedingt notwendig.

Frauen leiden offensichtlicher unter diesem Zustand, denn sie werden in der patriarchalen Gesellschaft besonders benachteiligt und entwertet. Dieser gesellschaftliche Zustand, unter dem im Grunde aber beide Geschlechter leiden, wird so lange festgeschrieben und an die nächste Generation weitergereicht, solange Frauen und Männer sich nicht um eine radikale Veränderung bemühen.

In Ansätzen und in einigen sozialen Schichten hat sich in den letzten fünfundzwanzig Jahren das traditionelle Frauen- und Männerbild gewandelt. Von Frauen wird heute nicht mehr erwartet, daß sie ihre Identität ausschließlich aus Ehe und Familie beziehen. Sie sind in der Regel gut ausgebildet, genießen mehr Freiheiten und nehmen am gesellschaftlichen Leben stärker teil als ihre Mütter und Großmütter. Frauen melden sich selbstbewußter in der Öffentlichkeit zu Wort und setzen sich für eine Veränderung in allen gesellschaftlichen Bereichen ein. Dennoch sind sie in keinem gesellschaftlichen Bereich (Politik, Recht, Kultur, Ökonomie, Wissenschaft) Männern gleichgestellt!

Auch das Männerbild hat sich ansatzweise in der neuen Generation geändert. So beginnen junge Männer heute, zwar noch zaghaft, die sie psychisch, körperlich und emotional einengende Männerrolle zu hinterfragen. Sie lassen eher Gefühle und Empfindsamkeit zu, stehen zu ihren Bedürfnissen nach Beziehung und Bindung an Partnerinnen und Kinder und projizieren diese Wünsche nicht mehr, wie vormals ihre Väter, auf Frauen.

Doch die Beispiele dafür, wie in der heutigen Gesellschaft immer noch die *traditionellen Frauen- und Männerbilder* aufrechterhalten und weitergegeben werden, sind in der Überzahl.

Wenn Sie möchten, können Sie dazu ein kleines Experiment machen: Nehmen Sie einen Fernsehapparat, den Sie zu jeder beliebigen Abendstunde einschalten. Springen sie von Sender zu Sender, um zu schauen, was millionenfach an **Frauen- und Männerbildern** *in die Haushalte transportiert wird, Tag für Tag, Woche für Woche, Jahr für Jahr. Es sind Bilder, mit denen unsere Kinder und Jugendlichen aufwachsen, die ihr Selbstverständnis und ihre Identität mit prägen. Sie können feststellen: Menschen, die in führenden und wichtigen Rollen und Funktionen stehen, sind männlich. Politiker, Wissenschaftler, Fachleute, die sich zu Wort melden und angehört werden, sind Männer. Die Helden, um die es geht und die die Probleme lösen in Spielfilmen, Western, Krimis, Kriegsfilmen, sind ebenfalls Männer. Gewalt auf allen Kanälen: Prügelszenen, Schießereien, Morde, Katastrophen und Kriegsbilder.*

Die Frau ist, abgesehen von minimalen Ausnahmen, in der Rolle
– der (eher geistlosen) Schönen, die die Männerrunde auflockert, ihr Farbe und Abwechslung verleiht,
– des Anhängsels, das dem Mann unterlegen ist, ihn unterstützt, auf ihn wartet, ihm zuarbeitet,
– des Opfers anderer Männer, für das ein Mann sich dann heldenhaft einsetzen, das er beschützen und das er rächen kann,
– des Werbeträgers: Frauen (zunehmend aber auch Männer) werben mit ihrem jungen, perfekten Körper und mit ihrer sexuellen Attraktivität für Waren.

Doch Heldinnen, Frauen, die kompetent und stark, eigenständig und mutig sich theoretisch und praktisch mit sich und der Welt auseinandersetzen, kommen kaum vor.

Da Männer scheinbar immer noch und überall die starken, siegreichen und kompetenten Helden sind, haben sie wenig Veranlassung, ihr eigenes Fehlverhalten und ihre Verkrüppelung zu problematisieren: In der Regel sind sie sich selbst, ihrem Körper und ihren Gefühlen entfremdet, sie sind verbal und sozial inkompetenter und verdrängen ihre Belastungen und Konflikte eher als Frauen. In ihrer Schamabwehr tendieren sie stärker dazu, andere mittels aggressiver körperlicher oder sexueller Gewalt zu demütigen. Männer profitieren in einer Männergesellschaft von ihrem Privileg, Mann zu sein. Wie beschämend und demütigend ist es aber für Frauen, mit ihrer täglich aufs neue dargestellten Unterlegenheit, Inkompetenz und Wertlosigkeit konfrontiert zu werden. Angesichts dieser endlosen Wiederholungen haben Frauen oft nur die Wahl zu resignieren und sich anzupassen oder all ihre Wut und Kraft zusammenzunehmen, um sich gegen diese Realität zur Wehr zu setzen.

Aus der psychotherapeutischen Erfahrung wissen wir, daß eine grundlegende Veränderung und Heilung von destruktiven Verhaltensmustern, sowohl der Frauen als auch der Männer, erst möglich werden, wenn sie benannt und verantwortet werden. Wir müssen uns der Wahrheit über uns und unser Verhalten, aber auch über unsere Verletzungen und Einschränkungen stellen, damit wir sie verarbeiten können. Solange die traumatischen Verletzungen, die im Zusammenleben sowohl auf der individuellen als auch auf der kollektiven Ebene den Menschen, vor allem den Frauen, zugefügt wurden, verdrängt und verleugnet werden, halten sie uns in Schamabwehrstrategien gefangen und verhindern grundlegende Veränderungen, die wir dringend benötigen.

Unterdrückung des weiblichen Geschlechts

Frauen sind im Laufe der von Männern gemachten und geschriebenen Geschichte sukzessiv in bezug auf ihren Körper, ihre Sexualität, ihre Gefühle, ihre Spiritualität, ihre kulturellen und geistigen Leistungen und ihre Stärken enteignet worden. Sie wurden für die männlichen Bedürfnisse zugerichtet. Sie sollten dem Mann untertan sein, seine Dominanzgelüste, seine sexuellen und emotionalen Bedürfnisse befriedigen, seine Kinder gebären. In vielen Kulturen wurden und werden sie als sein Eigentum angesehen, über das er willkürlich verfügen kann. Diese Zurichtung der Frauen zu angepaßten, willfährigen, schwachen und familienorientierten Wesen wurde lange Zeit mit offensichtlicher brutaler Gewalt durchgesetzt. Heute stellt sich die Macht und Ausbeutung oft subtiler dar, sie wird getarnt mit »Sachzwängen«, sie wird aufrechterhalten durch verschleiernde Definitionen der Realität, vernebelt mit der Ideologie von Gleichheit und Gleichberechtigung, sie wird weitergegeben durch die geschlechtsspezifische Sozialisation, abgesichert und gestützt durch Recht, Ökonomie, Kirche, Wissenschaft und Medien. Doch Frauen erleben auch heute noch sowohl strukturelle Gewalt, die sich in der gesellschaftlich verankerten Mißachtung und Geringschätzung der Frau ausdrückt, als auch direkte Gewalt, häufig sogar im »Schutz« des intimen Rahmens Beziehung und Familie.

Weibliche Identität – Psyche, Körper und Sexualität der Frau

Du, sende mir nicht länger den Duft,
den brennenden Balsam
deiner süßen Gärten zur Nacht

Auf meiner Wange blutet die Scham,
und um mich zittert die Sommerluft.

Du ... wehe Kühle auf meine Wangen
aus duftlosen, wunschlosen Gräsern zur Nacht.

Nur nicht länger den Hauch deiner suchenden Rosen,
er quält meine Scham.

(Else Lasker-Schüler)

Die geschlechtsspezifische Sozialisation beginnt mit der Geburt.
Mädchen lernen am Beispiel und Vorbild ihrer Mütter und anderer Frauen, aber auch durch ihre Väter und ihr soziales Umfeld, verbal und nonverbal, bewußt und unbewußt, wie sie als Frau zu sein haben. Sie lernen, welche Gefühle, Haltungen und Verhaltensweisen für sie vorgesehen und angemessen sind. Und sie lernen sehr früh, daß sie in einer patriarchalen Kultur zum zweitrangigen Geschlecht zählen.
Welches sind die Besonderheiten, die Mädchen im Laufe ihrer Sozialisation erlernen und die zur Bildung der weiblichen Identität führen?
Mädchen erlangen Anerkennung, wenn sie hübsch und niedlich, lieb und brav, bescheiden und einsichtig sind. Zunächst lernt ein Mädchen, daß es sich selbst einschränkt, daß es nicht aggressiv, frech und laut, selbstsüchtig und fordernd auftritt und sich nimmt, was es will und braucht, sondern daß es sich zurückhält. Es lernt nachzugeben, friedlich und verständig zu sein, die Konsequenzen seines Handelns zu bedenken und Konflikte nicht mittels körperlicher Auseinandersetzung, sondern verbal so zu regeln, daß möglichst alle zufrieden sind.
Mädchen lernen, sich auf andere einzustellen, sie bilden »soziale Antennen« aus, mit denen sie erfühlen, was andere wollen und brauchen (Eichenbaum/Orbach). Und sie lernen, die Wünsche und Be-

dürfnisse der anderen wichtiger zu nehmen als die eigenen, sich selbst an die zweite Stelle zu rücken und sich geringer zu schätzen.

Die Fähigkeit, sich in andere zu versetzen, sie zu umsorgen und zu versorgen, ihnen behilflich zu sein, sie zu unterstützen, sie zu verstehen und zufriedenzustellen, wird später nicht nur im familiären Bereich benötigt, sondern auch im beruflichen.

Frauen lernen also, ihr inneres »kleines Mädchen« mit all seinen unangepaßten Gefühlen, Bedürfnissen, Wünschen und ihr Begehren tief in sich zu verbergen, damit sie die Rolle der guten, versorgenden Frau und Mutter übernehmen können. Die eigenen unbefriedigten Bedürfnisse müssen versteckt und vor sich und vor anderen verheimlicht werden, was zunehmend zu einer Quelle von Angst und Scham wird. Frauen fürchten sich vor ihrer inneren Bedürftigkeit, ihrer scheinbaren Unersättlichkeit und Gier, sind sie doch per Definition die Gebenden und Helfenden. Die Leere, die entsteht, wenn Frauen geben und nichts fordern und nehmen dürfen, wird immer größer, und die Gefahr, daß sie ihre Bedürftigkeit und Wut nicht mehr kontrollieren können und diese destruktiv hervorbrechen, wird immer wahrscheinlicher. Sie befürchten, andere Menschen zu vergraulen und sie zu überfordern, wenn sie offen zugeben, daß sie etwas brauchen.

Frauenarbeit zwischen Beruf und Haushalt

Das traditionelle Frauenbild sah bisher vor, daß Frauen heiraten und Kinder bekommen, den Haushalt und die Familie versorgen. Dieses Frauenbild hat sich verändert. Für junge Frauen ist es heute selbstverständlich, daß sie einen Beruf erlernen und Geld verdienen. Doch Frauen sind weiterhin zusätzlich zu ihren Berufen, in denen sie weniger als die Männer verdienen, in erster Linie für die Versorgung der Kinder, des Haushalts, der Ehemänner und der Alten oder Kranken verantwortlich, was zu ihrer Überforderung und Überlastung beiträgt.

Ute ist alleinerziehende Mutter von zwei Töchtern. Sie arbeitet ganztags als Krankenschwester in einer Klinik. Sie ist psychisch und körperlich völlig erschöpft, denn zu ihrer anstrengenden Berufsarbeit kommt die alleinige Verantwortung für ihre Kinder. Ute versucht, all diesen Anforderungen gerecht zu werden, indem sie sich Höchstleistungen abverlangt. Sie versucht nicht nur, eine perfekte Krankenschwester zu sein, die einfühlsam und verständnisvoll ihre Patienten pflegt, sie versucht auch, ihren

*Töchtern all ihre Zeit und Liebe zu geben und eine besonders gute Mutter zu sein. Denn sie fühlt sich schuldig, daß die Töchter ohne Vater aufwachsen und weil sie nicht so viel Zeit wie andere Mütter für die beiden hat. Trotz ihrer Anstrengungen fühlt sie sich als Versagerin und minderwertig. Sie schämt sich vor allem dafür, daß sie, oft am Ende ihrer Kraft, ihre Wut an den Kindern ausläßt und daß sie nicht in der Lage ist, wie andere Frauen ein normales harmonisches Familienleben zu führen. Sie stellt immer höhere Ansprüche an sich, um einem **Frauenideal** zu entsprechen, das ihr suggeriert, daß sie nicht nur eine gute Mutter und Hausfrau, sondern zusätzlich eine absolut leistungsfähige Berufsfrau sein muß, um anerkannt werden zu können. Da sie diese unmenschlichen, perfektionistischen Leistungsanforderungen, die sie an sich stellt, nicht erfüllen kann, erlebt sie immer wieder ihr Versagen und Ungenügen, was erneut Verzweiflung und Scham auslöst.*

Dies ist für Frauen heute oft furchtbar beschämend. Sie zweifeln an sich und ihrer Leistungsfähigkeit und nehmen die Verantwortung und Schuld ganz allein auf sich, wenn sie die extrem hohen Ansprüche – **Beruf, Kindererziehung, Haushalt und Partnerschaft optimal zu vereinbaren** – nicht bewältigen.

Hausarbeit

Die Arbeit der Frauen, sowohl ihre beruflichen Leistungen als auch ihre Leistungen in der Familie, werden in der Öffentlichkeit immer noch entwertet.

Da alle Frauen immer auch Hausfrauen sind, soll dieser Arbeitsbereich hier näher betrachtet werden.

Aufgrund ihres Geschlechts wird frau von klein an auf Hausarbeit, die per Definition Frauenarbeit ist, vorbereitet. Doch diese Leistung wird nicht als Arbeit angesehen, denn sie findet im privaten Bereich statt und wird zum natürlichen Ausdruck weiblicher Identität und der Liebe zu ihren Angehörigen hochstilisiert. Verstärkt wird die Entwertung dieser Arbeit, weil sie kein *Geld* einbringt. Wer in einer kapitalistischen Gesellschaft kein Geld verdient, ist wertlos.

Erst feministische Wissenschaftlerinnen haben sich diesen Arbeitsbereich, seine Inhalte und Funktionen genauer betrachtet. Hausarbeit ist demnach eine Arbeit mit und für lebendige Menschen, die anderen als den im Produktionsprozeß gewohnten Zeit- und Organisationsstrukturen unterworfen ist, damit die ganzheitlichen menschlichen Bedürfnisse nach Liebe und Zuwendung, nach Fürsorge und Nähe, nach Verläßlichkeit und Geborgenheit befriedigt werden können.

Die Liebe der Frauen, ihr Verantwortungsbewußtsein, ihre Kompetenz und Stärke, die sie in diesem Lebensbereich zeigen, wird zwar wie selbstverständlich genutzt, doch nicht geachtet. Mit wieviel Arroganz, Geringschätzung und Verächtlichkeit wird der Hausfrau begegnet, wenn nach ihrem Beruf gefragt wird. Frauen schämen sich, wenn sie »nur« Hausfrauen sind, sie rechtfertigen sich, weil sie angeblich nur zu Hause sind und »nicht« arbeiten.

Darum ist es so wichtig, deutlich zu machen, welche Arbeit heute in der privat organisierten Hausarbeit geleistet wird, damit sie aus dem Schattendasein der schambesetzten *Nichtarbeit* herauskommt. Es geht nicht darum, Hausarbeit als Frauenarbeit zu idealisieren, wie dies gern von konservativen Kräften getan wird, sondern es geht darum, das, was Frauen leisten, nicht zu entwerten, indem darüber geschwiegen wird oder indem sie herablassend gelobt werden für ihre »unbezahlbare« Tätigkeit.

Hausarbeit hat zwei miteinander verknüpfte Dimensionen (S. Kontos/ K. Walser):

Die materielle Dimension der Hausarbeit: regelmäßig wiederkehrende monotone Arbeiten, die keine bleibenden Produkte herstellen, sondern konsumiert und ständig zunichte gemacht werden (einkaufen, kochen, spülen, aufräumen, putzen, waschen, bügeln); die dennoch notwendig sind, um die vitalen menschlichen Bedürfnisse nach Nahrung, Kleidung, Erholung, Schlaf und Wohnen zu befriedigen.

Die psychische Dimension der Hausarbeit: emotionale Leistungen, die zur Herstellung und Erhaltung von langfristigen, kontinuierlichen und befriedigenden Beziehungen nötig sind (Mutter-Kind-Beziehung, Partnerbeziehung, Freunde, Eltern, Familienangehörige).

So muß frau einerseits organisieren und planen: wer wann aus dem Kindergarten oder der Schule kommt, welche Termine anstehen, wann das Essen auf dem Tisch sein soll, was eingekauft wird, was wie lange frisch ist, was gesund und wertvoll ist, wie sie umweltschonend haushaltet, Abfälle recycelt, wie sie die Arbeitsgeräte und Maschinen nutzt und wartet, damit sie lange halten usw. Gleichzeitig muß sie ihre Arbeitsabläufe immer wieder unterbrechen, wenn ein Kind die Windeln voll hat, die Groß-

mutter anruft, ein Kind mit den Schularbeiten nicht klarkommt, der Hund raus muß, die Freundin Probleme hat, der Partner von seiner Arbeit erzählen möchte oder seinen Kollegen zum Abendessen mitbringt.

Um all diesen Anforderungen gewachsen zu sein, muß sie logisch, rationell, eigenverantwortlich und selbstbestimmt handeln können, sich auf andere einstellen, Prioritäten setzen, komplexe Zusammenhänge im Blick behalten und verschiedene Tätigkeiten gleichzeitig ausüben. Alle diese Fähigkeiten trainieren Frauen von Kindesbeinen an und perfektionieren sie während ihrer Hausfrauenarbeit. Und sie lernen, sich verantwortlich und schuldig zu fühlen, wenn die Beziehung zum Ehemann scheitert, wenn er unzufrieden und gewalttätig wird, wenn er sich einer anderen zuwendet. Dann hat die Frau scheinbar versagt und quält sich mit antrainierten Selbstzweifeln.

Auch wenn Kinder auffällig werden, wird nach der Schuld der Mütter und nicht der Väter gefahndet. Die Anforderung an Mütter ist immens, denn sie werden verantwortlich dafür gemacht, ob die Sozialisation des Kindes, die vielfältigen Einflußfaktoren (Kindergarten, Schule, Freunde, Medien, Kirche) unterliegt, gelingt oder mißlingt. Frauen wird letztendlich sogar die Schuld daran gegeben, daß männliches und weibliches Geschlechtsrollenverhalten tradiert wird, ohne zu berücksichtigen, daß die geschlechtsspezifische Arbeitsteilung und die gesellschaftlichen Einflußfaktoren sowohl das Denken, die Psyche als auch das Verhalten der Menschen prägen.

Die gesellschaftlich und moralisch den Frauen zugewiesene Zuständigkeit für die körperliche und seelische Versorgung der Familienangehörigen, einschließlich des Ehemanns, die Zuständigkeit für befriedigende, den zermürbenden Arbeitsprozeß ausgleichende Beziehungsarbeit wird aber weder von Männern noch von Frauen anerkannt. Frauen übernehmen häufig die entwertenden und geringschätzigen Definitionen ihrer Leistungen, was sich auf ihr Selbstwertgefühl und ihre Selbstachtung auswirkt.

Der weibliche Körper

In unserer Gellschaft haben ganz normale Frauen mit ihrem ganz normalen Körper Probleme, da er fast nie mit dem Idealbild der Frau übereinstimmt, das uns von jeder Werbefläche, jeder Frauenzeitschrift, aus jedem Film entgegenspringt.

Mit dem Idealbild des weiblichen Körpers wird geworben, und er soll Frauen zeigen, wie schön, schlank, jugendlich und attraktiv sie sein müssen, um akzeptabel und wertvoll zu sein. Frauen lernen von klein auf anmutig, zierlich und leichtfüßig zu sein, auf hohen Absätzen zu balancieren und auf keinen Fall ungraziös zu sitzen, zu stehen oder zu gehen. Kosmetikindustrie, Werbung, Modemacher und Frauenzeitschriften geben den Frauen vor, wie sie auszusehen haben, wie sie sich kleiden sollen, wie sie das verpönte Altern verhindern und wie sie ihr natürliches Aussehen verbergen können, um dafür makel-, falten- und fettlos, schön und sexy zu werden. Dazu gibt es immer neue Diäten, Fitneßprogramme bis hin zu Schönheitsoperationen, um diesen künstlichen Standards zu entsprechen. Wie viele Millionen Frauen schämen sich ihres Aussehens und ihrer Figur, kämpfen gegen sich an, sind unzufrieden mit sich und fühlen sich häßlich und abstoßend, weil sie den gängigen Schönheitsstandards nicht entsprechen und nie entsprechen werden.

Sie lernen, sich mit den kritischen normierenden Augen der anderen von außen zu sehen, sich zu vergleichen, entweder auf- oder abzuwerten und heimlich und neidvoll mit anderen Frauen zu rivalisieren.

Gesundheit

Doch nicht nur das äußere Erscheinungsbild der Frau unterliegt den gesellschaftlichen Zwängen, auch ihre körperliche und psychische Gesundheit soll sie getrost in die Hände der herrschenden männlichen Medizin und Psychologie legen. Überwiegend behandeln Männer nach ihrem naturwissenschaftlich-technischen Verständnis den Körper und die Psyche der Frau mit Chemie, Apparatemedizin, Laser und Stahl.

Wie demütigend ist es für Frauen, auf dem Gynäkologenstuhl zu liegen, ihre Geschlechtsorgane einem Mann zu präsentieren und sich von ihm ihre körperlichen und psychischen Vorgänge aus männlicher »wissenschaftlicher« Sicht definieren, erklären und behandeln zu lassen. Wieviel an Enteignung und Zurichtung hat hier bereits stattgefunden, daß Frauen diesen Zustand als normal empfinden! Der Körper mit all seinen Funktionen ist Frauen im Laufe der von Männern dominierten Geschichte fremd geworden. Seit der Zeit der Hexenverfolgung wurde das Wissen der weisen Frauen um Gesundheit und Krankheit, natürliche Geburtenkontrolle und Kräutermedizin von der männlichen Medizin enteignet. Normale Vorgänge, wie Menstruation, Schwangerschaft, Geburt, Wechseljahre, Altwerden und Tod, werden durch die männlich geprägte Sicht in die Nähe von Krankheit und Hilfsbedürftigkeit durch den Arzt gerückt.

Für junge Mädchen ist es darum auch kein besonderes Ereignis, ihre erste Menstruation zu erleben als etwas, was wert ist, es mit anderen Mädchen und Frauen zu feiern. Sie lernen im Gegenteil, ihre Menstruation als notwendiges, unreines Übel zu begreifen, das sie möglichst unsichtbar zu machen und mit Tampons aus der Welt zu schaffen haben. Niemand soll es merken. Und so verbergen Frauen schamvoll ihre Menstruation.

Die Wechseljahre, als der andere Pol der weiblichen Fruchtbarkeit, die zum normalen Leben der Frau gehören, unterliegen einer noch stärkeren Tabuisierung und Entwertung.

Die Wechseljahre sind ein Schreckgespenst, das meist peinlich und verschämt von den Frauen verborgen wird. Spätestens ab diesem Zeitpunkt sind Frauen angeblich hoffnungslos alt und krank, sie benötigen ärztliche Hilfe, denn sie sind hysterisch, von Hitzewallungen heimgesucht, unberechenbar, unausstehlich oder depressiv und launisch. Sie sind wertlos, weil sie keine »richtigen« Frauen mehr sind, die gebären können. Diese Abwertung trifft auch viele kinderlose Frauen.

Sexualität

Die Sexualität der Geschlechter ist eng verwoben mit historisch-kulturellen Faktoren. Sie ist ein ganzheitliches Geschehen, ist Ausdruck von Lebendigkeit, Lust, Leidenschaft und Sinnenfreude. In sie eingebettet sind Bedürfnisse nach Erotik und Liebe, Grenzüberschreitung und Ekstase, Wandlung und Glück.

Was sind nun die besonderen Erfahrungen, die Frauen heute mit ihrer Sexualität machen?

Einerseits leben wir in einer Zeit der sexuellen Freizügigkeit. Die Medien thematisieren Sexualität in Wort und Bild. Durch sichere Verhütungsmittel ist die Angst vor ungewollter Schwangerschaft geringer geworden, und Frauen wird mehr sexuelle Freiheit zugebilligt. Andererseits wirken nicht nur die alten Definitionen weiblicher Sexualität nach (geprägt durch die Elterngeneration und die Kirche) und verunsichern und verwirren Frauen, auch die neuen Ansprüche an Frauen und die immer noch bestehende Bedrohung durch männliche sexuelle Gewalt (von der sexuellen Anmache über sexuellen Mißbrauch bis zur Vergewaltigung) tragen zu Unsicherheit und Scham bei.

Seit Jahrtausenden wurde die Sexualität der Frau an den Interessen und Wünschen des Mannes ausgerichtet. Es gab zwei Klassen von Frauen, die anständigen, keuschen und reinen Ehefrauen und Mütter, für die Sexualität ein notwendiges Übel sein sollte. Sie wurden als Besitz des Mannes angesehen und mußten treu sein, um die männliche Erbfolge sicherzustellen. Daneben gab es die von Männern begehrten, zugleich aber verachteten Huren, auf die männliche Phantasien von sexueller Macht, Gier und Unersättlichkeit projiziert wurden. Auch heute schimmert diese ambivalente Einteilung noch durch.

Das Frauenideal ist immer noch gespalten. Einerseits wird der nackte Körper der Frau zur Schau gestellt. Häufig wird sie pornographisch in entwürdigenden, unterwürfigen Posen dargestellt und begutachtet. Frau soll sexy und verführerisch für den männlichen Blick sein. Für junge Männer wie für junge Frauen wird durch dieses immer wiederkehrende Klischee der Objektstatus der Frau auch für die Zukunft festgeschrieben. Andererseits wird frau, zeigt sie aktiv und ungeniert ihre eigene Lust und ihr Begehren, von Männern und von Frauen gleichermaßen zurückgewiesen, verachtet und entwertet. Von realen, sexuell fordernden und lustvollen Frauen, die ihre Wünsche und Bedürfnisse äußern, fühlen sich Männer (im Gegensatz zu ihrer Phantasie) oft abgestoßen und reagieren nicht selten mit Impotenz.

Junge Frauen können zwar sexuelle Erfahrungen vor der Ehe machen, doch die Vorstellung, daß sie in ihrer Sexualität irgendwann vom richtigen Partner »erweckt« werden, besteht weiterhin. Mädchen werden nicht darin unterstützt, ihre eigene Lust und sexuelle Befriedigungsmöglichkeiten zu entdecken und ein liebevolles, wertschätzendes Verhältnis zum eigenen Körper und ihren Sexualorganen zu entwickeln. Trotz liberaler Sexualaufklärung in der Öffentlichkeit erfahren Mädchen in der Familie oder in ihrem persönlichen Umfeld eher Scham und einen verklemmten Umgang mit Körperlichkeit und Sexualität. Als anderes Extrem erfahren sie von Männern häufig Anmache, Grenzüberschreitung und sexuellen Mißbrauch.

Aus den alten Mythen, die die Sexualität der Frauen eingeschränkt haben (daß Frauen asexuell und passiv sind und »es« nicht brauchen) wurden neue Mythen, daß Frauen keine sexuellen Hemmungen mehr haben, daß sie immer bereit und lustvoll sind und multiple Orgasmen haben. Aus der Unterdrückung der weiblichen Sexualität wurde der Druck, sexuell erfolgreich zu sein. Wer heute keine Sexualität mit einem Partner lebt und keinen Orgasmus hat, wird oft als bemitleidenswert und krank angesehen.

»Junge Mädchen ebenso wie erwachsene Frauen fühlen sich verpflichtet, das männliche Verlangen zu befriedigen, sei es, weil sie für dessen Auftreten verantwortlich gemacht werden, oder aber weil sie Angst haben, den Partner zu verlieren. Das eigene Verlangen bleibt auf der Strecke. Die körperlichen Bedürfnisse des Mannes werden zur Norm. Die Fremdbestimmung ist perfekt.« (Christa Mulack: »Was Gretchen nicht lernt...«)

Für viele Frauen ist es deshalb wichtiger, daß der Mann stimuliert und seine Phantasien und Wünsche befriedigt werden, als ihre eigenen Bedürfnisse. Und sie tun alles, damit die auf die genitale und auf das Ziel Orgasmus ausgerichtete Sexualität auch funktioniert. Sexualität wird zur Leistung, die daran gemessen wird, wer wie oft mit jemandem schläft und wie viele Orgasmen produziert werden.

Doch die Sehnsucht nach wirklicher Befriedigung, nach Nähe und Austausch kann nicht gestillt werden, wenn Sexualität reduziert wird auf einen leicht konsumierbaren Akt, der zudem Leistungsanforderungen unterliegt. Dann verkommt Sehnsucht zur Sucht: Sex wird zur Droge, die zu immer mehr gefühlsleerem Konsum und immer stärkeren Reizen führt.

Die Degradierung der Frau zum Lustobjekt und zur Ware, zusammen mit der Verpanzerung des Wesenskerns beider Geschlechter, verhindern wirkliche intime Nähe, Zärtlichkeit und Liebe und führen zu Sexsucht, Gewalt und Exzeß.

In einer Gesellschaft, die sich liberal gibt, dennoch aber Lust und Leidenschaft unterdrückt und Sexualität in der Nähe von Konsum, Leistung, Gewalt und Sucht ansiedelt, ist Sexualität nicht eingebettet in ein ganzheitliches Netz individueller Bedürfnisse, Vorlieben, Wünsche und Phantasien.

Es bleibt vor allem für Frauen, aber auch für Männer, kein Platz für die vielfältigen Formen ihrer Sinnlichkeit, Liebe, Erotik und Leidenschaft. Auch hier entsteht Scham für Frauen, weil sie, fixiert auf den Status des Objekts und der Helferin des Mannes, ihre subjektiven Wünsche und Bedürfnisse nur unter Schwierigkeiten entfalten kann.

Zusammenfassend läßt sich sagen, daß die Jahrtausende andauernde Unterdrückung und Diskriminierung der Frauen auch heute noch nicht aufgehoben ist. In allen gesellschaftlichen Bereichen sind Frauen benachteiligt und erfahren Erniedrigung, Gewalt und Entwertung. Übermäßige Scham entsteht, wenn wir immer wieder Demütigungen und Zurückweisungen ausgesetzt sind, wenn wir bloßgestellt und verlacht, ignoriert und ausgeschlossen, belogen, verraten und mißbraucht werden. Aber auch wenn wir den Normen und Standards nicht entsprechen, wenn wir versagen und uns blamieren oder wenn wir unsere eigenen Werte mißachten. Doch auch ein Außenseiterinnenstatus ist mit Scham verknüpft und manchmal auch die unerwartete Erfahrung, gelobt zu werden und im Mittelpunkt zu stehen.

Frauen verbergen ihre Scham, die durch die Mißachtung und Verletzung des weiblichen Geschlechts auf der individuellen und kollektiven Ebene entsteht, unter **vielfältigen Masken.** Indem sie versuchen, den für sie vorgesehenen Idealbildern zu entsprechen, sich anzupassen, gut auszusehen, anderen zu dienen und ihnen zu helfen. Frauen sind in der heutigen Zeit, in ihrer übermäßigen Scham besonders anfällig für das *perfektionistische System,* in dem keine Fehler vorkommen dürfen und absolute Höchstleistungen erwartet werden. Andere Schamabwehrstrategien der Frauen sind *Schweigen, Rückzug und Isolation,* die sie davor schützen sollen, erneut verurteilt, mißverstanden und zurückgewiesen zu werden. Aber auch *Sucht* und *Zwänge* sind Versuche, der Scham zu entkommen. Sowohl die Abhängigkeit von Suchtmitteln (Medikamenten, Alkohol) als auch zwanghaftes Essen oder Hungern, Arbeits- und Beziehungssucht treten bei Frauen häufig auf. Ein anderer Ausweg aus der übermäßigen Scham ist die Flucht nach vorn, dann werden eigene Schamgefühle und ein geringes Selbstwertgefühl durch *Arroganz* und *Überheblichkeit,* durch vernichtende und entwertende Kritik an anderen Menschen überspielt. Doch auch den Mechanismus, sich schamlos zur Schau zu stellen und so zu tun, als gebe es keine Verwundungen und keine Scham, wenden Frauen an.

Zur **Heilung** der übermäßigen Scham gehört, wie wir gesehen haben, die Wahrnehmung und Anerkennung, daß wir beschämt und verletzt wurden. Wir brauchen Zeit und Unterstützung, um unsere individuelle und kollektive Schamabwehr zu durchschauen, die uns einsperrt in rigiden Masken, die uns festhält in einem Teufelskreis von übermäßiger Kontrolle und immer wiederkehrenden destruktiven

Ausbrüchen, bei denen wir uns selbst und/oder andere mißbrauchen und verletzen.

Unser Heilungsprozeß geht in zwei Richtungen die sich gegenseitig bedingen und unterstützen:

Nach innen – indem wir wieder Zugang finden zu unserer unter der Scham verborgenen Geschichte, unseren verdrängten Verletzungen, unseren Gefühlen von Verzweiflung, Wut, Trauer, Ohnmacht und Angst. Wenn wir unsere Traumata bearbeiten, finden wir auch wieder Zugang zu unserem inneren Kind, zu unserem Wesenskern und zum Zentrum unserer Liebe und unserer Spiritualität. Wir finden Zugang zu unserer Selbstheilungskraft, unserer inneren Weisheit und Lebendigkeit.

Nach außen – indem wir wieder lernen, vertrauensvolle Kontakte mit anderen Menschen aufzubauen, einen respektvollen Umgang miteinander zu entwickeln, der uns dabei unterstützen kann, uns selbst anzunehmen und zu lieben, so wir wir sind.

So lernen immer mehr Frauen heute, sich in Selbsthilfe-, Selbsterfahrungs- oder Frauentherapiegruppen von innen wahrzunehmen, ihre Gefühle, ihre Wünsche und ihre Bedürfnisse zu spüren und sie auszudrücken. Viele Frauen befreien sich aus ihrer schamvollen Einsamkeit, indem sie über sich sprechen und sich verbünden mit anderen Frauen, um ihre traumatischen Erfahrungen zu verarbeiten und behutsam ihre Masken abzulegen.

Häufig erleben sie eine neue Solidarität unter Frauen, die ähnliche Erfahrungen gemacht haben wie sie. Und sie beginnen allmählich eigene Standards von Schönheit, Sinnlichkeit, Ästhetik, Eigenständigkeit und Freiheit zu entwickeln. Frauen beginnen sich aus ihrer Scham zu befreien und eigene Wege des Ausdrucks ihrer Lebendigkeit und Leidenschaft zu finden.

26. Vertreibung aus dem Paradies oder das Ringen um die Öffnung der innersten Schamgrenze

Ein Mann verschwindet. Beruflich hat er eine gute Stellung gehabt. In der Liebe schien er bisher wenig Glück zu haben, aber diesmal ist er davon überzeugt, die Richtige gefunden zu haben. Es ist eine neue Wohngenossin aus seiner Wohngemeinschaft. Sie sind glücklich zusammen, ihre Freunde sagen, sie sind ein ideales Paar. Sie wollen nun zu zweit zusammenleben. Eine Wohnung ist schnell gefunden. Sie besprechen die gemeinsame Einrichtung, planen vorausschauend auch Kinderzimmer ein.

Als der Umzugstermin jedoch näher heranrückt, wird er stummer und einsilbiger. Etwas scheint ihn zu bedrücken. Er sagt seiner Freundin, er habe Probleme am Arbeitsplatz, aber er werde schon mit ihnen fertig. Dann beginnt er über Kleinigkeiten einen Krach vom Zaun zu brechen; nachher entschuldigt er sich reumütig. Seine Stimmung wird immer düsterer. Seine Freundin denkt, es sei wahrscheinlich der bevorstehende Umzug. Er hat noch nie allein mit einer Frau zusammengelebt. Sie hat Verständnis für seine Verunsicherung angesichts des neuen Lebensabschnitts. Sie jedenfalls freut sich sehr. Der Umzug steht vor der Tür.

Dann geschieht das Unerwartete. Er verschwindet plötzlich, von einem Tag auf den anderen. Sein Zimmer hat er so gelassen, wie es war. An seiner Arbeitsstelle hat er sich nicht abgemeldet, geschweige denn gekündigt. Niemand weiß, wohin er gegangen ist. Er hat niemanden informiert, nicht einmal seine Eltern.

Alle sind fassungslos. Seine Freundin ist völlig schockiert. Was ist mit ihm geschehen? Ist er verunglückt? Ist ihm etwas zugestoßen?

Ein Jahr später erhält seine Freundin einen kurzen Abschiedsbrief von ihm, ohne Absender. Darin bittet er sie um Vergebung. Er habe es einfach nicht aushalten können, die Aussicht, nun so ganz eng mit ihr zusammenzuleben. Es sei ihm zu nahe geworden, ohne daß er gewußt hatte wieso. Aber es habe ihm zum Schluß fast die Luft zum Atmen genommen. Da er nicht wußte, weshalb er so reagierte, habe er sich seiner inneren Regungen sehr geschämt. Er habe mit niemandem darüber sprechen können, da alle

seine Freunde meinten, sie seien das absolute Traumpaar. Auch seine El-
tern hätten sich so gefreut, daß er endlich die richtige Frau gefunden ha-
be. Er habe es einfach nicht übers Herz gebracht, alles wieder rückgängig
zu machen. Er hätte es nicht erklären können. So sei er einfach gegangen
und habe woanders einen neuen Anfang gemacht. Er liebe sie noch, sie sei
immer noch die Frau seines Lebens. Aber es gehe nicht. Sie solle ihn ver-
gessen.

Was ist geschehen? Wir meinen, daß solche Schicksale ziemlich häufig
vorkommen, wenn sie sich auch nicht immer auf so dramatische Weise äußern.

Dieser Mensch hat seine innerste, intimste Schicht niemals preisgegeben. Nur er kannte die Tür zu seinem Innersten, und er mußte
diese Tür so versteckt gehalten haben, daß keiner ahnte, daß es noch
eine geheime Kammer im Haus gab. Seine Verlobte glaubte fest daran, ihren Freund wirklich zu kennen, und er ließ sie in diesem Glauben, obwohl er sich vielleicht gewünscht hätte, daß endlich eine Frau
den Weg in sein Innerstes finde. Deshalb wollte er auch mit ihr ein
gemeinsames Leben beginnen.

Der intimste Raum in der biblischen Geschichte und in den Märchen

Die verschlossenen, geheimnisumwitterten Türen, die in so manchen
Märchenschlössern vorkommen, geben uns eine Ahnung von der Bedeutung solcher intimsten Räume.

Meist verbietet der Hausherr oder die Hausherrin dem Gast, je-
mals den einen letzten Raum zu betreten, obwohl der Gast sonst frei-
en Zugang zu allen übrigen Räumen im Hause hat und sich dort wie
zu Hause fühlen darf. Aber wir spüren wohl: Wenn nur ein einziger
Raum uns verschlossen bleibt, sind wir nicht ganz zu Hause. Wir sind
immer noch Fremde, ausgesperrt vom *tiefsten Geheimnis* dieses Ortes
und dieses Menschen. Solange wir diesen Raum nicht betreten dürfen, bleibt uns der betreffende Mensch ein Rätsel.

Deshalb *muß* die Heldin in den Märchen das Verbot übertreten.
Sie muß das Tabu brechen, sie muß den Schlüssel zur Tür finden, um
diesen Raum zu betreten. Erst dann haben wir direkten Kontakt zu
dem betreffenden Menschen. Erst dann tauchen wir in eine intime
Beziehung mit ihm ein.

Wir befinden uns hier in einem nicht lösbaren Zwiespalt. Denn wir *müssen* das Tabu brechen, um wirkliche Nähe zu diesem Menschen zu finden. Aber indem wir dies tun, verletzen wir unweigerlich einen Teil seiner Integrität. Wir verletzen seinen berechtigten Anspruch auf seine Privatheit und seine Intimsphäre. Wir verletzen seine Scham.

Da dieser Zwiespalt unlösbar ist, gibt es immer wieder die zwei möglichen Lösungen im Märchen. Auch die Geschichte des Sündenfalls in der Bibel berichtet von einem solchen – mißlungenen – Versuch, Intimität herzustellen:

Eine andere Interpretation der Vertreibung aus dem Paradies

In der biblischen Geschichte wurden Adam und Eva strengstens dafür bestraft, daß sie gottähnlich, vielleicht auch gott*nahe* sein wollten, als sie verbotenerweise vom Baum der Erkenntnis aßen.

»Und Gott der Herr ließ aufwachsen aus der Erde allerlei Bäume, verlokkend anzusehen und gut zu essen, und den Baum des Lebens mitten im Garten und den Baum der Erkenntnis des Guten und Bösen... Und Gott der Herr gebot dem Menschen und sprach: Du darfst essen von allen Bäumen im Garten, aber von dem Baum der Erkenntnis des Guten und Bösen sollst du nicht essen, denn an dem Tage, da du von ihm issest, mußt du des Todes sterben... Da sprach die Schlange zum Weibe: Ihr werdet keineswegs des Todes sterben, sondern Gott weiß: an dem Tage, da ihr davon esset, werden eure Augen aufgetan, und ihr werdet sein wie Gott und wissen, was gut und böse ist. Und das Weib sah, daß von dem Baum gut zu essen wäre und daß er eine Lust für die Augen wäre und verlokkend, weil er klug machte. Und sie nahm von der Frucht und aß und gab ihrem Mann, der bei ihr war, auch davon, und er aß« (1. Buch Mose 2, 9.16-18; 3, 4-6).

Sie sahen, daß sie nackt waren. Sie erkannten einander, das bedeutet, sie lernten, sich zu lieben – sie haben sich in ihrem tiefsten Wesenskern erkannt.

Aber sie konnten, da ihre Augen nun geöffnet waren, möglicherweise auch Gott erkennen – d.h. in seinen Wesenskern eindringen und ihn lieben lernen. *Er hätte nun ebenfalls nackt vor ihnen dastehen können.* Dies schien ihm aber allzu peinlich gewesen zu sein. Der solchermaßen schamvolle Gott wandte daraufhin die effizienteste Schamabwehr an. Er zeigte auf die Menschen und sagte, *sie (nicht er)* seien nackt. *Sie* hätten sich zu *schämen* (nicht er, der auch in seinem Wesen erkannt werden würde). Und er vertrieb sie aus dem Paradies, bevor sie die Gelegenheit hatten, auch noch vom Baum des ewigen Lebens zu essen, wodurch sie ihm *gleich,* d h. unsterblich geworden wären:

»Und Gott der Herr sprach: Siehe, der Mensch ist geworden wie unsereiner und weiß, was gut und böse ist. Nun aber, daß er nur nicht ausstrekke seine Hand und breche auch von dem Baum des Lebens und esse und lebe ewiglich! Da wies ihn Gott der Herr aus dem Garten Eden, daß er die Erde bebaute, von der er genommen war« (1. Mose 3, 22-23).

Eine andere Lösung des Scham-Konflikts im Märchen

Im Märchen »Bei der schwarzen Frau« (aus Ingrid Riedels: »Tabu im Märchen«, Seite 12 ff.) wird gezeigt, daß es auch eine andere Lösung geben kann. Ein Mädchen wird von einer schwarzen Frau aufgezogen. Auch ihm wird verboten, in ein bestimmtes Zimmer zu gehen. Auch dieses Mädchen bricht das Tabu und geht in den verbotenen Raum. Dort macht es eine überwältigende Entdeckung: Es wird Zeugin der Verwandlung der Ziehmutter von einer schwarzen Gestalt in eine weiße. Dafür wird sie von dieser auf das härteste bestraft und auf die Probe gestellt. Als es sich selbst auf dem Scheiterhaufen weigert, das Geheimnis der Ziehmutter preiszugeben, wird es endlich erlöst und mit ihm auch seine Ziehmutter. Die schwarze Frau wird weiß und sagt zu ihr: »Hättest du nur einmal gesagt, daß du drinnen gewesen bist, hätte ich dich zu Staub und Asche zerrissen. Du hast mich jetzt ganz erlöst, das Schloß ist dein…«

Aus diesen Worten spüren wir die tiefe Scham, die die schwarze Ziehmutter vor ihrer Bloßstellung haben mußte: Sie hätte das Mädchen eher zerrissen, als daß sie ihr Geheimnis je hätte ausplaudern lassen. Daher die grausame, ungeheuerliche Prüfung. Aber welcher Zwiespalt spricht aus dem Verhalten der schwarzen Frau: einerseits dem Mädchen bei Tode zu verbieten, das Zimmer zu betreten – und andererseits ist diese Grenzübertretung die einzige Chance, sie, die Ziehmutter, zu erlösen! Die Mutter fürchte sich vor ihrer Entblößung, hofft jedoch, daß das Mädchen sie dennoch in ihrer Nacktheit sieht – und respektvoll und verschwiegen mit dieser Erfahrung umgeht, damit ihre Scham nicht allzu sehr verletzt wird.

Ähnlich geht es in der biblischen Geschichte um nicht weniger und nicht mehr als um die *Schamgrenze des jüdischen Gottes*. Dieser schamvolle Gott, der sich im übrigen auch nicht abbilden ließ, hält nach dem Eintritt des Menschen in seinen Intimbereich die Nähe zum Menschen nicht aus, genausowenig wie der Mann, der, wie wir am Anfang des Kapitels beschrieben haben, kurz vor dem neuen gemeinsamen Leben vor der bedrohlichen Nähe zu seiner Freundin flüchtete.

Auch im Märchen »Bei der schwarzen Frau« wird die (göttliche) Ziehmutter in ihrer Nacktheit gesehen. Ihre geheimnisvolle Transformation von Schwarz zu Weiß deutet darauf hin, daß sich Gott und Teufel, das Helle und das Dunkle ineinander verwandeln können, daß sie zwei Seiten einer und derselben Wesenheit sind. Als das Mädchen dieses Geheimnis – *das Geheimnis des innersten Wesens(kerns) der Göttin* – erkennt, muß sie leiden, denn sie hat die Schamgrenze verletzt. Aber schließlich erbarmt sich die Göttin angesichts der Treue, die das Mädchen zeigt. Beide – Tochter und Mutter – Mensch und Göttin – werden *durch diese intime Begegnung erlöst*. Jedoch ist die intime Begegnung – das gegenseitige Erkennen – nur der erste Schritt. Erst dadurch, daß das Mädchen die *Intimität* dieser Begegnung respektiert und das Geheimnis ihrer Ziehmutter nicht preisgibt, geschieht die endgültige Erlösung.

Zur Erlösung aus dem Zwiespalt der intimen Begegnung bedarf es also zweier Schritte:
1. Die Beteiligten müssen das Tabu der intimen Schamgrenze durchbrechen und damit die nackte Wahrheit ihres Gegenübers sehen;
2. zugleich müssen sie dieses intime Wissen um den anderen achten, es als etwas Heiliges begreifen und ehren (statt es zu *ent*ehren).

Es geht um den liebenden Blick – daß ich im Wesenskern liebevoll gesehen werde – und daß ich dieses Erkanntwerden aushalte. Wenn dies geschieht, können *beide* Beteiligten transformiert werden. Sie verändern sich beide in ihrem Wesenskern und kommen einen Schritt weiter in ihrer Entwicklung, wie wir es in der Beschreibung der intimen Begegnung im Kapitel 1 beschrieben haben.

27. Scham vor der Schöpfung

Eine tiefe Scham, die wir heute empfinden, ist die Scham über die Zerstörung der Natur. Hierin unterscheiden wir uns signifikant von den Generationen vor uns. Das ökologische Bewußtsein ist erst in den letzten Jahrzehnten in uns erwacht, vielleicht zu spät, um die ökologische Katastrophe, die sich spätestens seit der industriellen Revolution anbahnt, zu verhindern. Wir erleben eine Art »Götterdämmerung« oder besser: »Menschendämmerung«. Wir Menschen, die wir uns wie Götter über die Erde aufgeschwungen haben, nehmen überall um uns wahr, wie das ökologische System zusammenbricht – in der Natur wie auch in unserem eigenen Körper, z.B. in unserem Immunsystem. Wir sehen auch, wie die ungehemmte Ausbreitung der westlichen Zivilisation eine Kultur nach der anderen vernichtet. Die verschiedenartigen Kulturen unserer Erde sind aber für die Vielfalt der menschlichen Gemeinschaft ähnlich lebenswichtig wie die Vielfalt der Pflanzen- und Tierwelt für unser ökologisches Gleichgewicht.

Die tiefe Scham, die uns dabei befällt, kommt aus der Erkenntnis, daß wir es sind, die diese Katastrophe herbeigeführt haben. Die Tatsache unserer Verantwortlichkeit für die Katastrophe erfüllt uns mit Scham und Schuld.

Das ökologische Selbst

Es ist daher heute lebenswichtig zu erkennen, daß unser Selbst größer ist als unser kleines Ich und dessen egoistische Interessen. Arne Naess (in John Seed at al.: »Denken wie ein Berg«) prägte den Begriff des »ökologischen Selbst«, d.h. die Erweiterung unseres Selbstverständnisses um die Umwelt, in die wir eingebettet sind und ohne die wir nicht leben können: Ohne die Wälder können wir nicht leben; wir brauchen sie so dringend wie unsere eigene Lunge. Ohne die Ozonschicht verbrennen wir – auch sie ist Teil unseres »ökologischen Selbst«. Wenn die Interessen der Natur und unsere eigenen Interessen grundsätzlich die gleichen sind, stehen wir der Natur nicht mehr als Fremde gegenüber. Wir haben das gemeinsame Ziel des Überlebens.

Das Sterben als Teil des Lebens annehmen

Wir können unseren Egoismus auch dadurch leichter überwinden, daß wir uns vertraut machen mit dem Sterben. Wir lernen wichtige Lektionen des Lebens, wenn wir das Sterben von Menschen miterleben, ja selbst wenn wir nur das Sterben eines Blattes von einem Baum im Herbst bewußt wahrnehmen. Wir wissen, daß es nicht leicht ist zu sterben. Jede/r von uns möchte überleben. Aber wir lernen auch, daß es nicht so furchtbar schwer sein muß. Sterben ist tatsächlich so etwas wie der Gegenpol zur Geburt. Beides ist mit Schmerzen verbunden. Aber beides sind zugleich Übergänge, sind »Tore« in eine andere Welt. Durch diesen schmerzlichen Prozeß hindurch treten wir in einen gänzlich anderen Seins- und Bewußtseinszustand ein. Beides, Geburt und Sterben, sind nur Übergänge.

Übergang wohin? Wenn wir das Schicksal des verwelkten Blattes weiter verfolgen, werden wir im nächsten Jahr sehen, daß es langsam zur Erde wird, Humus für weiteres Leben und weiteres Wachstum. Auch unsere körperlichen Überreste werden zu Erde und damit zur Grundlage neuen Lebens. Neben diesem Übergang der Materie gibt es auch einen Übergang der Seele. Sie geht in andere Bewußtseinszustände über. Wir wissen zwar wenig von diesen anderen Sphären. Jedoch zeigt die Erforschung des Sterbeprozesses, daß das Sterben ein intensiver seelischer Vorgang ist, in den meisten Fällen sogar ein beglückender, erlösender Vorgang, wie uns Menschen, die beinahe gestorben sind und reanimiert wurden, bestätigen. Diese Forschungsergebnisse stehen im Einklang mit uralten Sterberiten, wie wir sie beispielsweise im tibetischen und ägyptischen Totenbuch nachlesen können.

Das Sterben ist also ein materieller und ein seelischer Übergang. Indem wir uns mit dem Sterben vertraut machen, verlieren wir ein Stück von der Furcht vor unserem individuellen Tod. Wir finden uns im ewigen Zyklus des Lebens wieder.

Wiederentdeckung des Geheimnisses

Woher sollen wir aber die Kraft nehmen, die Erde zu erneuern? Es wäre fatal, wenn wir sie ausschließlich aus dem Negativen schöpfen würden. Wenn wir angesichts der Umweltkatastrophe nur jammern und klagen, kommt unsere Energie haupsächlich aus der *Verzweiflung und aus Schuldgefühlen* heraus. Die Verzweiflung ist zwar eine ungeheuer starke Energie, doch sie kann uns nur für eine kurze Zeit zu einer starken Anstrengung motivieren, etwa in Form einer Notreaktion. *Langfristig* benötigen wir jedoch eine Kraft, die beständiger ist.

Diese finden wir nur, wenn wir das wiedergewinnen, was wir im Laufe der menschlichen Entwicklung immer mehr verloren haben: die Liebe zur Natur und die Ehrfurcht vor ihren Geheimnissen.

Die meisten von uns leben in Städten, fern der Natur. In künstlichen Räumen läßt sich die Natur aber nicht ergründen. Erst wenn wir längere Zeit in der Natur verweilen, beginnen wir wieder das große Geheimnis wahrzunehmen, das ihr innewohnt. Eine Abenddämmerung, das Gefühl der Erde unter unseren Füßen, das Rauschen des Windes in den Bäumen. Jenseits jeder Sentimentalität ist hier eine große Kraft spürbar, die auch uns durchdringt. Die Natur ist beseelt.

Es gibt Naturwissenschaftler und Forscher, die um dieses Geheimnis wissen. Sie forschen mit dem *liebenden Blick,* von dem wir im letzten Kapitel gesprochen haben. Sie nähern sich der Natur mit der Bewunderung und Ehrfurcht, die für dieses große Subjekt angemessen sind. Wenn sie dies ehrfurchtsvoll tun, öffnet sich ihnen die Natur. Sie läßt sie durch ihre Pforten in ihr Geheimnis eintreten und zeigt sich ihnen in ihrer ganzen Schönheit.

Auch Völker wie die Indianer und die Tibeter nähern sich der Natur als etwas Heiligem. In ihrem respektvollen und dialogischen Umgang mit der Welt der Pflanzen, der Tiere und der Materie verehren sie das große Geheimnis, das allem Lebendigen innewohnt. Sie befinden sich in ständiger Zwiesprache mit den Wesen und den Dingen um sich. Und die Wesenheiten öffnen sich ihnen in ihrem ganzen Reichtum.

Nicht zufällig gehören beide Kulturen zu untergegangenen oder in Untergang begriffenen Kulturen. Die indianische Kultur ist infolge der Kolonialisierung Nord- und Südamerikas durch die Weißen fast vernichtet worden. Die tibetische wird heute durch eine gewaltige chinesische Kolonialisierung systematisch zerstört.

Das Geheimnis entzieht sich dem Respektlosen

Das Geheimnis entzieht sich jedoch den Eroberern. Es entzieht sich uns, wenn wir ihm respektlos gegenübertreten, wenn wir Naturkräfte und -ressourcen schamlos manipulieren und ausbeuten. Das Geheimnis ist scheu und verschwindet unter dem Licht eines aggressiven und lieblos durchdringenden Blickes – genauso wie unser Wesenskern, der sich in Scham einhüllt, wenn er verletzt und mißbraucht wird. Der Forscher, der aus purer Neugier oder Profitgier entdecken möchte, was hinter der geheimnisvollen Tür verborgen liegt, wird entweder das Schloß nicht öffnen können, oder er öffnet es gewaltsam und findet dahinter nur Schrott, etwas enttäuschend Banales. Das Geheimnis läßt sich nicht von Uneingeweihten entweihen.

Mit der Natur ist es ähnlich wie mit der Liebe. Wenn ein Mann von einer Frau ganz fasziniert ist und sie begehrend an sich reißt, kann er zwar ihren Körper haben, aber er wird nicht an ihre Liebe und ihr Wesen herankommen, das ihn von Anbeginn so fasziniert haben mag. Liebe läßt sich nicht mit Gewalt nehmen. Wenn wir die Natur ähnlich behandeln, wenn wir sie an uns reißen, sie verbrauchen und wieder wegwerfen, dann entzieht sie sich uns. Wir stehen dann vor einem Berg voller Müll – dem Symbol unseres Zeitalters. Müll ist lieblos geformtes und achtlos weggeworfenes Naturmaterial. Das Geheimnis der Natur läßt sich so nicht fassen.

In Romanen wie »Die Nebel von Avalon«, »Momo« oder »Die unendliche Geschichte« wird dieses Geheimnis immer wieder in neuen Bildern beschworen: Mit dem Aufkommen des männlich-nüchternen Christentums entschwindet der weibliche Kult in den Nebeln (»Die Nebel von Avalon«). Die grauen Herren in »Momo« können den Menschen zwar ihre Stunden, Minuten und Sekunden stehlen, aber deren Lebensglück können sie nicht be-greifen. Und da die Menschen nicht mehr an Märchen glauben, wird das Märchenreich vom grauen Nichts aufgefressen (»Die unendliche Geschichte«).

Die Schöpfung lieben

Wenn wir zum Geheimnis der Natur zurückkehren, ist es nicht wichtig, auf welchem Wege wir es tun. Wir können uns von den Naturwissenschaften, den Religionen, den schönen Künsten her annähern. Wir können dieses Geheimnis genauso im täglichen Umgang mit den Menschen und Dingen, die uns umgeben, erfahren. Das Wesentliche ist die *Haltung,* mit der wir dies tun: ehrfurchtsvoll, liebend, verehrend. »Man sieht nur mit dem Herzen gut. Das Wesentliche ist für die Augen unsichtbar«, sagt der Fuchs in »Der kleine Prinz«.

Wenn wir uns der Schöpfung mit unserem Herzen annähern, dann wird sie sich uns von *innen* heraus öffnen. Sie wird sich uns in ihrem ganzen Reichtum zeigen (was nicht das gleiche ist wie materieller Wohlstand) und uns die Kraft schenken, die wir brauchen, um die Herausforderungen unserer Zeit anzunehmen.

28. Heilung der Scham – Befreiung der Leidenschaft

Ist Scham heilbar?

Ja. Scham ist heilbar. Wir haben es bei uns selbst erfahren im Laufe der vergangenen Jahre, in denen wir uns mit dem Thema beschäftigt haben. Wir haben bei Klienten und Klientinnen und bei Teilnehmern und Teilnehmerinnen unserer Kurse gesehen, wie sie sich von der Last alter schambesetzter Erfahrungen erholten und wie sie ihrem Leben eine andere, leidenschaftlichere, lebendigere Richtung gaben.

Dies geht meistens nicht sofort, denn wie wir gesehen haben, ist Scham etwas Tiefgreifendes. In unserer Scham ist das Persönlichste, mithin das Kostbarste verborgen.

Stellen wir uns einen tiefblauen See vor, als Symbol unseres Selbst. Wir können uns vorstellen, daß der See ursprünglich viele Pflanzen, Fische und Tiere beheimatet hat, auch eine Fee, als Geist des Sees. Irgendwann haben jedoch gedankenlose Menschen eine Müllkippe daraus gemacht und damit diesen heiligen Ort entweiht. Das Wasser ist braun und schmutzig geworden. Die Pflanzen sind abgestorben, die Tiere geflohen. Die Fee ist zwar geblieben, aber ihr Gesang ist verstummt.

Wenn wir nun an die Wiederbelebung des Sees gehen, geht es nicht darum, ihn trockenzulegen. Wir wollen den See bewahren, da er ein Teil unseres Selbst ist. Jedoch müssen wir den Müll, der darin versenkt worden ist, ausheben. Wir werden unter dem Müll auch kostbare Kleinode finden, vielleicht Muscheln und andere Seebewohner, die unter dem Müllberg überlebt haben.

Wenn wir an die Arbeit gehen, wissen wir, daß dies eine langwierige und anstrengende Aufgabe sein wird. Aber wir haben die Vision des Sees, wie er ursprünglich war und wie er wieder werden kann, und diese Vision gibt uns die Kraft, an die Arbeit zu gehen.

Welches sind die Ziele der Heilung der Scham?

Wir wollen:
- mit unserer eigenen *Scham* vertraut werden;
- die in unserer Scham versteckten Verletzungen wiederfinden und heilen;
- neue Lebensperspektiven entwickeln, indem wir destruktive Leidenschaft in lebendige Leidenschaft verwandeln.

Mit unserer eigenen Scham vertraut werden

Unsere Scham gibt sich uns nicht ohne weiteres zu erkennen. Sie will vertraut gemacht werden. Denn wir haben gesehen: Scham bildet eine innere Schutzhülle um unseren verletzten Wesenskern, um ihn vor weiteren Verletzungen zu bewahren. Deshalb weist uns unsere Scham zunächst ab, wenn wir uns ihr nähern. Wir finden ein Schild, das uns davor warnt, weiter vorzudringen, weil das Gelände unzugänglich und gefährlich ist. Wenn wir dennoch weitergehen, werden wir uns womöglich in einem Labyrinth verirren. Auch dieses Labyrinth ist Teil der Schutzzone um den verletzten Wesenskern.

Wie groß ist dann überhaupt die Chance, die Person hinter der Mauer zu finden? Die Chancen sind nicht so schlecht, wie wir es gemeinhin vermuten. Denn Scham wird ausbalanciert durch ihren Gegenpol, die Sehnsucht nach dem wahren Selbst, nach dem Wesenskern. Das verletzte, verlassene Kind in uns sehnt sich nach Zugehörigkeit, nach Nähe und Verständnis, aber auch nach Befreiung aus seinem inneren Gefängnis. Nur ist es zu verängstigt, als daß es sich von selbst heraustrauen würde. Ohne Unterstützung von außen wird es vorziehen, in seinem Gefängnis zu bleiben. Da fühlt es sich zwar unglücklich, aber sicher. Aber solange es lebt, hat es Hoffnung auf Erlösung.

Der Fuchs und der kleine Prinz

Wie muß sich ein anderer Mensch verhalten, damit sich der Schamvolle ihm öffnet? Die Anweisungen des Fuchses an den kleinen Prinzen sind deutlich genug: Der kleine Prinz solle jeden Tag kommen, um die gleiche Stunde. Er soll in einer sicheren Distanz stehenbleiben und warten. Er muß geduldig sein und warten können, selbst wenn äußerlich nichts passiert. Er muß sich auch trauen, den Abstand allmählich zu verringern.

Er darf den Schamvollen auch nicht direkt anschauen oder direkt ansprechen, bevor dieser genug Vertrauen entwickelt hat. Denn der direkte Blick erinnert zu sehr an den strengen, durchdringenden Blick früherer beschämender Bezugspersonen, löst die Panik vor Bewertung und Verdammnis aus. Und das Geheimnis darf er nicht ansprechen, bevor der Schamvolle es selbst ausspricht. Denn Geheimnisse müssen respektvoll gehütet werden, bevor sie offenbar werden.

Beistand

Am besten ist einfacher Beistand, fast im wörtlichen Sinne: bei dem Schamvollen stehen, ohne viel zu tun, z.B. Seite an Seite, so daß man sich nicht in die Augen schauen muß. Jedes Tun kann zuviel sein für einen, der sich schämt. Der Beistehende ist einfach nur da, anwesend, und läßt den Schamvollen spüren, daß er nicht allein ist. Er läßt ihn auch spüren, daß, auch wenn er schweigt, er weiß, daß da Geheimnisse und Tabus sind und daß es in Ordnung ist, sie so zu lassen.

Damit ist der erste Schritt für die Heilung der Scham getan: die Aufhebung der Einsamkeit. Der Schamvolle fühlt, daß da jemand ist, der das Gefühl von Scham ebenfalls kennt und der ihn ohne Worte versteht.

Wer sich in eine Höhle versteckt hat, wird sich noch mehr in die Tiefe der Höhle zurückziehen, wenn ein Suchscheinwerfer (auf der Suche nach dem Schamereignis) eingeschaltet wird. Dieser wird sich nur heraustrauen, wenn er jemanden draußen spürt, der ihm nichts tut, bei dem er ein stilles, nicht forderndes Verständnis spürt. Dann kann er langsam Vertrauen entwickeln.

Sich gemeinsam schämen

Wir merken: für die Befreiung von der Scham brauchen wir unbedingt den Beistand anderer Menschen, die ihre eigene Scham ebenfalls kennen und diese mit uns teilen. Wir haben dies auf Seite 10 die »Gemeinschaft der Schamvollen« genannt. Wir finden solche Menschen überall in unserer Umgebung, wenn wir nach ihnen suchen.

Wir brauchen dazu einen *vertraulichen Rahmen,* in dem wir uns sicher und aufgehoben fühlen. Das Miteinander-Teilen der Scham kann auch in einer Therapie- oder Seminargruppe geschehen, in der die Teilnehmer in einem vertrauten und geschützten Rahmen über ihre Schamerlebnisse berichten können. Solche Erlebnisse zu erzählen und zu hören ist ungeheuer befreiend für die Anwesenden und schafft ein gemeinsames Gefühl von Vertrauen und Solidarität.

Gemeinsame Leidenschaft statt gemeinsamer Scham

Wir trauen uns mehr, unsere Scham anzuschauen, wenn wir wissen, daß der andere weiß, wie es uns zumute ist. Es tut gut zu wissen, daß draußen auch ein »Sünder« sitzt, der, weil er selbst die Scham kennt, uns nicht verdammt.

Eine wahre Begebenheit:
Auf einem kleinen Bauernhof holt ein Junge immer die Eier aus dem Hühnerstall. Er ist sonst immer zuverlässig, aber an diesem Morgen kommt er verschämt und ohne Eier zurück ins Haus. Die Mutter geht mit ihm in den Hühnerstall. Dort sieht sie, daß der Junge sämtliche Eier an die Wände des Stalls geklatscht hat, jedes einzelne!
Die Mutter schimpft. Zur Strafe bekommt der Junge für die nächsten Wochen kein Frühstücksei mehr.
Am darauffolgenden Tag besuchen sie einen älteren Nachbarn, der so etwas wie ein Opa für den Jungen ist. Die Mutter erzählt von der Untat des Jungen. Dieser blickt verschämt zu Boden. Der Opa nimmt ihn beiseite. »Das sollst du nicht mehr tun, denn deine Eltern brauchen die Eier«, beginnt er. »Aber sag' mir«, fügt er hinzu: »Wie war es denn, die Eier an die Wand zu klatschen?«
Ein Leuchten geht über das Gesicht des Jungen. Mit glänzenden Augen beschreibt er, wie unglaublich schön es war, die Eier mit voller Wucht an die Wand zu schmeißen und das Gelb des Dotters an der Wand herunterlaufen zu sehen!

Dieser Erwachsene hat *die Verbindung zum eigenen inneren Kind* nicht verloren. Er ahnte, wie schön es sein kann, frische Eier an die Wand zu klatschen. Er spürte die Erregung, etwas derart Verbotenes, etwas derart Unerhörtes zu tun. In seiner Frage schwang die Neugier eines jungenhaften Komplizen mit, so daß der Junge sich in diesem

211

Moment nicht mehr vor dem strengen erwachsenen Teil zu schämen brauchte, sondern die schöne, die aufregende, die lustvolle, ja leidenschaftliche Seite seiner Aktion zulassen und ausdrücken konnte. Die zwischenmenschliche Brücke zwischen beiden hat sich durch dieses gemeinsame Erlebnis vertieft. *Beide fühlen sich durch die Leidenschaft miteinander verbunden – statt durch die Scham!*

Das Freudige und Lustvolle im Schamerlebnis finden!

Diese Geschichte macht uns auch ein anderes Phänomen deutlich: In jedem Schamerlebnis steckt auch etwas Lustvolles, Freudiges, Wunderbares. Es ist meist nicht zufällig gerade dieses Ereignis oder Erlebnis, das zur Scham führt. Meist ist etwas Besonderes darin enthalten, etwas, das bloß durch die darübergelegte Scham überdeckt wurde. Vielleicht ist da sogar etwas Einmaliges vorgefallen, wie das Eierwerfen – wo sonst hat man als Junge die Gelegenheit, so viele Eier auf einmal an die Wand zu klatschen! Hätte der Nachbar nur geschimpft, wäre dem Jungen bloß die Scham als bewußtes Gefühl verblieben; die Lust hätte er entweder verdrängen müssen, oder er hätte sich auch ihrer geschämt. Das ist nämlich das Heimtückische an der Scham: daß unsere lustvollen, freudigen, begeisternden Erlebnisse zu etwas Bösem und Beschämenswertem gemacht werden.

Humor

Humor ist eines der besten Gegenmittel gegen Scham. Richtig dosiert, hebt er das Schwere, das Tragische der Scham auf. Nicht Galgenhumor, nicht Schadenfreude, sondern das befreiende Lachen, das die Fehler verzeiht und einen neuen Anfang machen läßt. Tragik und Komik liegen meist dicht nebeneinander. Wir alle kennen die feine Grenze, wo wir angesichts eines *faux pas* entweder drauflos schimpfen können (und uns und unseren Mitmenschen die Laune für den ganzen Tag verderben) oder aber lachend darüber hinwegschauen. Im letzteren Fall gelingt es uns, den weiteren Horizont im Auge zu behalten und uns nicht auf die Scham zu fixieren.

Scham verengt die Perspektive. Wenn wir uns schämen, sind wir total in diesem einen schlimmen Aspekt der Angelegenheit versunken. Es ist sicherlich für jemand, der viel Schreckliches in seinem Leben durchgemacht hat, nicht einfach, auch einmal über sich und sein

212

Leben zu lachen. Wir kennen Menschen, die als Kinder die deutschen Konzentrationslager wie durch ein Wunder überlebt haben und dennoch fröhlich sind. Gleichwohl spürt man durch ihre Fröhlichkeit hindurch Tiefe und Reife.

Auf unsere Schamgrenzen achten

Jede/r von uns hat seine persönlichen intimen Grenzen: seine körperlichen, geistigen, seelischen Grenzen, die ihn in seiner Identität bewahren und vor Verletzungen schützen. Im Innersten dieser Grenzen ruht sein Wesenskern, das Zentrum seines Wesens. Wir haben im Kapitel 3 über die »Entstehung natürlicher Scham« gesehen, daß sich unsere Schamgrenzen bei einem nahen, intimen Kontakt öffnen und bei einem distanzierten oder gefährlichen Kontakt verschließen wie die Blende einer Kamera.

Wachstum und Weiterentwicklung sind mit der Öffnung von bestehenden Grenzen verbunden. Somit stehen unsere Kontakte, Begegnungen und Beziehungen immer unter einer Spannung: Wir müssen uns öffnen, um mit anderen Menschen in Berührung zu kommen. Aber wir riskieren auch die Verletzung unserer Intimität. Jede Begegnung kann gelingen oder mißlingen.

Gerade in intimen Beziehungen ist es wichtig, darauf zu achten, daß die Grenzen stimmen. Denn in intimen Beziehungen öffnen wir uns seelisch und körperlich. Wir sind in unserem Wesenskern offen. Wir sind dadurch empfänglich für intensiven Austausch, aber auch für Verletzungen.

Übermäßige Scham und destruktive Leidenschaft sind Ausdruck verletzter Grenzen. Viele von uns haben Verletzungen in unseren intimen Beziehungen – vor allem in unserer Kindheit – erfahren. Wir meinen deshalb später in unserem Erwachsenenleben, Verletzungen seien »normal« in einer intimen Beziehung, und verletzen unseren neuen Partner, auch wenn wir es nicht möchten. So scheitern viele Beziehungen, die mit großer Hoffnung begonnen wurden. So fügen wir manchmal gerade den Menschen Leid zu, die wir am meisten lieben.

Dies muß nicht sein. Mit Geduld und mit der Hilfe anderer Menschen, die uns mit unserem Verhalten konfrontieren, können wir lernen, daß Intimität eine notwendige Bedingung hat: die Achtung der Integrität der eigenen und der anderen Person.

Wir können lernen, besser auf unsere persönlichen Grenzen und die Grenzen unserer Mitmenschen zu achten. Wo sind unsere empfindlichen und verletzlichen Seiten? Wie können wir sie wirksam schützen? Wann und wem können wir sie zeigen? Wie können wir einander begegnen, ohne uns zu verletzen? Wie können wir die optimale Kontaktebene mit einem bestimmten Partner in einer bestimmten Situation finden? Gibt es dafür Regeln, gibt es Tabus? Welche zwischenmenschlichen Vereinbarungen können nützlich sein?

An dieser Stelle vielleicht eine Art Grundregel: *Begegnungen auf einer falschen Kontaktebene sind entweder unbefriedigend, verwirrend oder verletzend.* Ein guter Kontakt schützt, wärmt und stärkt mich. Ein zu schwacher Kontakt läßt mich kalt und unbefriedigt zurück. Ein zu intensiver Kontakt verletzt und verbrennt mich. Ein Kontakt an der falschen Stelle, zur falschen Zeit, mit dem falschen Partner verwirrt mich.

Viele schamauslösende Situationen entstehen durch Kontakte, die diese Grundregel übersehen oder gar mißachten. Sexuell mißbrauchte Kinder haben oft die Täter (die oft die Eltern oder nahe Verwandte sind) gern oder lieb und genießen einerseits deren Nähe, jedoch nicht den explizit sexuellen, erwachsenen Kontakt, der ihren kindlichen Bedürfnissen nach Zärtlichkeit und Spiel nicht entspricht. Es findet hier also eine Begegnung auf der falschen Kontaktebene statt – mit dem falschen Partner, auf die falsche Art und Weise, mit falschen Beziehungserwartungen. Schon diese nicht stimmige Kontaktebene an sich verwirrt die Kinder zutiefst. Zusätzlich bekommen sie von den Tätern oft auch noch eine völlig falsche Darstellung der Situation (z.B. »Sei doch ein bißchen lieb zum Papi!«, wenn der Vater von der Tochter eine eindeutige sexuelle Handlung verlangt), so daß sie schließlich gar nicht mehr wissen, was richtig ist: ihr eigenes Mißbehagen und Ekel oder das, was der Täter sagt.

Für solche Menschen ist es notwendig, in oft mühevoller Kleinarbeit ihr natürliches Empfinden für die richtige Grenze wiederzufinden.

Scheinbar unwichtige Menschen, die uns guttun

Für beschämte und mißbrauchte Menschen kann es wichtig sein zu wissen, daß ein Kontakt, der uns etwas gibt, der uns wärmt und erfreut, nicht immer ein enger, naher, intimer sein muß. Auch ein herzlicher Kontakt mit jemandem, den man zwar nicht so gut kennt, mit dem uns aber ein gutes Gefühl verbindet, kann uns wärmen. Wir können oft in unseren alltäglichen Kontakten Menschen entdecken, die uns sympathisch sind und die uns ein Gefühl von Wärme und Verstandensein geben, ohne daß man einander sehr nahe sein muß.

Das Mosaik

Solche Begegnungen auch mit wenigen vertrauten Menschen können uns viel geben und uns über existentielle Krisen hinweghelfen. Wir müssen nur ihren Wert richtig zu schätzen wissen. Manche Menschen, mit denen wir arbeiten, sind z.b. in einem kargen, lieblosen Elternhaus aufgewachsen. Wenn sie in ihrem Leben wirklich gar keine liebevolle intime Bezugsperson gehabt haben, dann fragen wir sie nach solchen scheinbar unbedeutenden Personen, mit denen sie vielleicht nur sporadischen Kontakt hatten, die ihnen etwas von der Wärme, Liebe und Hoffnung geschenkt haben, die ihnen als Kindern so sehr gefehlt hat. Und fast immer tauchen Menschen auf, an die sie nie in diesem Zusammenhang gedacht haben:

Eine handfeste Köchin, die die vernachlässigte mittlere Tochter einer großen Familie einige wenige Jahre unter ihre Fittiche nahm; ein Au-pair-Mädchen, das dem übersehenen Knaben aus vornehmem Haus zum erstenmal in seinem Leben ein Geburtstagsfest richtete; ein Spaziergänger, der das von einer Bande verprügelte Mädchen in Schutz nahm...

Aus allen diesen kleinen, wohltuenden Begegnungen können wir ein Mosaik der Liebe und Zuneigung zusammenfügen.

Zeugen mit Zivilcourage

Diese scheinbar nebensächlichen Personen – die Köchin, das Au-pair-Mädchen, der Spaziergänger – sie alle waren *Zeugen* im Leben der betreffenden Kinder. Mit Zeugen meinen wir Menschen, die zwar nicht zu den Hauptakteuren des Geschehens gehören, die jedoch anwesend sind. »*Bystanders*«, Bei-stehende nennen es die Engländer. Wir sprachen vorhin von Beistand. Es ist in unserer Gesellschaft nicht üblich, daß solche Bei-stehenden auch tatkräftigen Beistand leisten, wenn sie Zeuge eines Verbrechens, einer Mißhandlung oder einer Ungerechtigkeit werden. Die Köchin, das Au-pair-Mädchen, der Spaziergänger hätten sich genausogut darauf berufen können, daß es sie nichts angeht, wenn sie ein unglückliches oder verprügeltes Kind sehen. Hier einzugreifen, obwohl »es sie nichts angeht«, erfordert Mut und Zivilcourage. Sie können außerordentlich hilfreich für den betreffenden verletzten, beschämten Menschen sein. (Vergleiche hierzu Kapitel 22: »Die Scham des Zeugen«.)

Uns fragen, was wir damals bei der schamauslösenden Situation gebraucht hätten

Als wir beschämt wurden, waren wir meist alleine und ohne Beistand. Es ist außerordentlich wohltuend, uns vorzustellen, was wir damals gebraucht hätten. Meist fällt uns ganz spontan etwas ein: Wir hätten jemand gebraucht, der sich schützend vor uns stellt oder der hinter uns steht und uns den Rücken stärkt; oder eine feste Hand; oder ein verständnisvolles Ohr. Wir können uns heute vorstellen, wie wir dem schamvollen Kind in uns all diese Unterstützungen geben. Wir können Freunde bitten, uns ähnlich beizustehen, wenn wir es wieder einmal brauchen.

Phantasieübung: Starke, heile Ich-Grenzen

Hier eine wohltuende und stärkende Phantasieübung für Menschen, die sich ihrer Grenzen nicht sicher sind, deren Grenzen oft von anderen verletzt werden:

Diese Übung machen Sie am besten an einem Ort, an dem Sie sich wohl und sicher fühlen. Sie können sie auch vor dem Schlafen machen. Legen Sie die Hände auf Ihren Unterbauch (dort, inmitten des Beckens, befindet sich unsere Körpermitte, die wir als Symbol für unseren Wesenskern ansehen) – oder dorthin, wo Ihr Körper gerade Wärme oder Schutz braucht.

Nun stellen Sie sich vor, daß Sie körperlich von einer Schutzhülle umgeben sind, die heil und unverletzt ist. (Es macht nichts, wenn Ihre Grenzen bisher verletzt worden sind, stellen Sie sich für diesen Augenblick vor, daß sie heil sind.) Ihre Schutzhüllen sind stark und unverletzbar. Stellen Sie sich vor, daß sie aus einem starken Material und von kräftiger Farbe sind. Nehmen Sie sich so viele Schutzschichten, wie es Ihnen guttut.

Nun stellen Sie sich vor, wie Sie sich mit diesen intakten Schutzhüllen in Ihrer Welt bewegen. Was ist anders als sonst in Ihrem Leben? Fühlen Sie sich anders den Menschen gegenüber, die um Sie sind? Wie verhalten Sie sich ihnen gegenüber? Versuchen Sie sich dabei, wie in einem Spiegel,

zu sehen und zu hören. Spüren Sie, wie Sie sich drinnen, in Ihrer Haut,
mit diesen intakten Schutzhüllen, fühlen.

Stellen Sie sich umgekehrt vor, daß Sie die Grenzen der Menschen in
Ihrer Umgebung ebenfalls respektieren. Würden Sie ihnen anders begeg-
nen als sonst? Wie würden Sie sich anschauen, ansprechen, berühren? Was
wäre die richtige Nähe und die richtige Distanz zwischen Ihnen? Wie
würde sich die intime Nähe zwischen Ihnen anfühlen?

Am Schluß der Übung nehmen Sie das, was Sie in der Übung erfah-
ren haben, mit in Ihren Alltag. Sie können die Übung später auch mitten
in Ihrem Alltag unter Menschen machen. Wenn Sie sie oft genug anwen-
den, werden Sie allmählich merken, daß Ihre Grenzen tatsächlich stär-
ker und heiler werden. Sie werden anders mit Menschen umgehen können.

Versöhnungsarbeit

Wenn wir nun, mit der Hilfe anderer Menschen, unsere Scham neu
kennengelernt und sie uns vertraut gemacht haben, wenn wir unsere
Schamgrenzen wiederhergestellt haben, dann geht es im nächsten
Schritt darum, unsere unerledigten Beziehungen aufzuarbeiten. Wir
alle haben unerledigte Beziehungen aus der Vergangenheit, mit denen
wir noch nicht fertig sind, weil wir entweder einen anderen Menschen gekränkt haben, oder weil wir selbst von ihm verletzt worden
sind. Wir möchten das, was wir dem anderen angetan haben oder was
wir selbst erlitten haben, hinter uns lassen. Dies geht am besten mit
einem erneuten Kontakt.

Wenn wir selbst verletzt worden sind, möchten wir den anderen
mit unserem Zorn und unserer Enttäuschung konfrontieren. Solange
wir dies nicht getan haben, werden wir immer diesen Stachel im
Fleisch spüren. Meist ist es ja ein Mensch, der uns einmal viel bedeutet hat. Er ist uns nicht gleichgültig, wir möchten noch etwas von
ihm. Aber die Kränkung liegt zwischen uns wie ein Graben. Wir suchen nach einer Brücke, um darüber zu gehen, um mit ihm den aus-
stehenden Konflikt auszutragen und die offenen Fragen zu klären.
Erst danach können wir eine neue Beziehung mit ihm beginnen. Dies
verlangt viel Mut, weil wir schon einmal von diesem Menschen verletzt worden sind. Wir wissen nicht, ob er uns überhaupt verstehen
wird. Wir fürchten, von ihm wieder zurückgewiesen zu werden.

Das gleiche gilt für die Beziehungen, in denen wir uns schuldig gemacht haben. Wenn wir unsere Tat bereuen, haben wir das Bedürfnis,

den anderen um Verzeihung zu bitten und den Schaden wiedergutzumachen. Auch dies verlangt viel Mut, denn wir müssen uns mit der Scham in uns konfrontieren, daß wir etwas Falsches oder Schlimmes gemacht haben. Aber wir wissen, wir können uns nur von der Schuld befreien, wenn wir uns dazu bekennen und dazu stehen.

Wir haben bei der Erörterung der Scham des Täters und des Opfers gesehen, welch verwirrende Gefühle und welche massive Scham sowohl im Täter als auch im Opfer wirksam sind. Diese Gefühle sind so stark, ja unerträglich, daß beide seit dem schamauslösenden Erlebnis den Kontakt gemieden haben. Ein Wiedertreffen könnte die alten Wunden wiederaufreißen. Man fühlt sich nicht stark genug, den Gefühlssturm durchzustehen.

Deshalb braucht eine solche Versöhnungsarbeit Zeit, Geduld und beständige Arbeit. Manchmal braucht sie Jahre, bisweilen das ganze Leben, bis man bereit ist, den Schritt auf den anderen zu zu wagen. Wir brauchen dazu Hilfe von außen, Freunde, Therapeuten, Mitbetroffene. Wir können verschiedene Wege ausprobieren, um den anderen anzusprechen – z.B. schreiben, da dieses Medium mehr Distanz zwischen uns und dem anderen läßt; oder ein kurzes Treffen in einer für beide sicheren Umgebung. Wir sollen uns auch nicht davon entmutigen lassen, daß alles nur in kleinen Schritten geht. Es ist dabei sehr wichtig, auf unsere Grenzen zu achten, damit wir uns nicht ein weiteres Mal verletzen.

Einen neuen, respektvollen Umgang miteinander zu finden ist nicht einfach, gerade wenn beide sich schon lange kennen und ihr Umgang miteinander in festen Schienen abläuft. Aber solange wir leben, haben wir immer eine Chance. (Vergleiche dazu Kapitel 23: »Heilung der Scham beim Täter, Opfer, Zeugen«.)

Ein letztes Beispiel: Ein erwachsener Mann möchte sich endlich mit seinem älter werdenden Vater aussprechen. Zeitlebens sind sie scheu umeinander herumgegangen, hatten einen unergründlichen Respekt voreinander, der beide in Distanz hielt. Die Mutter stand immer zwischen diesen beiden. Sie hat immer zwischen Vater und Sohn vermittelt. Alles, was der Sohn über den Vater und seine Geschichte weiß, hat er von seiner Mutter. Solange er sich erinnern konnte, war der Vater fast immer geschäftlich unterwegs.

Er nimmt seinen ganzen Mut zusammen und fragt beim nächsten Besuch im Elternhaus den Vater, ob dieser nicht Lust hätte, mit ihm einen kurzen Urlaub zu machen. Der Vater scheint sich zu freuen, fragt aber sofort die Mutter, die mit am Tisch sitzt, ob sie nicht Lust habe, mitzufahren. Da merkt der Sohn zum erstenmal, wieviel Angst der Vater wohl davor hat, mit ihm allein zu sein.

Er bleibt beharrlich, setzt einen Termin fest, an dem auch der Vater frei hat. Beide sprechen nicht mehr darüber, sie planen aber auch nichts Konkretes. Als der Termin näher rückt, merkt der Sohn, wie auch er versucht ist, den Termin zu verlegen. Auch er hat auf einmal viel zu tun. Kurz vor dem betreffenden Datum faßt er sich ein Herz und fragt den Vater, ob sie nun miteinander wegfahren wollen. Dieser sagt, er habe möglicherweise eine Geschäftsreise vor, aber er werde den Sohn rechtzeitig benachrichtigen.

Der Sohn ist an diesem Punkt ziemlich zornig auf seinen Vater und fast soweit, die Reise ganz abzusagen. Er erzählt einem Freund davon. Dieser meint, womöglich habe sein Vater Angst vor der gemeinsamen Reise, weil er nicht wisse, was der Sohn von ihm will. Er solle vielleicht den Vater darüber aufklären, was er vorhabe. Tatsächlich, als der Sohn dem Vater sagt, er wolle von ihm nur etwas aus der Familiengeschichte wissen, scheint der Vater erleichtert. Schließlich verreisen sie für zwei Tage, statt für eine ganze Woche. Sie machen nur eine Stippvisite in einer nahen Stadt, wo sie es sich in den Bädern gutgehen lassen.

Diese Reise tut beiden gut. Sie sprechen lange miteinander. Der Vater erzählt dem Sohn viel aus seiner Kindheit, aus seiner Ehe, seinem Beruf. Sie kommen sich näher. Ganz am Ende der Reise erzählt der Sohn dem Vater auf der Rückfahrt im Auto, was ihn in seiner Kindheit verletzt hat. Der Vater hört still zu, ohne sich zu rechtfertigen oder zu entschuldigen. Im Elternhaus angelangt, gehen beide in der Gegenwart der Mutter wieder so miteinander um wie zuvor. Aber nun hat der Sohn das Gefühl, er könne jetzt den Vater loslassen. Er habe das von ihm bekommen, wonach er sich sein ganzes Leben gesehnt hat. Zwei kurze Tage reichten aus, um einen vierzigjährigen Nichtkontakt aufzuheben.

In der Zeit danach merkt der Sohn, wie er selber im Umgang mit seinen Kindern auf eine selbstverständliche Art lockerer und liebevoller geworden ist. Er hat das Gefühl, sich nicht mehr so sehr in seinem Leben anstrengen zu müssen.

Wir möchten mit diesem relativ alltäglichen Beispiel am Ende des Buches unsere Hoffnung zum Ausdruck bringen, daß Versöhnung und Wiedergutmachung möglich und lohnenswert sind.

Literatur

Adams, Caren/Fay, Jennifer: Ohne falsche Scham, wie Sie Ihr Kind vor sexuellem Mißbrauch schützen können, Reinbek 1989

Ariés, Béjin, Foucault u.a.: Die Masken des Begehrens und die Metamorphosen der Sinnlichkeit, Frankfurt/Main 1992

Bass, Ellen/Davis, Laura: Trotz allem, Wege zur Selbstheilung für sexuell mißbrauchte Frauen, Berlin 1990

Bernard, Cheryl/Schlaffer, Edit: Im Dschungel der Gefühle, Reinbek 1990

Besems, Thijs, van Vugt, Gerry: Wo Worte nicht reichen, München 1990

Bilden, Helga (Hrsg): Das Frauentherapie Handbuch, München 1992

Bly, Robert: Eisenhans, München 1991

Bradley, Marion Zimmer: Die Nebel von Avalon, Frankfurt a. M. 1983

Brock, Jos van den: Verschwiegene Not, Sexueller Mißbrauch an Jungen, Zürich 1993

Bugental, James: The Art of the Psychotherapist, New York/London 1987

Bugental, James: Aus dem Notizbuch eines Psychotherapeuten, Köln 1992

Carnes, Patrick: Zerstörerische Lust, Sex als Sucht, München 1990

Carnes, Patrick: Contrary to Love, Minneapolis 1989

Chase, Truddi: Aufschrei, Bergisch Gladbach 1988

Chu, Victor: Krisenzeit, Nach Tschernobyl: Meditationen eines Psychotherapeuten, Köln 1991

Courtois, Christine: Healing the Incest Wound, New York/London 1990

Covitz, Joel: Der Familienfluch, seelische Kindesmißhandlung, Solothurn 1992

de Saint-Exupéry, Antoine: Der kleine Prinz, Düsseldorf 43/1988

Dokumentationsgruppe der Sommeruniversität der Frauen e.V.: Autonomie oder Institution, Berlin 1981

Donovan, Denis/Mc Intyre: Healing the Hurt Child, New York/London 1990

Eichenbaum, Luise/Orbach, Susi: Feministische Psychotherapie, München 1984

Ende, Michael: Die unendliche Geschichte, Stuttgart 1978

Ende, Michael: Momo, Stuttgart 31/1986

Enders, Ursula: Zart war ich, bitter war's, Volksblatt 1990

Fossum, Merle/Mason, Marilyn: Aber keiner darf's erfahren, Scham und Selbstwertgefühl in Familien, München 1992

Goodman, Felicitas D.: Trance – der uralte Weg zum religiösen Erleben, Gütersloh 1992

Greenwald, David/Zeitlin, Steven: No Reason to Talk About It, Families Confront the Nuclear Taboo, New York/London 1987

Harten, Rolf: Sucht, Begierde, Leidenschaft, München 1991

Heyne, Claudia: Tatort Couch, Stuttgart 1991

Hoffmann, Kaye: Play Ecstasy, Südergellersen 1991

Hydra (Hrsg.): Freier, das heimliche Treiben der Männer, Hamburg 1991

Lifton, Robert Jay: Der Verlust des Todes, München 1986

Jesse, Rosalie Cruise: Children in Recovery, New York/London 1989

Johnson, Stephen M.: Der narzißtische Persönlichkeitsstil, Köln 1988

Kant, Emanuel: Grundlagen der Metaphysik der Sitten, in: Werke in 10 Bänden, Darmstadt 1968

Kast, Verena: Paare, Stuttgart 1984

Kast, Verena: Freude, Inspiration, Hoffnung, Olten 1991

Kaufman, Gershen: Shame, The Power of Caring, Rochester/Vermont 1989

Kaufman, Gershen: The Psychology of Shame, New York 1991

Kentler, Helmut: Sexualerziehung, Reinbek 1970

Kontos, Silvia/Walser, Karin: ... weil nur zählt, was Geld einbringt, Gelnhausen, Berlin, Stein/Mfr. 1979

Kottler, Jeffrey/Blau, Diane; Wenn Therapeuten irren, Köln 1991

Kramer, Gisela: Wer ist die Beste im ganzen Land? Konkurrenz unter Frauen, Frankfurt/M. 1993

Laclos, Choderlos de: Schlimme Liebschaften, Frankfurt/M. 1972

Lasker-Schüler, Else: in Korth Michael (Hrsg.): Schöner Jüngling, mich lüstet Dein, Frankfurt/Main 1988

Lew, Mike: Als Junge mißbraucht, München 1993

Lewis Herman, Judith: Father-Daughter Incest, Cambridge 1981

Madanes, Cloé: Sex, Love and Violence: Strategies for Transformation, New York/London 1990.

Masson, Jeffrey M.: Was hat man dir, du armes Kind, getan? Reinbek 1984

McGoldrick, Monica et al. (Hrsg.): Women in Families, A Framework for Family Therapy, New York 1989

Meulenbelt, Anja: Die Scham ist vorbei, München 1976

Miller, Alice: Das Drama des begabten Kindes, Frankfurt/Main 1983

Miller, William: The Addictive Behaviors, Oxford 1980

Mulack, Christa: Was Gretchen nicht lernt... in Nuber, U. (Hrsg.) Frauen und Sexualität, Heyne, München 1993

Nuber, Ursula (Hrsg.): Frauen und Sexualität, München 1993

Olivier, Christiane: Jokastes Kinder, die Psyche der Frau im Schatten der Mutter, Düsseldorf 1987

Onken, Julia: Feuerzeichen Frau, München 1992

Orwell, George: Farm der Tiere, Zürich 1974

Pope, Kenneth/Bouhoutsos, J. C.: Als hätte ich mit einem Gott geschlafen, sexuelle Beziehungen zwischen Therapeuten und Patienten, Hamburg 1982

Potter-Efron, Ronald/Potter-Efron, Patricia: Schamgefühle verstehen und überwinden, München 1992

Potter-Efron, Ronald/Potter-Efron, Patricia: Anger, Alcoholism and Addiction, New York/London 1992

Riedel, Ingrid: Tabu im Märchen, Solothurn 1985

Rijnaarts, Josephine: Lots Töchter, Hildesheim 1988

Rutter, Peter: Verbotene Nähe, Düsseldorf 1991

Schmidbauer, Wolfgang: Die hilflosen Helfer, Reinbek 1977

Schnack, Dieter/Neutzling, Rainer: Kleine Helden in Not, Jungen auf der Suche nach Männlichkeit, Reinbek 1990

Seed, John et al: Denken wie ein Berg, Freiburg 1989

Silverstein, Charles: Gays, Lesbians and Their Therapists, New York 1991

Sun Bear: Die Erde liegt in unserer Hand, München 1991

Unger, Roberto Mangabeira: Leidenschaft, Frankfurt/Main 1986

Weber, Gunthard (Hrsg.): Zweierlei Glück. Die systemische Psychotherapie Bert Hellingers, Heidelberg 1993

Wertheimer, Jürgen: Ästhetik der Gewalt, Frankfurt a. M. 1986

Wilber, Ken: Wege zum Selbst, München 1984

Wilson, Brian: Wouldn't it be nice, New York 1991

Wirtz, Ursula: Seelenmord, Zürich 1989

Wurmser, Leon: Die Maske der Scham, Heidelberg 1989

Yablonsky, Lewis: Du bist ich, die unendliche Vater-Sohn-Beziehung, Köln 1991

Register

232

Quellennachweis

Aus folgenden Werken bzw. Artikeln wurde mit freundlicher Genehmigung der genannten Verlage bzw. Zeitungsredaktionen zitiert:

Else Lasker-Schüler, Sämtliche Gedichte, Kösel-Verlag, München 5/1991

Elsemarie Maletzke, Frankfurter Rundschau vom 29.11.1986

Gudrun Ornth-Sümenicht, Frankfurter Rundschau vom 7.12.1991

Hinweis:
Fortbildungsprogramme zum Thema »Scham und Leidenschaft« können bei Dr. Victor Chu, Wiesenbacherstr. 52, D-69151 Neckargemünd, angefordert werden.

Tabellen und Diagramme im Buch

Jeder hat sie, nur wenige wissen davon.

Wenn wir erfolgreich und glücklich sind, wird sicher etwas dazwischenkommen – und sei es nur die Angst, daß die nächste Katastrophe schon droht. Es sind unbewußte Schuldgefühle, mit denen wir uns so das Leben schwermachen. Dieses Buch beschreibt, wie sie entstehen können, und vor allem: wie man ihren Bann bricht.

Lewis Engel/Tom Ferguson
Unbewußte Schuldgefühle
260 Seiten, Paperback

Das Buch zur Inzest-Therapie:

Die Autorin setzt sich mit den verschiedenen Möglichkeiten der Therapie mit Inzestopfern auseinander und stellt dabei auch die brisante Frage, warum Inzestopfer so häufig von ihren Therapeuten erneut mißbraucht werden. In der Therapie geht es um die Suche nach der »gemordeten« Seele, nach dem wahren Selbst. Ursula Wirtz zeigt, wie sexuell mißbrauchte Frauen aus ihrer seelischen »Totenstarre« herausfinden und ihren Gefühlen und ihrem Körper wieder näherkommen können.

Ursula Wirtz
Seelenmord
Inzest und Therapie
290 Seiten, Paperback

KREUZ: Was Menschen bewegt.

Sexueller Mißbrauch in der Therapie – ein Handbuch für Frauen:

Wie schütze ich mich vor sexuellem Mißbrauch in der Therapie? Was tue ich, wenn es passiert oder passiert ist? Was müssen TherapeutInnen beachten, die mit betroffenen Frauen eine Folge-Therapie machen? Über rechtliche Grundlagen, Ursachen, Fakten, Folgen und Möglichkeiten der Verarbeitung informiert dieses kompetente Handbuch.

Claudia Heyne
Tatort Couch
Sexueller Mißbrauch in der Therapie –
Ursachen, Fakten, Folgen und Möglichkeiten
der Verarbeitung
Mit Beiträgen von Marco Nicola,
Barbara Schüller, Irmgard Vogt, Ursula Wirtz
260 Seiten, Paperback

Was halten Frauen geheim?

Lügen und heucheln – weibliche Eigenschaften? Die Gesellschaft scheint es so zu wollen. Lerner analysiert, wann und warum Frauen in Sexualität, Liebe, Familie und Gesellschaft etwas vorgeben, was sie nicht wirklich fühlen. Sie zeigt, wie Wahrhaftigkeit Frauen mehr Selbstrespekt, mehr Nähe zu anderen und mehr Lebensfreude verschafft.

Harriet Goldhor Lerner
Was Frauen verschweigen
Warum wir täuschen, heucheln, lügen müssen
260 Seiten, Paperback.

KREUZ: Was Menschen bewegt.